Gerhard Dallmann

# Philipp Otto Runge

*… bleib bewundernd stehen*

Romanbiografie

Husum

Bibliografische Information der Deutschen Nationalbibliothek

Die Deutsche Nationalbibliothek verzeichnet diese Publikation in der Deutschen Nationalbibliografie; detaillierte bibliografische Daten sind im Internet über http://dnb.d-nb.de abrufbar.



Gesamtherstellung: Husum Druck- und Verlagsgesellschaft Postfach 1480, D-25804 Husum – www.verlagsgruppe.de

ISBN 978-3-89876-447-6

# I.

## Wolgast
## (1777–1795)

Von Südosten her, den breiten Peenestrom herab und der alten Herzogsstadt entgegen, blies ein harter Wind heiß und schwül dichte Wolkenballen über das schwedisch-vorpommersche Land. Mit seinen ersten Böen, die unter aufquellenden Gewittertürmen hervorstießen, kündete sich ein Wetter an, wie die Menschen es nicht gern sehen. Hurtig hetzten die Wolkenballen am tief hängenden Himmel entlang, stürmten heran, braungraue Herden, verdunkelten das Wasser – und gleich, jetzt gleich würde sich der gefürchtete Gewitterkragen wie eine wühlende Welle über das Land walzen, der Kragen, der besonders die Seeleute in Angst und Schrecken setzt. In solchen Augenblicken schaut auf See der Schiffer besorgt auf Mast und Segel, an Land bangt der Bauer um sein Korn, und der Vogel flüchtet in sein Nest. Dann fürchtet der brave Hausmann um Katen und Schuppen, schließt die Türen dicht und betet darum, dass Sturm und Blitzschlag sein karges Anwesen nicht zu Pott und Scherben zertrümmern. Denn mit so einem Wetter kann auch der Regen zuschlagen oder gar der Hagel. Und die brechen dem reifen Julikorn die Kraft; und das wäre schlimm, gerade jetzt, wo es zur Mahd bereitstand.
Sommergewitter – Heimsuchung Gottes, sagt man, wenn es dick kommt.
Heute fauchte ein Gewitter heran, wie selten eines war; um die Ziemitzer Höhen fuhr es, wischte und zischte durch Baum und Busch, und das Schilf bog sich unter den Stürmen wie unter Peitschenhieben. Die Böen sprangen in die Takelagen der Frachtschiffe im Wolgaster Hafen, pfiffen und knallten durch Stagen und Fallen und stießen so heftig gegen die hochbordigen Galeassen und Schaluppen*,

* kleine Frachtsegelschiffe

dass sich ihre Bordwände an den hölzernen Fendern wundliegen. Eine geballte Ladung folgte, und unter Drüschen und Güssen, Blitzfeuern und Donnerkrachen ergab sich die liebe alte Stadt mit schweigendem Gewährenlassen fröstelnd dem Unabänderlichen. Wolgast hatte es mehrfach lernen müssen, Stürme zu ertragen. Waren doch noch schlimmere Wetter über die Stadt dahergefegt, mit Pech und Schwefel und Kanonendonner, damals, als die Brandenburger gekommen waren, um Häuser, Mauern und Anlagen zu zerschießen, nur um sie den raffgierigen Schweden zu entreißen, damals, vor hundert Jahren, um abermals ein paar Jahrzehnte später mit dem Nordischen Krieg wiederzukommen, und nur um – o Schreck – der Stadt den völligen Garaus zu machen, und mit der Stadt dem Herzogsschloss, dem herrlichen Schloss der Bogislavs. Mit den erfahrenen Augen eines, der sich in Wind und Wetter auskennt, stand Nicolaus Runge auf der oberen Stufe der kurzen Treppe vor seinem hübschen Häuschen in der Kronwiekstraße, die Linke auf das handgeschmiedete Geländer gelegt, und blickte dem entgegen, das da kommen wollte. Als ein greller Blitz niederschlug und mit gleicher Sekunde ein hell scheppernder Donner knallte und die Stadt erschütterte, flüsterte er: »Nu kümm't röwer«, knöpfte die Jacke zu, wandte sich ins Haus und trat in die Düsternis der Stube, in der Frau und Kinder sicher aufgehoben waren. Er nahm das bleiche Gesicht seiner Frau in seine breiten Hände, strich mit den Daumen zart über ihre Wangen und sagte, indem er sich zu ihr hinunter neigte:

»Lat man, Magdalena, dat geiht allens vörbi. Kümmer dich man nich um.«

Magdalena hörte seine Worte wohl. Ihre Augen aber suchten mit verständlicher Unruhe nach den Kindern, die in einer Ecke zusammengedrängt gluckten wie Jungvögel im Nest, Maria und Ilsabe, Regine und das Stinchen, Daniel und das Jacöblein, David und der kranke Gustav Carl. Dabei tasteten ihre Finger nach der Hand ihres Mannes. Ihn zu fühlen, das tröstete, das gab die Gewissheit, einen festen Stab und Schutz an der Seite zu haben, gerade jetzt, wo sie wieder mal durch das Ungewisse, das des Gebärens wandern sollte. Gott allein genügte da nicht ganz. Sie brauchte als Trost und Beistand noch etwas Warmes, etwas Fühlbares, das gute Wort direkt ins Ohr, eine Zusicherung brauchte sie, eine Hand, die hindurchtrug, wenn ihre Stunde kam. Und die Stunde würde bald sein, das fühlte sie. Acht Kindern hatte sie schon das Leben geschenkt; sieben gesunden, dazu dem kleinen Gustav Carl, dem Letztgeborenen, der noch immer die Nahrung nicht halten wollte. Aber acht Kinder auszutragen hatte sie gelehrt, wann sie sich niederlegen musste, sie wusste, wann es Zeit war.

Heute aber brauchte sie die fühlende Hand ihres Nicolaus besonders. Nicht des Gewitters oder der Windböen wegen, die an die Fenster schlugen. Ach was! Gewitter dieser Art waren ihr bekannt. Die gab es zur Sommerzeit hierzuland genug. Nein – in ihr, tief drinnen, ging etwas Sonderliches vor sich, ein Ineinander von heiliger Freude und schrecklichem Bangesein in einer Art, wie sie es bisher nicht bei sich kannte. Wohl wollte sie ihrem Nicolaus davon sagen, wollte über ihre Gefühle sprechen, fand aber keine Worte, das auszudrücken, was sie empfand. Sie wusste es ja selber nicht zu benennen. Angst vor der Geburt? Nein. Sorge darum, ein weiteres Mäulchen stopfen zu müssen? Nein. Hatten sie täglich acht von ihnen durchzufüttern verstanden, fräße sich auch ein neuntes am Tellerrand mit durch. Nein, nein, ein Anderes stand vor ihr, stand da wie eine matte, undurchsichtige Scheibe, die wohl den Schein des Lichts hindurchließ, nicht aber feste Konturen. So verlor sich ihr Blick im Unbenennbaren. Sollte sie von ihren Muttergefühlen sprechen? Nicolaus war zu nüchtern in seinem Wesen, sie zu verstehen. Würde dieses Kind krank sein? Lebensuntauglich? Oder aber mit Besonderem begabt? Würde es sie lachen oder weinen heißen? Leise ließ sie ihre Hand über den prallen Bauch fahren. Sie wusste von dem Nahesein der Geburtsstunde.

Dem abziehenden Gewitter folgte ein Temperatursturz. Die Nacht kam und legte kalte Feuchte über die Stadt. Als der Morgen zu dämmern begann, schickte Magdalene Runge zur Wehmutter, der Loesewitzschen, die in einem der niedrigen Häuser in der Badstubenstraße wohnte.

Die Loesewitzsche kam und half einem gesunden Jungen auf die
Welt. Vater Runge war von Dankbarkeit erfüllt und redete zu Gott
mit Worten, wie sie seiner Art entsprachen. Am Vormittag dann
kleidete er sich würdig, trat aus dem Haus und ging gemessenen
Schrittes die Burgstraße hinauf zum Pfarrhaus, das sich zwischen
Kirche und Pastetentor unter Lindenlaub verbarg, um dem Pastor
Francke die Geburt anzuzeigen.
»Und, Meister Runge«, fragte dieser, »wie soll der Taufname sein?«
»Philipp Otto«, sagte Runge und sprach diesen Namen zum ersten
Mal vor fremden Ohren aus. Ja, er wiederholte noch einmal sehr
deutlich: »Philipp Otto. So und nicht anders.«
»Ein schöner Name, ein guter Name, Meister Runge. Gott segne
ihn. Heute ist der dreiundzwanzigste Julius. Wann geboren? Uhr-
zeit?«
»Heute sechs Uhr in der Früh.«
»Und wann die Taufe?«
»In fünf Tagen, denke ich. Da ist meine Frau, wie ich sie kenne,
wieder auf den Beinen. Und bitte in der Kirche, nicht im Haus. Da
quäken all die Lütten rum, und das würde Euch nicht gefallen,
Paster.«
Francke nickte zustimmend. »Und wer wird Gevatter sein?«
»Die haben wir all tohop. Als Erster der Advocat Fleischer, als
Zweiter der Lizenziat Nasselberg und als Dritte Schmidten Sie-
wert seine Frau aus Stralsund.«
Am 28. Juli dann des Jahres 1777 empfingen der zarte Leib und
das unschuldige Seelchen Philipp Otto Runges in der St.-Petri-
kirche in Wolgast das reinigende Sakrament der Taufe. Vater Runge flüsterte während des Taufaktes leise vor sich hin: »Wie kann
Wasser solch große Dinge tun? Wasser tut's freilich nicht, sondern
das Wort Gottes, so mit und bei dem Wasser ist, und der Glaube,
so solchem Worte Gottes im Wasser trauet.« Dabei schwor er sich,
wie all seinen anderen auch diesem Kind ein gerechter, sorgender
Vater zu sein. Die Mutter tat desgleichen in ihrer Art.
Dass es im Runge'schen Haus lebhaft zuging, dazu verhalfen die
kleinen Schreihälse mit Wonne. Mutter Runge hielt sich das Mäd-

chen Angelika, das zuverlässige Töchterchen der Frau Regina Westphalen, der Taufgevatterin ihres Ältesten, des Johann Daniel. Angelika hatte sich um Wäsche, Bleiche, Hausarbeit und Straßekehren zu kümmern. Die lebhaften Kinder dagegen hielt die Mutter am Bändel. Und weil es ihr dazu aufgegeben war, den üppigen Strom aus ihrer Brust zu verschenken, forderte Philipp Otto ihr noch zusätzliche Kräfte ab. Auf die Frage, ob es ihr, der Mutter, nicht langsam zu viel würde, pflegte sie nur mit leichtem Schulterzucken und in einer Art zu sagen, als habe sie sich einem unabwendbaren Schicksal zu beugen: sowas wächst sich von ganz allein auf. War der Junge ihr doch zum tiefen Trost geboren, gerade in dem Leid, das sie um Gustav Carl trug, den sie bald nach Philipp Ottos Geburt hatte hingeben müssen. Ihr Mund konnte erst wieder lächeln, als der lütte Philipp Otto, in Pluderhosen und Leinenröckchen gepümpelt, bäuchlings über die Zimmerdielen robbte. Wenn aber die Mutter ruhte, blieb es Marias, der ältesten Tochter Aufgabe, die Kleinen zu führen und ihnen, wenn es nötig wurde, den Hintern zu wischen. Im Ganzen aber hielt Mutter Runge sie alle fest an der Leine, und wenn sie auf die Straße laufen wollten, ermahnte sie ernstlich: »Fallt mich nich in't Water, ji wüsst, dat is natt.«
Diese Mahnung bestand zu Recht, denn das Runge'sche Haus in der Kronwiekstraße lag nur wenige Schritte vom Hafenbollwerk entfernt. Vater Runge hatte gewusst, warum er gerade diese Stelle an der alten Stadtmauer zum Wohnplatz gewählt hatte. Nirgendwo anders hätte dieser seinem Beruf als Reeder und Kaufmann, oder, wie Pastor Francke ihn im Kirchenregister benannte, als Schiffsbesucher, nutzbringender sein können als hier, unmittelbar am Hafen.
Hier, auf den Stufen vor seiner Haustür, stand er gern, das Hafenleben zu beobachten, möglichen Handel gleich beim Wickel zu packen, dazu die köstliche Luft zu atmen, die dem Peenestrom entstieg, gleichzeitig aber die Geschäftigkeit zu verfolgen, die ihm als wohlempfohlenem, ehrlichem Kornhändler sowie als Unterhalter einer stattlichen Zahl gediegener Frachtsegelschiffe dienlich und willkommen war. Ihm, dem Herrn im Haus, der mit

strenggütiger Hand den Reigen derer leitete, die unter seinen Augen heranwuchsen, war es angelegen, sie alle so zu ernähren, dass niemals einer Mangel haben sollte.

Die Zeit ging dahin. Philipp Otto war der Brust entwöhnt, da trug die Rungemutter wieder an einem Kind. Eineinhalb Jahre nach Philipp Ottos Geburt schenkte sie einem gesunden Jungen das Leben, dem bei der Heiligen Taufe der Name Carl Hermann gegeben wurde. Nun fielen auch den Mädchen Ilsabe und Regine bestimmte Aufgaben zu, von Maria ganz zu schweigen. Denn nachdem Angelika Westphalen das Haus verlassen hatte, blieb vornehmlich Maria, der bereits Siebzehnjährigen, aufgegeben, der Mutter in allen Stücken zur Hand zu gehen. Ihr nun winkten täglich der Waschzuber und die Wäscherolle, der Besen und der Eimer, und das umso mehr, als Mutter Runge abermals mit einem Kinde ging, zwei Jahre nach Carl Hermanns Geburt. Sie schenkte einem Gustav das Leben, der gesund war und sich Mutters Brust versicherte, als hätte er zwei Münder. Die einsichtige Maria war gefügig und stets guten Mutes. Und doch blieb nicht aus, dass sie mit einem Anflug von Wehmut ihrer nächst jüngeren Schwester Ilsabe nachsehen musste, wie sich ein wohlsituierter Mann aus der Familie Helwig ihr zu nähern schien, ein Ereignis, das nur sie, nicht aber die Eltern missbilligend beobachtete. Der Umwerber, ein schon tüchtig ins Leben geschrittener Gutspächter im Mecklenburgischen, schien die Gunst Vater Runges gar bald erworben zu haben. Zwar würde eine Heirat noch einige Zeit auf sich warten lassen müssen, immerhin aber sollte solche Bekanntschaft dem Kornhandel nützen. Was also blieb der Maria anders, als der Ilsabe ihr kommendes Glück zu gönnen und weiter unter Zurücknehmen aller eigenen Wünsche im Haus zu bleiben und zu dienen, wie es das vierte Gebot forderte.

Eines Abends, als sie still beieinander lagen, griff Mutter Runge nach der Hand ihres Mannes und ließ ihn unmissverständlich wissen:

»Runge, nun ist es genug, nun kann ich nicht mehr. Im nächsten Jahr sind wir all zwanzig Jahr verbunden, ehelich, wie sich das gehört. Ich hab dir immer eine gute Frau sein wollen, und ich glaub, ich war dir das auch. Aber nun lass mich in Ruh. Mein Rücken geht langsam in die Krümm von all dem Tragen und Schleppen mit Pött und Pütz und mit den Lütten. Verstehst du mich, Runge?«

Vater Runge nahm diese fast als Forderung ausgesprochene Bitte wie ein Testament entgegen. Er erfüllte es von Stund an, wie es seiner korrekten Natur entsprach. Und weil ihrer beider Hochzeitstag sich in absehbarer Zeit zum zwanzigsten Male jährte, lebte er diesem nun entgegen, ihn um Magdalenens willen recht zu würdigen. Alle sollten sie dann kommen und mit ihnen fröhlich sein, alle die Freunde und Verwandten, Hüh und Hott. Mutter Magdalenens Einwände, wie immer sie auch hießen, wie immer sie auch begründet waren, schob er mit lächelndem Kopfschütteln beiseit. Ihr, gerade doch ihr sollte dieser Tag gelten. Sie mochte sich eine Frau fürs Grobe ins Haus holen und auch das Mädchen Angelika noch einmal ausborgen, eigens ihr zur Hilfe. Sollte doch dieser Tag ein ganz besonderer werden.

Als das Korn eingefahren war, die Blätter gilbten und erste Oktobernächte klare Luft über das pommersche Land schickten, bat er nun die, die seinem Hause nahe standen, Freunde und Verwandte, zu ihnen zu kommen, um zwanzig Jahre Glück, Harmonie und Segen mit ihnen zu bedenken.

Mutter Runge zählte die Geladenen an den Fingern ab, doch die Finger reichten bei Weitem nicht aus. Darum blieb ihre heimliche Sorge, wie sie die vielen gefräßigen Mäuler satt und zufrieden machen könnte. Als dann die Zeit heran war, schickte sie nach dem Mädchen Angelika und sagte zu ihr und zu Maria, wie sie sich das gedacht hatte.

»Gespickter Hecht, sechs mittelgroße Fische frisch aus der Peene. Die fein geschuppt, ausgenommen und die Rückenhaut abgezogen, auf beiden Seiten gespickt und beim Bruzzeln den Schwanz ins Maul gesteckt, so sollt ihr es machen.«

Sie ließ die große eiserne Pfanne vom Boden holen, die das größte Feuerloch auf dem Herd decken konnte. Sie selber würde dann in

der Zeit, in der die Mädchen die Fische mit heißer Butter über-
gossen – unablässig, immer wieder, damit die Fische schön braun
würden –, die geliebte braune Soße machen. Und sie meinte, ge-
hackte Sardellen und Rosinen und Petersillich und, wenn es in
Stettin Zitronen gäbe, diese dazu, das sollte wohl schmecken. Zum
Servieren würde sie die vier blaugoldenen Schalen aus der Giese-
schen Fabrik nehmen, die sie von Stralsunder Freunden zur Hochzeit bekommen hätte und die so festlich aussähen. Zuletzt hob sie
den Finger und schwärmte, eingedenk eines solchen Gerichts, und
rief:
»Und Tüfften, Mariken, Tüfften, einen ganzen Hümpel davon,
schön weiß gekocht und abgedämpft. Es gibt nichts Schöneres,
nichts Gesünderes, nichts Wohlschmeckenderes als gekochte
Tüfften*.«
Im Oktober ist die Witterung im pommerschen Küstenland be-
kanntlich ebenso wenig vorauszuahnen wie zu jeder anderen Jahreszeit. Kalt kann der Wind wehen, unangenehm kalt, und wenn
er aus dem Westen bläst, schlägt er einem mit Wonne seine kühlen
Flügel um die Ohren wie nasse Lappen, dass das nur so klatscht.
Anders jedoch bei Ostwind. Dann zeichnet erster Reif die Dächer
weiß, und nächtlicher Frost zieht das Laub von Baum und Busch.
Allerdings kann es um Mittag herum, wenn die Sonne durch-
bricht, noch recht erquicklich werden und zu schönen Wanderungen einladen, hinaus aus der Stadt, in die Weite der Felder hinein,
die Wolgast umgeben, oder den Uferweg entlang oder gar hinüber
auf die Insel Usedom ins Preußische oder auch hinauf auf den
Ziesaberg, wo ein als Belvedere bezeichneter Aussichtspunkt dem
in die Ferne Blickenden köstliche Bilder verspricht.
Eben solch ein prachtvolles Wetter krönte Runges Festtag, als hätte der Himmel ihn auf ausdrückliche Anweisung hin geschenkt.
Nach dem leckeren Mittagsmahl zeigten sich die lustwandelnden
Runges der Stadt, die Eheleute Arm in Arm, umgeben von der
schnatternden Kinderschar, ließen sich grüßen, und die Gäste

* Kartoffeln

schritten der Würde des Tages angemessen einher. Die Kleinsten wurden im Ziehwägelchen unter Hüh und Juchhei durch die sandigen Wege gezogen, hinauf zur Bauwiek und weiter zur Hohendorfer Grenze, dorthin, wo der Ziesebach ein klares, von allerlei Getier bewohntes Wasser in die Peene führt.

Schön war die Welt. Verblühte Ranken des Späten Goldes und ausgeblichener Rainfarn umsäumten die Wege; bräunlich und mit matten Strähnen neigte sich das Gefieder des Tüpfelfarns zur Erde, der Tau der letzten Nacht klebte noch an Gras und Blattwerk, und vom Feld herüber wehten das Schnarren der Elster und der einsame Schrei der Rabenkrähe.

Herbsttag, farbenträchtig und klar wie Glas – vom Hang herab durfte da der Blick weit über das glitzernde Wasser in der Hohendorfer Bucht wandern, durfte bewundern, wie der Spiegel der Peene die Sonnenstrahlen auffing und zurückschenkte, durfte schauen, wie ein braunes Segel letzten Windhauch aufzufangen suchte, um den müden Frachtkahn noch vor Einbrechen der Dunkelheit in den Hafen zu treiben.

Als sich der Tag neigte, die Schatten länger und länger wurden, drängte Mutter Runge zur Rückkehr. Philipp Otto hatte, wie in letzter Zeit mehrmals, wieder erbrochen und wollte nicht mehr laufen. Zu Hause ließen sie es sich aber gemütlich sein. Von heiterer Erinnerung geweckt, standen noch einmal zwanzig glückvolle Jahre vor ihnen auf, getragen durch das Erzählen Vater Runges, der eine Episode nach der anderen dem Vergessen entriss. Mutter Runge hörte nur zu. Sie war müde. Sie saß in einem Lehnstuhl, die Beine auf eine Rutsche gestreckt, und hatte Philipp Otto auf dem Schoß, um ihm sein krankes Bäuchlein zu streicheln. Da war es um sie alle still geworden, und nur der Schein flackernder Kerzen fiel unruhig auf die Wände. Sonst bewegte sich nichts, wenn Vater redete. Maria und Ilsabe, die schon etwas vom wahren Leben und seiner Schwere erfahren hatten, blickten ihren Vater, den sonst so gestrengen Herrn Papa, mit neuen Augen an. Denn der, sicher vom Genuss schweren französischen Weines angeregt, erzählte so viel Lustiges, auch über sich, was sonst nicht seine Art

war. Er regte die Vorstellungen seiner Hörer an, besonders als er
sagte:
»Ik bün uk eins so'n lütt Hosenschieter west as Gustav. Tjä.«
Da kicherten die Mädchen verstohlen hinter den Händen, und
Marias Fantasie tanzte für Augenblicke ungeniert, als sie in Gedanken ihren Herrn Vater, ihren würdevollen, hoch gewachsenen,
breitschultrigen, Ehrfurcht gebietenden Erzeuger mit abgestram-
pelten Windeln und blankem Achtersteven vor ihnen allen, hier
und jetzt, über die Dielen krauchen sah. Sie schämte sich aber sogleich ihrer unzüchtigen, respektlosen Vorstellungen und blickte
zu Boden, wie bei einer bösen Tat ertappt.
Vater berichtete dann von seiner eigenen Taufe, die, vor fünfund-
vierzig Jahren, in der großen Stube seines Elternhauses hatte vorgenommen werden müssen, der grimmigen Kälte wegen, die am
Silvestertag 1737 geherrscht hatte; und er schmunzelte, als er mit
der Bemerkung schloss:
»Jo jo, so'n lütten Gör hett jug Grotvadder Clas Runge born.«
Da konnte Daniel sich nicht mehr halten. »Ha«, rief er, »der Groß-
vater kriegt Kinder, vier Toll* grot, un kunn nich öwer de Tischkant
kieken.«
»Mulop«, blitzte Vater ihn an. »Wenn du uk Daniel heiten deihst
as ik, dünn heww din Benimm. Meinst, ik heww nich in de Büx
scheeten? Aber kräftig!«
»Runge!«, fuhr Magdalene auf, »das vor den Kindern!« Hart stieß
sie ihm ihren Ellbogen in die Seite. Daniel aber drohte sie: »Und
du lass deine dumme Flauserei. Das schickt sich nicht vor deinem
Vater.«
Der aber, als wäre keine Unterbrechung gewesen, fuhr fort:
»Meine Taufgevatter, die kenn ich noch allesamt. Und einen von
ihnen kennt ihr auch, meinen Onkel Caspar Runge, den Steuer-
mann. Den anderen wohl nicht, den Schmiedemeister Daniel
Müller, der aus Mutters weitläufiger Verwandtschaft stammt und
bei dem ich mannichmal hab zugesehen, wenn er die Hufe der

* Zoll

Pferde beschlug. Der ist ja nun tot. Er war ein guter Mann. Und dann war da noch die Catharina Hagemann, eine von den Wolgaster Hagemanns. Wo die aber abgeblieben ist, das weiß ich nicht.«
Ilsabe wollte wissen, wozu Gevatter da sind, wenn sie doch sterben und sich nicht um einen kümmern, was sie doch sollen und so.
Vater Runges Antwort kam prompt. »Einfach damit sie dich im rechten christlichen Glauben erziehen und dir in leiblichen und seelischen Nöten helfen, wenn die lieben Eltern tot geblieben sind. Und das kann schnell gehen, sehr schnell.«
Nachher brachte er die Rede auf seinen eigenen Vater, den Clas Runge. Der wäre, sagte er, vom Rügen'schen Mönchgut, genauer gesagt aus dem Fischerdorf Lobbe, hierher in die Stadt gezogen. »Ein bannig geschickter Zimmermann war mein Vater«, sagte er und hob dabei bedeutsam den Kopf. »Der verstand mit Dechsel und Säge ebenso gut umzugehen wie eure Mutter mit Nadel und Kochpott. Wisst ihr, warum der nach Wolgast zog? Weil unsere arme Stadt nach einem großen Brand an vielen Ecken so entsetzlich in Trümmern und Asche lag, dass kaum einer mehr ein richtiges Dach über dem Kopf hatte. Hier nämlich fand er Arbeit in Hülle und Fülle, hier konnte er Häuser bauen, mehr als einem Menschenleben möglich ist. Vieles, was ihr seht, geht auf seine fleißigen Hände zurück. An welchen Häusern er Hand angelegt hat – ich könnte es an meinen Fingern nicht abzählen. Ich denk wohl, dass er ein forscher Kerl gewesen ist. Dass er eines Tages eure Großmutter, was meine liebe Mutter ist, hat ins Haus geholt, war nur zu richtig. Das war eine tüchtige Frau aus der Hagemann'schen Familie. Hört genau her, Marieken und Ilsabe! Wisst ihr, dass ihr beide Großmutters Namen tragt? Maria Ilsabe Hagemann, so hat sie geheißen, bis sie den Namen Runge bekam.«
Zurücksinnend legte er die Hand vor die Augen und ließ seine Gedanken wandern. In die Stille hinein fragte Christinchen:
»Stimmt das, Herr Vater, dass Gustav den vornehmsten Gevatter hat bei seiner Tauf bekommen?«
Runge horchte auf. »Meinst du den Doktor Balthasar? Ach, Kind, was ist vornehm. Vornehm ist gar nichts. Name und Stand sind all

so'n Tüttelkram wie Luft. Ehrlichkeit aber und Sittsamkeit und
Gottesfurcht, das zählt. Aber du sollst wissen, der Doktor Balthasar stammt aus einer hochgeistlichen Familie. Hol eins die Singe-
bibel aus dem Schrank und guck mal auf die Unterschrift bei der
Vorrede.«
Stinchen hüpfte an den Schrank, zog das in Glanzleder gebunde-
ne Buch heraus und reichte es dem Vater. Der schlug es auf und
wies mit dem Finger auf die Worte, die er vorlas:

*»Euer aller Fürbitter Doktoris Jacob Heinrich von Balthasar, Superin-
tendent generalis. Greifswald, der siebente März 1750.«*

Und fügte hinzu: »Das war vor zweiunddreißig Jahren. Und dessen
Sohn, nicht er selbst, war Gustavchens Gevatter, unser lieber Doktor Balthasar. Aber vornehm, Stinchen, vornehm ist Luft.«
So ging es in den Abend hinein, bis die Kerzen niederbrannten,
den Kindern die Augen zufallen wollten und die Gäste nach Hause strebten. Da erhob sich Vater Runge. »Is gaud nu, gahn wi in'n
Kahn. Ein Abendgebet noch und dann, wie unser Dokter Luther
sagt, flugs und fröhlich schlafen gegangen.«
Bald darauf zog trauliche Stille in das Haus. Eine klare Nacht breitete sich über die Stadt, in der der Wächter die Stunde blies. Während Mutter Runge den lütten Gustav anlegte, trat der Hausherr
an das geöffnete Fenster der Schlafkammer und ließ den Blick
wandern, über die Straße hin zum Hafen und über seine Schiffe,
deren Masten sich vom sternübersäten Himmel wie Federstriche
auf lichtem Grund abzeichneten. Daniel Nicolaus Runge fand
sein Leben, so wie es eben war, reich gesegnet. Und er nahm dies
auch hin als den Lohn seines Fleißes.
Auch im Runge'schen Haus pflegte man, wie in all jenen, in denen
neben der täglichen Arbeit schöne Spiele und Künste nicht ausge-
spart blieben, ein zeitvertreibendes Bildnern jener Art, wie es wei-
land der ehemalige französische Minister Etienne de Silhouette
aus dem Morgenland mitgebracht hatte, das Ausschneiden von
Gesichtern im Profil nach ihrem Schattenbild. Natürlich setzte

diese Kleinkunst ein gewisses Maß an Geschicklichkeit der Hand voraus, dazu auch ein gut beobachtendes Auge. Schattenriss-Scherenschnitt oder Silhouettieren nannte man dies. Schattenriss-Scherenschnitt. Die Kinder aber nannten es, wenn sie sich alleine wussten, Rattenschiss-Scherenschiet. Ernsthaft wetteiferten sie, wer die bestgestalteten Figuren aus dem Papier herausschneiden konnte. Ohne Zweifel war Maria, als die Älteste, gewandter als die Geschwister. Oftmals, wenn sie sich von der sie fordernden Hausarbeit müde in ihr Gemach zurückgezogen hatte, griff sie zur Schere und schnippelte, was ihr vor die Augen kam. Aus der freien Hand heraus machte sie das, ohne Lichtschein und Schattenwurf. Und wenn ihr so war, holte sie den kleinen Philipp Otto zu sich herein und setzte ihn sich auf den Schoß, denn es ging ihr warm durchs Herz, wenn sie, die Zwanzigjährige, den kleinen Körper an ihrem Busen fühlen und den Duft seiner Haare atmen konnte. Besonders wenn er kränkelte, nahm sie ihn zu sich und tröstete ihn mit ihrer lieben Hand. Dann legte sie ihren Arm um seinen schmächtigen Körper und zeigte ihm, wie er die Schere führen sollte, wie man sie ansetzte, wie die Linke das Blatt halten und wie alles nachher in einem einzigen Stück erscheinen musste, ohne Kleister und Stückwerk. Ja, Maria leitete ihn an, und sie tat das mit solchem Geschick, wie kein anderer es getan hätte. Dabei spürte sie, wie es dem Jungen im Lauf der Zeit immer besser von der Hand ging, dass er eine Leichtigkeit erlangte, die sie selber nicht hatte.

Um ihn in besonderer Weise zu prüfen, forderte sie ihn auf, von nun an nur noch das Objekt anzuschauen und den Blick nicht mehr, auf keinen Fall mehr, auf Schere und Papier zu richten. Und sie sprach von einem inneren Auge, mit dem er sehen lernen müsse, und er solle ein Gefühl dafür bekommen, wie das gesehene Bild über Arm, Finger und Schere ins Papier fließe. »Fühlen musst du, Ottoken«, sagte sie, »mit den Augen fühlen wie mit den Fingern.« Philipp Otto verstand. Er fühlte mit den Augen. Bald formten seine Finger ein reines Abbild dessen, was ihnen die Augen diktierten. Maria hatte das außerordentliche Geschick des Jungen wahrgenommen. Sie sprach mit der Mutter über ihre Beobachtung:

»Ottoken schneidet mit seinen Schnippschnappfingerchen aus dem dümmsten Blatt Papier wunderschöne verkleinerte Wirklichkeiten, und er macht das viel besser, als ich es kann.«

Als sie ihn wegen eines besonders gelungenen Schnittes loben wollte, tat er das ab, als wäre es das Selbstverständlichste auf der Welt.

»Ik kiek mi dat an un denn wüß ik, woans dat is. Wat schall dat anners werdn?«

Diese so leicht hingeworfene, jegliches Eigenlob entbehrende Antwort erstaunte die Schwester so sehr, dass sie sie der Mutter weitergab. Mutter Runge wusste nur zu gut, dass alle Kinder nicht über den gleichen Leisten geschlagen werden konnten. Ihr Philipp Otto aber schien manche Besonderheit an den Tag zu legen, abgesehen von seiner Anfälligkeit, seinen immer wieder aufbrechenden Magenübeln, wo doch die anderen, die Jungen wenigstens, kerngesund waren. So hielt sie ihn für besonders feinsinnig, sprach auch mit ihrem Nicolaus darüber und sagte von Marias Beobachtungen.

Vater Runge aber winkte nur kurz ab. Für ihn sei ein gelegtes Ei noch kein Hühnerhof. Der Junge sei viel zu lütt, und bei ihm von Kunstfertigkeit zu reden sei vermessen, sei hochmütig, und sie solle weder sich noch ihm etwas einreden. Einbildung sei leicht gezüchtet und verbilde am Ende den Charakter. Nach seiner Meinung hocke der Junge zu viel im Haus, statt sich mit den anderen in frischer Luft zu amüsieren. Möglicherweise wäre das der Grund seiner Krankheit.

Magdalene Runge, über ihres Mannes Unverständnis betrübt, zog ihr Kopftuch mit energischem Ruck fest, wandte sich ab und flüsterte vor sich hin: »Ich weiß, was ich weiß. Ich habe schließlich Augen im Kopf.«

Eines Tages begab es sich, dass Philipp Otto in die Küche stürmte, wo er die Mutter vermutete, ein Blättchen schwenkte und rief:

»Kiek eins, Mudding, wekker dat is.«

Ein einziger Blick genügte, die Mutter erkannte das Bildnis Marias. Sie fragte ihn, wann er das geschnippelt habe, denn Maria sei doch seit Tagen nicht im Haus. Da sagte er, und seine Antwort machte sie für Augenblicke stumm, er sähe Maria doch vor sich, er sähe sie mit dem Gefühl, ihr Bild sei in ihm drin.

Mutter Runge sah ihren Jungen an, wiegte leise den Kopf und strich ihm übers Haar, sanft und lieb. Dann nahm sie ihm das Blatt aus der Hand, ging hinaus und verwahrte es gut.

Immer wieder ertappte sie sich dabei, wie sie ihre Kinder untereinander verglich; doch verglich sie, ohne zu werten. Sie tat es nicht, weil Mutterliebe jedem Kind den ihm gebührenden Platz zuweist und keines höher, keines niedriger setzt. Magdalene Runge schämte sich aber doch mit leisem Erschrecken, wie sie bemerkte, ihrem Ottoken mehr Aufmerken zu schenken als den anderen. Dabei teilte sie Marias Ahnungen, die da meinte, es würde nicht mehr lange dauern, dann greife er statt zur Schere zum Schnitzmesser. Ihr kam wiedermal jene Unwetternacht in den Sinn, in der sie ihn gebar, und die Frage, ob ihr Junge wirklich zu etwas Besonderem neige, ließ sie nicht in Ruhe.

Da war nämlich noch ein Anderes, über das sie nachdenken musste. Neulich äußerte er so ganz nebenbei, er spüre in allen Dingen, die ihn umgeben, etwas Beseeltes, in ihnen läge ein Geheimnis, und er könne mit jedem Gegenstand stundenlang reden. Er fragte, ob es das wohl gäbe, denn er könne sich denken, dass auch ein Apfel oder ein Tisch ihn verstünde.

Solch eine Frage ängstete die Mutter geradezu. Ottos Augen, ja die Augen, die lagen so tief in seinem Kindergesicht, immer fragend, immer suchend, immer wach und doch zugleich träumend abgewandt. Wie oft fiel ihm beim Wandern ein, Gräser und Blüten zu pflücken, sie lange, ja mit Engelsgeduld zu betrachten in einer Art, als suche er etwas in ihnen. Dann aber wieder konnte er mit seinen Brüdern toben, als sei er gesund wie sie. Sein Witz, sein Lachen waren so fröhlich, so befreiend, so ansteckend wie bei keinem der Brüder.

Mutter Runge sagte ihrem Nicolaus von ihren Empfindungen. Sie mochte dies alles nicht für sich behalten. Schließlich war er der Vater und sollte davon wissen. Seine Entgegnung aber zeugte wieder von großem Unverständnis.

»Mach aus ihm nicht, was nicht ist. Unsere Kinder sind alle aus einem Holz geschnitten, eins wie das andere. Oder hat diesen Jungen ein anderer Schoß geboren als der deine, Magdalene? Tu den anderen kein Unrecht an, indem du ihn in den Himmel hebst.« Und er nannte das Scherenschneiden Schnirksfirks und empfahl dringend, der Junge möge sich die Zeit nutzbringender vertreiben. Da nahm Mutter Runge sich vor, ihrem Mann mit solcherart Dingen nicht mehr zu kommen. Sie suchte ihn zu verstehen, er hatte schließlich den Kopf von anderem voll. Er war das Haupt der Familie, war der Ernährer, der jedem Tag das Beste unter hartem Fleiß abzudingen wünschte. Er war der Praktiker, sie dagegen das Gemüt. In beidem unterschieden sie sich, ergänzten sich aber auch. Wie wäre es in der Familie wohl traurig, würde der eine geartet sein wie der andere. Gab nicht das Gegensätzliche den eigentlichen Gewinn? Häusliche Harmonie, darum ging es ihnen. In dieser Harmonie lebten sie alle im Haus, die Großen wie die Kleinen. Nicolaus war schließlich ein ehrenwerter Mann, nicht nur in ihren Augen. Wie sie ihn sich einst gewünscht hatte, so war er geblieben. Eitlen Stolz kannte er nicht, obwohl er als hoch angesehener Mann das Wolgaster Bürgerrecht erlangt hatte, das ihn befähigte, als selbstständiger Schiffshalter und Kaufmann zu leben und der städtischen Wirtschaft zu dienen. Magdalene liebte ihn von ganzem Herzen. Nur – er sollte den Kindern gegenüber nicht so streng auftreten. Begünstigt durch den wirtschaftlichen Aufschwung mit gut laufenden Geschäften, konnte Nicolaus Runge seinen Hausstand endlich erweitern. Die Kinderschar unter seinem Dach war nicht der alleinige Anlass. Er brauchte einfach mehr Platz für die Firma, für das Lager, für alles. Und weil in unmittelbarer Nähe, gleich um die Ecke in der Burgstraße, ein großes Haus feilgeboten wurde, neben der wüsten Stelle am Hang der Straße, die zur Kirche hinaufführt, eines der Häuser, an denen sein Vater einst mitgebaut hatte, erwarb er es kurzerhand. Das war ein Wohnhaus mit reichem Gedache und mehreren Etagen, dessen ausgedehnte Räumlichkeiten ihm das Unterbringen und Stauen von Materialien aller Art ermöglichten.

War nun ein goldenes Zeitalter angebrochen? Der Handel zwischen Städten und Ländern, sonderlich der mit Getreide, sowohl unter den Homeyers und Neumanns, jenen großartigen Kaufleuten, als auch unter Runges durchgreifendem Einfluss, blühte in Wolgast auf und prägte die Stadt zu einem wahrhaften See- und Handelspunkt im schwedisch-pommerschen Land. Es ging auch die Rede, der Runge in Wolgast verkaufe nur erstklassigen Weizen und niemals jemandem faules Gemüse. Runges Wohlstand wuchs, denn er war gegründet auf Ehrlichkeit, Ordnung und eherner Moral. Er konnte das eine oder andere werftneue Schiff erwerben und war der Alleinbesitzer. Mit ihnen ließ er Getreide nach England und Stückgut und Kohlen zurücksegeln. Von Frankreichs Küsten brachten sie frisches Meersalz oder Wein von Hispaniens sonnbeschienenen Rebengärten. Neuerdings schickte er sogar eine Brigg ins Schwarze Meer.

Wie sollte dieser viel gefragte Mann da noch einen Blick übrig haben für die ihm lächerlich erscheinende Fingerfertigkeit seines Drittjüngsten? Der eine macht dies, der andere macht das. Besser wäre es für ihn, er lernte etwas Vernünftiges für Beruf und Leben wie seine größeren Brüder. Und seine stehende Rede war: »Bliwwt ji mit de Fäut up de Ierd, wenn ji willt 'n verdröglich Minsch warrn.«

Mit den Füßen auf der Erde bleiben, das hieß bei Vater Runge nichts anderes, als jegliche Himmelsstürmerei, Fantasierlust und das Überbewerten alles Unwirklichen, bittschön, zu unterlassen. Hierzu zählte er auch die Kunst, zumindest die mit Pinsel, Stift und Schere. Sich selber stellte er, kam die Frage darauf, zum lebendigen Exempel. Den Tag fassen, lehrte er, allen Forderungen klar und ehrlich dienen, niemanden betrügen oder übervorteilen, sich selber aber dabei nicht vergessen. Nur das Starke gilt, und stark ist, was Verstand und Hände hervorbringen. Die Jungen werden eines Tages die Ernährer ihrer Familien sein, und nur die Tüchtigen überleben. Denn Leben ist Kampf. Darum haben die Jünglinge die Schule zu besuchen. Denn diese lehrt, wo immer sie auch seien, das Einmaleins des Lebens.

Meinte er damit die Wolgaster Klippschule am Stadtrand oder die Stadtschule? Doch wohl nicht. Denn beide waren eine wahre Wüstenei, geistige Bruchläden, auch wenn man die Letztere ehrenfest die Bürgerschule nannte. Allein schon ihr äußerer Anblick stimmte traurig. Wie sie so dalag, in die Enge des südlich die Kirche umrundenden Petrikirchhofs gedrückt, zwischen Armenhaus und Rektorwohnung ihr graues Dasein fristend. Grau, weil in ihren Mauern ein betäubend einfältiger Geist wehte. Die untere der beiden Klassen? O weh! In ihr wurde mit Stock, mit Drohen und mit Strafen von stellungslosen, zu Hilfslehrern avancierten Schuhmachern oder Schneidern ein Mindestmaß an Wissen eingeprügelt. Menschen waren das, in denen Überdruss und Liebesmangel miteinander wetteiferten. Biblische Geschichten lehrten sie und wie man Buchstaben schreibt und Zahlen. In dieser Stadt- und Bürgerschule kam, weil die Eltern ein Schulgeld entrichteten, noch dieses oder jenes Wissensfach dazu, wie etwa die Kunde über die Heimat oder die des Lebens von Mensch, Tier und Pflanze. Dennoch blieb diese Schule eine ach so trübe Einrichtung, weil ein seit vielen Jahren ungeliebter Rektor dort die Zügel hielt. Dieser duldete nicht, wenn einer der Zöglinge auch nur im Geringsten wider den Stachel löckte, wie er zu sagen pflegte. Solche Kreaturen ließ er kurzerhand in den feuchten, lichtlosen Keller stecken, den er zur Strafe für die Unbändigen immer bereithielt, sie zu erziehen und ihnen Ehrfurcht einzuflößen.

Nun gehörten Runges Kinder allesamt nicht zu jenen, die diesen Kellerraum kennengelernt hatten, dank ihres guten Benehmens und auch dank des Ansehens, das der Vater genoss. Philipp Otto war sogar ein Musterbeispiel an Artigkeit. Der löckte gewiss niemals gegen den Stachel. Meist träumte er und ließ lieber, was gelehrt wurde, wie einen lauen Windhauch an seinen Ohren vorbeistreichen. Anstatt Buchstaben zu schreiben, zeichnete er, was ihm einfiel; und ihm gelang es besser, feine Striche über das Papier zu ziehen als Zahlen und Wörter, von deren Bedeutung er nichts hielt. Und so erntete er erschreckend wenig von dem, was vorn am Katheder gelehrt wurde. Wie oft ihn sein Bruder Carl Hermann, der neben ihm in der Bank saß, in die nüchterne Gegenwart zurückrufen musste, mal mit sanftem Stoß, mal mit hartem Knuff, das war nicht zu zählen, solange sie beide die untere Klasse besuchten.

Natürlich war der Missstand dieser Schule dem Magistrat hinlänglich bekannt. Auf der Suche nach einem dem Ansehen der Stadt entsprechenden neuen Rektor war ihm ein Mann genannt worden, der die Aufmerksamkeit auf sich zog: Gotthard Ludwig Theobul Kosegarten, ein Mann, über den man in bestimmten Kreisen im Pommerschen wie im Mecklenburgischen rühmlich zu sprechen begann und dessen publizierte Aufsätze großen Widerhall in den Kreisen der Gebildeten gefunden hatten. Als Hauslehrer beim Herrn v. Kathen in Götemitz bestallt, hatte er sich sowohl als Dichter als auch als Philologe und Theologe in den Ohren vieler Gleichgesinnter bekannt gemacht. Nun blickte Wolgast auf ihn. Die Stadtväter waren des dauernden Schulärgers überdrüssig. Kosegarten, sagten sie, muss der unsere werden! Wer sonst, wenn nicht Kosegarten, kann der desolaten Schulordnung wieder aufhelfen.

Also hatte man Kosegarten zu sich gebeten, hatte sich mit ihm gründlich besprochen und ihn im Sommer 1785 zum Rektor der Stadtschule berufen. Kosegarten hatte sehr wohl gewusst, welchen Müll es aufzuräumen galt, war aber gewillt, dieses schreckliche geistige Vakuum mit neuem Leben zu füllen, auch wenn diese Stelle ein großes Ausmaß an Arbeit und nur wenig weltlichen Lohn verhieß. Mit Anbruch des Herbstes hatte er das Rektorenhaus an der Nordseite der Kirche bezogen, um sein Amt anzutreten. Dass sich mit Kosegarten die Stadt eines besonderen Mannes als Rektor rühmen durfte, erfuhren die weniger gebildeten Bürger erst durch das Bekanntwerden einer großartigen Veröffentlichung. Denn zur gleichen Zeit, als der Magistrat ihn nach Wolgast berief, erteilte ihm die Philosophische Fakultät in Bützow die Magisterwürde aufgrund der Herausgabe seiner Abhandlung*,

---

* De pulcro essentialis, ex placitis veterum. Commentatio philisophico-aesthetica. Lipsiae 1785

die ihm in Leipzig hohe Anerkennung der Gelehrtenwelt einbrachte.

Dieser Mann griff nun in die Zügel des bergab stolpernden Schulkarrengauls. Stadt und Eltern atmeten auf. Die Schüler der oberen Klasse, der er vorstand, gewannen an Substanz, Wissen und Geist. Philipp Otto, wegen minderen Alters noch der unteren Klasse zugewiesen, hätte es wahrhaftig nötig gehabt, dem Unterricht des Hilfslehrers Aufmerksamkeit zu schenken. Zumal er seiner häufigen Erkrankungen wegen, Magenübel mit Schmerzen und Erbrechen, wochenlang der Schule fernbleiben musste. Wie sollte dieser Junge lernen, wenn der Lehrer sich nicht um seine Fortbildung mühte.

Zudem riet Dr. Balthasar, der dem Runge'schen Hause nahestehende Medicus, der Junge müsse seiner labilen Konstitution nachgeben, müsse gehegt und in jeder Hinsicht geschont werden. Seine Anfälligkeit setze ihm Grenzen.

Um die Mädchen Maria, Ilsabe und Regine stand es, was die Schule betraf, noch viel kümmerlicher. Ihnen öffneten sich die Schultüren nicht, weder die der Klipp- noch die der Stadtschule. Vater und Mutter Runge machten sich um ihre Töchter keine Sorgen. Maria, sagten sie sich, wird voll im Haushalt gefordert. Sie ist die Älteste und hat einfach der Mutter zur Hand zu sein. Sollte sich jemals ein Freier für sie finden, würde er, der Vater, nur dann sein Ja und Amen geben, wenn der eines annehmbaren Standes wäre und sie ernähren konnte. Bei Ilsabe sah es schon anders aus. Der Jacob Helwig schien sich tatsächlich ernsthaft um sie zu mühen. Ausgeguckt hatte er sie sich ja schon lange. Nun, mochte der auch dreist zwanzig Jahre älter sein als das liebe Kind, so konnte er doch, nach Vater Runges Meinung, der rechte Mann für sie werden. Dennoch widersetzte er sich dem Drängen der Tochter immer von Neuem und ließ sie wissen:

»Ik möt mi de Sach ierst öwerstraken. Lat mi Tid. Ik schall woll kieken, ob da nich doch in fulen Appel in de Supp liggen deiht.«

Runge fand aber weder einen faulen Apfel in der Suppe noch ein einziges Härchen darin. Und so rief er eines Abends die Ilsabe in seine Arbeitsstube und hieß sie sich setzen. Ilsabe, die wohl ahnte, jetzt würden die entscheidenden Worte fallen, fühlte ihr Blut aus den Wangen weichen. Sie vermochte dem Vater nicht in die Augen zu schauen und schlug ihren Blick zu Boden. Als der Vater sein Kind so ergeben vor sich sah, auch schmerzendes Nein willig anzunehmen, übermannte es ihn. Er öffnete seine Arme und rief leise: »Kümm her, min Seuten.«

Das hieß doch nichts anderes als »komm, meine Süße, du sollst deinen Liebsten haben«. Sie flog auf ihn zu, kuschelte sich an ihn und küsste seine Wange, wie sie es seit Jahren nicht mehr getan hatte.

»O Vater«, hauchte sie ihm ins Ohr, »Ihr seid lieb, lieb, lieb.« Und weinte sich, erlöst von einer schrecklichen Bangigkeit, bei ihm aus.

Der Sitte gemäß hatten seit jeher die Brauteltern die Hochzeiten auszurichten. Sie hatten auch das zweimalige Aufgebot beim Pastor zu bestellen und damit der Öffentlichkeit Gelegenheit eines Einspruchs zu geben, falls jemand etwas gegen solche Copulation habe.

An einem kühlen Apriltag des Jahres 1787 gaben sich Ilsabe Runge und ihr Anverlobter ihr Jawort in der Petrikirche zu Wolgast vor Gott und zweien christlichen Zeugen zu einer Ehe, die da rein und unverbrüchlich bleiben sollte, bis dass der Tod sie voneinander schiede. Und damit das auch seine gesetzliche Richtigkeit erführe, was hier nur Bekenntnis war, schrieb der Pastor nach vollzogener Trauung in das Kirchenbuch der Copulierten:

*Dom: Quasimodogen: et Miser.Dom: procl. et ab Archidiacono d.27. April copul. H. Jacob Christian Helwig, Pächter zu Großen Hell mit Jgfr. Ilsabe Dorothea Rungen. Daniel Nicolaus Runge Bürger und Kaufmann allhier 2te eheliche Tochter*

Das große Haus mit dem zur Stadtmauer hin gelegenen Garten, darin eine farbig gestrichene Gartenlaube inmitten sprossender Bäume stand, bot Platz für ein unbeschränktes, fröhliches Feiern. Jedem der Anwesenden konnte gestattet werden, wonach sein

Herz schlug. Dem Kind zum Jagen- und Greifenspiel, dem Alten zum Schauen und Schwatzen, dem jungen Volk zum Tanz und Reigen.

Man stand, man lachte, und immer wieder wurde die Kegelquadrille gefordert und das niemals langweilende Schüddel de Büx, nich to langsam, nich to fix.

Am Abend, als es kühl geworden war, begann ein lustiges Leben in Stuben und Fluren. Wohlriechende Düfte von Piepentobak und von Frischgebratenem schwelten durch alle Räume und schufen eine unbeschreibliche Gemütlichkeit.

Da hatte auch Philipp Otto sein Tun. Heimlich betrachtete er die Leute auf seine eigene Weise, wie sie sich gaben, wie sie sich benahmen, wie sie sich bewegten, tuschelten und Schnäuzchen zogen. Und es sollte auch nicht lange dauern, da hatte er sie in Papier geschnitten, einen wie den anderen, den Tänzer, den Fresssack, den Liebesschmuser, den Tobakpuster, alle hübsch in ihrer ulkigsten Haltung belauscht und festgehalten. War das ein Gaudium, als er ihnen seine Werke präsentierte. Fanden es die einen nun gar nicht schicklich, von einem Kind bei einer Heimlichtuerei ertappt worden zu sein, lachten die anderen über sich selbst. Carl Hermann und Gustav zupften ihren Bruder am Rock und kicherten ihm leise ins Ohr: Rattenschisse, Scherenschiete. Der Bräutigam aber, wie er sich im Scherenschnitt trefflich wiederfand, rief den Jungen herbei und sagte:

»Dunnerlüttchen, min Jung, dat hest äwer fein makt. Wo oll büst nu?«

»Tein Johr bün ik oll, un lütt bäten miehr«, antwortete Philipp Otto und drückte seine kleine Brust tüchtig heraus.

»Dunnerlüttchen. Na, wenn du mi eins kümmst besäuken, dunn snied mi man all min Swin und Käuh un Pierds un Häuners ut.«

»Dat möchst woll«, krähte Philipp Otto, »un denn giwwt se abends ut de Bratpann. Bäkse!«

»Ha! Nee, du büst in Kierl, du hest Plie. Nu schriew uk unner, dat ik dat bün, sünst frögen's mi noch, wekker Äsel dit woll soll sin. Du künnst doch schriewen, min Jung?«

»Ik bün all dree Johr in Schaul«, antwortete Philipp Otto, nahm ihm das Blatt aus der Hand und kritzelte, so gut er konnte, auf Helwigs Verlangen hin die gewünschten Initialen J.C.H. auf die Rückseite. Dann reichte er es zurück:
»Kannst beholl'n, Schwager. Dei annern hewwn uk all ihrs.«
Wenige Tage nach der Hochzeit verließ ein vollbepackter Planwagen das Runge'sche Handelshaus und rackelte über das spitze Kopfsteinpflaster den Berg der Burgstraße hinauf, erst die Lange Straße entlang, dann die Große Schmiedestraße. Beim Verlassen der hohen Ringmauern führte ihr Weg durch das Bauwiektor und von dort weiter an der Siedlung vorbei durch Felder und Wälder hinein ins mecklenburgische Land. Bis zum Tor wollte die Familie die Davonziehenden begleiten. Die Kinder winkten, die Eltern hatten nasse Augen. Als sie dann ihren Blicken entschwunden waren, drückte Nicolaus seine Magdalene an sich und tröstete sie:
»Nun schick man deinen Kopp täglich zu ihr hin. Das wird dir guttun. Wenn die Zeit gekommen ist, fahren wir alltohop hin, in ein, zwei Jahren.«
Das Scheiden dieser lebenslustigen Tochter schmerzte Mutter Magdalene mehr, als sie wahrhaben wollte. Da fehlte nicht nur ein Etwas, da fehlte ein Jemand, da fehlte ein helles Lachen, ein fröhliches Singen, da fehlte einfach sie, die Ilsabe. Dreiundzwanzig Jahre, vom ersten Schrei an bis zum letzten Ade – nun war sie ausgeflogen, geradeso wie sich ein kleines Vögelchen mit jauchzendem Piep vom Nestrand schwingt, ausgebreitet die Flügel, vertrauend, getragen zu werden. Wer von den Mädchen, dachte Mutter Runge, wird nun die Nächste sein? Reginchen, die liebe, ist mit ihren achtzehn Jahren schon in die Ewigkeit gegangen, husch, wie ein Schatten, um niemals wiederzukehren. Stinchen? Das gute Kind? Knusprig und reif war sie und so schön, vollbrüstig, rotwangig und doch schon von Anzeichen der Gicht geplagt. Maria aber würde bleiben, die Anspruchslose, die immer treu dienende Tochter, die statt Maria besser Martha hätte heißen sollen, wie sie im Evangelium genannt wurde, die duldende Magd, am Herd des Hauses. Der Präpositus Kriebel rühmte kürzlich das Wesen Mari-

as mit den wunderschönen Worten des Psalms: Wie die Augen der Knechte auf die Hände ihrer Herren sehen, wie die Augen der Magd auf die Hände ihrer Frau, so schauen Marias Augen auf uns alle, Runge. Ich spüre das. Worte, die Mutter Runge hatten erröten lassen bei dem lächerlichen Gedanken, der ehrenwerte geistliche Herr hätte sich wohl ein wenig in Marias Herzen verirrt.

Nein, Maria blieb im Haus. Aber ein anderer rüstete zum Aufbruch, zum Abflug aus dem Nest der Kinderstube: Johann Daniel, der bald zwanzigjährige Sohn. Vater Runge hatte ihn aufs Beste in ein kaufmännisches Denken hineindressiert und ihn, wie er selbstbewusst betonte, nach Strich und Faden getrimmt. Daniel fand sich ausgezeichnet in Vaters Praktiken zurecht, fühlte sich auch zu vielfältigen Aufgaben befähigt, ließ sich empfehlen, vermitteln und schließlich in Hamburg einbringen. Ob er später einmal, irgendwann, in die mit anerkanntem Namen geführte Firma des Vaters eintreten würde, glaubte er indes nicht. Vieles stand solchem Entschluss entgegen, hauptsächlich Vaters diktatorische Art. Daniel strebte nach Selbstständigkeit, und die suchte er in einer Weltstadt, nicht aber in diesem belämmerten Wolgast mit seinen krummen, höckrigen Gassen, wo die Schweine und Hühner frei umherliefen und wo die Häuser und Katen, regellos aneinandergefügt, ein erbärmliches Bild abgaben. Hinaus aus dem Elternhaus, hinein in das selbstständige Leben. Die Zeit für ihn war reif. Er wollte, er musste sich selbst zum Zeugnis eigener Leistungsfähigkeit vor allen beweisen.

Philipp Otto war zehn Jahre jünger als Daniel. Trennte die beiden auch die Zahl der Jahre, so fehlte ihm der große Bruder noch mehr als die Schwester Ilsabe. Wie oft hatte er sich, wenn brennende Schmerzen ihm die Lebensfreude stahlen, an dessen breite Brust gekuschelt, weil Daniel es so gut verstand, ihn zu trösten. Oh, wie hatte es ihm wohl getan, wenn Daniels stets frisch duftende Hände über sein Haupt fuhren und er ihm mit guten Worten zuredete. Nun war auch er fort. Der Schmerz der Trennung von seinem lieben Bruder zeichnete sich deutlich in seinem Gesicht ab. Blass war er geworden und sein Blick voller Traurigkeit. Auf Anraten von

Dr. Balthasar sollte er baldigst mal aufs Land, am besten zu Vaters
Vetter nach Mönchgut auf Rügen. Veränderung der Umgebung
dürfte, meinte er, seiner schwächlichen und zu Magenkrämpfen
neigenden Konstitution nur gut tun. Anfängliche Bedenken der
Mutter – die weite Schiffsreise und das bei Wind und Wetter –
schob der Arzt beiseit. Wind und Wetter, sagte er, hätten noch niemandem geschadet. Wer Wunder erwartet, müsse ihnen ent-
gegenziehen.
Ungern gab die Mutter ihren Jungen fort. Noch am Bollwerk, als
die Bootsleute die Leinen längst eingeholt und das Schiff abgelegt
hatte, rief sie dem Davonsegelnden nach:
»Treck di ümmer warm an, Söhner, un verküll di nich, un vergiss
din Jäcker nich, un denk an uns, un schriew uk mal, un ...«
Ein einsichtiger Windstoß pustete ihr die letzten Worte von den
Lippen und trug sie ungehört davon.
Seine Brüder Jacob und David begleiteten ihn. Die Mutter hatte
darauf bestanden. Zwischen ihnen an die Bordwand gelehnt, genoss er eine wundervolle Überfahrt. Als ihm die für ihn so neue
Welt entgegenkam, packte ihn ein unbeschreibliches Gefühl. Bisher kannte er sie nur vom Hörensagen und was er von den Seeleu-
ten aufgeschnappt hatte. Nun erlebte er sie selbst. Was war doch
diese Segelfahrt gegen die kleinen Kutschereien mit dem Ruderboot um die Schlossinsel oder die Peene aufwärts in die Hohendorfer Bucht. Hier winkte das große Wasser, der breite Peenestrom, der zum Meer hindrängte. Links die bewaldete Schanze,
von der aus, so erzählte man sich, die Leiche des Schwedenkönigs
Gustav II. Adolf eingeschifft worden war. Rechts nachher kamen
die Hütten von Karlshagen zum Vorschein, in dessen Hafen viele
braune Zeesboote dicht bei dicht vertäut lagen. Er sah auch, wie
das Gras auf den Wiesen und das langstielige Schilf wogten, als ob
jemand mit weicher Hand drüberstreichen würde. Still trug sie das
Schiff stromabwärts, vorbei am Dorf Kröslin mit seinem hübschen
Kirchlein und den rohrgedeckten Häusern. Auf niedrigen Weiden
lagerten käuende Rinder, ein staksbeiniger Storch stand da und im
Uferschilf ruderten Scharen von Enten mit ihren Jungen. Für Phi-

lipp Ottos lechzende Augen eine Welt voller Wunder. Über seinem Kopf wölbte sich das braune, von einer rohhölzernen Spiere ausgebaumte, vierkantige Segel, strammgehalten durch eine dicke Hanfleine, an einer Klampe belegt. Schiff, Wasser, Sonne, Wind – er reckte die mageren Arme, verschränkte sie hinter dem Kopf und blieb lange so stehen, die Augen auf die vorüberziehenden Bläschen gerichtet, wie sie die Bugwelle aufgeworfen hatte. Nachher, auf dem Bodden, als die ersten Wellen kamen und gegen die Bordwand schlicksten, ließ er sich vergnügt von dem salzigen Nass besprühen. Draußen entdeckte er auch die fernen Kirchtürme Greifswalds, sah die blassen Anhöhen Rügens auftauchen, den Zickerberg, die Granitz, das Peerd und, rechter Hand, die bewaldete Insel Ruden. Endlich, jauchzte er auf, endlich durfte er selber dort sein, durfte durch die Wasser fahren, auf denen Vaters Schiffe segelten. Ja, hier wollte er leben, in der Weite, in der herrlichen Weite, drüben auf Rügen, in Lobbe, viele Sommerwochen. Und voller Glückseligkeit sandte er seinen Blick voraus, als wollte er die ganze Welt einatmen.

In der Hagenschen Wiek, dort, wo der Fischerort Gager ein gutes Anlegen versprach, warf der Schiffer die Leinen über. Ein Pferdewagen brachte die Kinder bei niedergehendem Tag zum Onkel und dessen Familie. Die rundliche, tausendgütige Tante empfing die Jungen mit unzähligen schmatzenden Küssen. Und weil Philipp Otto diese Frau sehr lieb gewann, suchte er auch oft ihre Nähe. David und Jacob dagegen mieden sie nach Möglichkeit. Die zuckersüße Art, wie sie knutschte und schmuste, vertrugen die beiden nicht. Lieber halfen sie dem Onkel auf dem Feld oder beim Fischen.

Lobbe, dieser kleine, den Seewinden aus dem Osten ausgesetzte Fischerort, wurde in Philipp Ottos Augen zu einer wahren Schatzkammer, die ihm ihre Pforten weit geöffnet hielt. Da waren die Tiere, die der Onkel auf seinem satten Bauernhof hielt, Pferde, Schafe, Rinder, Geflügel noch und noch und der Hund, der wuschlige, dunkelhaarige, misstrauische Geselle, der um den Jungen herumstrich, als wäre dieser von ansteckender Seuche befallen. Und erst nachdem der Hund ihn bis in die letzte Hosennaht beschnuppert hatte, schloss er mit Philipp Otto Freundschaft, leckte seine Hand und wich von da an nicht mehr von seiner Seite.

Philipp Otto durchlebte die Wochen auf der Insel in einer Art, die seinem sonnigen Wesen kaum schöner entgegenkommen konnte. Das Tier war ihm Freund geworden, die Sonne hatte ihm ihr warmes Licht geschenkt. Himmel und Erde versponnen sich zu einem grenzenlosen Raum, in dem er lebend spielen und spielend leben konnte. Seine Sinne vibrierten in einem Taumel zwischen Jauchzen und Weinen. Diese Welt trank er mit vollen Zügen. Er sah sie als ein Stück seiner selbst und sich in ihr eingebunden als ein winziges Etwas, und er suchte und fand Gott in ihr. Er war erfüllt von unvorstellbarem Glück.

Was seine Augen sahen, hielten seine Hände fest. Es war wieder die Schere, die ihm Gesellschaft bot. Sie schnitt den Hund, die Ente, Liese, die glotzäugige Kuh, die emporstrebende Sonnenblume, das vorwitzige Strohblümchen, die zarte Segge, das wiegende Schilfgras mit seinen sich im Winde neigenden Bumskeulen; er schnitt aus, was er sah, naturgetreu, so fein. Und das nur zum Zeitvertreib. Schließlich fiel ihm ein, er könnte doch statt der Schere auch das Messer nehmen. Schnitzen statt schneiden, das wäre doch mal etwas anderes. Lindenholz oder das der wertlosen Pappel boten sich zur Genüge an. Und schon hatte er es unter seinen Fingern. Hei – da flogen die Späne, da leckte die Zunge über die Lippen, da lächelte der schmale Mund. Schälte es sich nicht schon erkennbar heraus aus dem Holz? Das Hundchen? Die Ente? Die Kuh? Er spürte nicht den harten Stein unter seinem Hintern. Ein Bein über das andere gelegt, versunken in sein Tun, sprach er mit dem Holz wie mit einer Puppe.

Jacob und David hatten sein Werk begutachtet, aber nur gesagt: »Hest fein makt, Otto. Wi hewwn Heu stakt. Jeder makt sin.«

Wie gern hätte er dem Daniel gezeigt, was er geschaffen. Der aber war in Hamburg, und Hamburg lag weit entfernt. Er konnte ihm nur schreiben, einen Brief, ein paar liebe Worte. Er sollte teilnehmen an seiner Freude, an dem Leben, das er hier lebte. Er wollte sich vom Herzen schreiben, was ihn bewegte. Und er tat es.

Daniel, als er den Brief in Hamburg vor die Augen bekam, erstickte fast vor Lachen beim Versuch, ihn zu lesen. Erst nach langem Herumbuchstabieren gelang es ihm, den von Fehlern wimmelnden Wörtern einen Sinn abzugewinnen. So sehr ihn dieser Brief anfangs auch belustigte, empfand er doch seinen teuren Wert. Philipp Ottos erster Brief, aufbewahren würde er ihn wie einen kostbaren Schatz, trotz seiner mangelhaften Beherrschung der Schreibkunst und seiner ungezügelten, eigenwilligen Form. Daniel las darin etwas von einer zur Reife drängenden Unreife, von einem Prozess inneren Wachsens. Und das nicht nur, weil er den kleinen Bruder von Herzen lieb hatte. Er überlegte, wie er den Vater in Wolgast bewegen könnte, ihn Zeichenunterricht oder Malstunden nehmen zu lassen. Sehr vorsichtig fing er das an, denn er kannte Vaters Bewertung dieser Tätigkeiten. Er schrieb ihm von Ottos lieblichem Brief, der ihn hochbeglückt hatte, und dass er ihn für einen sehr empfindsamen Jungen halte.
Vater Runge las das. Er zog die Wangen ein, spitzte die Lippen und schnalzte, wie einer tut, wenn ihm etwas nicht gefallen will. Er schüttelte den Kopf. Was soll das! Kunstbelehrung? Empfindsamkeit? So etwas passte nicht unter den Topfdeckel seiner Vorstellungen über das Leben! Magdalene gegenüber äußerte er:
»Immerhin anerkennenswert, wie er sich für den Lütten einsetzt. Ein wahrhaft liebender Bruder. Zugegeben. Doch was soll später einmal werden? Was sagt die Schule? Schreiben und Rechnen, das ist das Fundament. Buchführung, Bilanzen, das ist das Reale, das ist der Pott, in dem das Leben gekocht wird, das Leben eines zukünftigen Handelsmannes. Nichts anderes. Auch Landwirtschaft ist etwas Rechtes. Aber Malen? Zeichnen? Wozu?«
Doch mit der Zeit musste auch Nicolaus Runge begreifen, dass nicht ein Kind ist wie das andere. Mutter nämlich stützte Daniels Vorschlag, und sie lag ihrem Mann, wo immer sich Gelegenheit bot, hartnäckig in den Ohren. Immer wieder fing sie davon an:
»Denk doch mal an ihn, Runge. Er ist wirklich anders.«
Um es nicht zu einem Streit kommen zu lassen, gab er nach, auch gegen seine persönliche Einsicht. »Wenn das auch nicht helfen tut,

dann tut das auch nicht schaden«, beruhigte er sich. »Soll der Junge haben, was er will, einen Haus- und Stubenmaler, der mit Quast und Pinsel umgehen kann. Wirst sehen, bald hat er die Nase voll davon. Bezahlen will ich ihn.«

Vater Runges Herz schlug wärmer, als seine kalte Zunge es vermuten ließ. Nach Rückkehr der Jungen vom Mönchguter Aufenthalt suchte er für Philipp Otto den Geeignetsten in der Malerinnung aus, einen Kunstmalermeister, der in Wolgast einen Namen hatte. Philipp Otto erhielt seinen ersten Unterricht. Dieser Meister war zwar kein überaus begabter Künstler, wusste auch nicht recht, den so willigen, von Eifer getriebenen Jungen anzuleiten, lehrte ihn aber, gerade Striche zu ziehen, Farben zu mischen und aufzutragen, Gebäude und Gegenstände aller Art und was ihm sonst noch einfiel, abzuzeichnen. So hörte der Junge erstmalig etwas von Perspektive und wie man sie aufnimmt und überträgt. Auch lernten seine Augen ein neues Sehen. In dieser Weise weckte dieser wohlmeinende Mann durch einfache, aber richtige Hinweise in ihm ein erstes Bewusstwerden für Dinge, die ihm bisher verborgen waren. Vor seinen Augen wurde es hell, eine ganze Welt ging auf, licht und schön, wie ein werdender Tag.

Wessen Leben aber darf nur aus Träumen erbaut werden? Aus schwebendem Wolkenschaum, der die Berührung mit der Erde nicht findet? Silberwölkchen tragen nicht. Vater Runge wusste es besser. Die Erde ist's, die den Menschen gebiert, sagte er, denn aus Erde ist er genommen, der Mensch. Darum zog er seinen Sohn mit unnachgiebiger Beharrlichkeit auf diese Erde zurück. Er sorgte jetzt für ein Umsetzen des Jungen in die obere Klasse der Stadtschule, auch wenn des Jungen Leistungen es nicht erlaubten, weil sie ungenügend waren. Carl Hermann, sein um zwei Jahre jüngerer Bruder, schaffte den Sprung dagegen mit Leichtigkeit. Er wurde Philipp Otto an die Seite gestellt, um ihn zu begleiten, um ihm zu helfen.

Rektor Magister Kosegarten wusste von Philipp Ottos Krankheiten, und weil er ein liebevolles Herz hatte, warf er auf ihn ein besonders wachsames Auge. Mit Recht sagte man diesem ehrenfesten Pädagogen nur Gutes nach. Er besuchte die Kinder in ihrem Zuhause, um ihr Lebensmilieu kennenzulernen, er wanderte mit ihnen und zeigte ihnen die Schönheiten der Natur, er scheute weder Zeit noch Stunde, wenn es um das Wohl seiner Zöglinge ging. Keines seiner vielen Kinder überließ er sich selbst. Er kümmerte sich. Er gewann die jungen Herzen, weil er sich ihnen wie ein väterlicher Freund erwies, ein Lehrer ohne Belehrung, ein Fahrzeuglenker ohne Zügel und Peitsche. Was er Unterricht nannte, war ein Sich-selbst-Offenbaren, bei dem er aber, leider, leider, sich in solchen Gedankentiefen verlieren konnte, dass ihm zu folgen nicht jedem möglich wurde. Glaubensstark war seine Frömmigkeit, voller Blut und Hingabe, dabei war er ein Verleugner starrer Orthodoxie. Die Welt lebte, sie stand nicht da als eine kalte Formel. Wer wohl von den Kindern vermochte seinen Gedanken zu folgen, wenn er sich vor ihnen schwelgend und schwärmend selber vergaß? Da zeigten sich die Gegensätze zwischen den Brüdern. Wo Carl Hermann grinsend die Augen zudrückte, die Backen blähte und seinen geistigen Konkurs kundtat, riss Philipp Otto die Ohren sperrangelweit auf, ließ sich mitnehmen und genoss auf seine Weise die Worte dieses Mannes. Kosegarten war es, der in dem Jungen erste geistige Fundamente legte. Wie im Malunterricht seine Augen neues Sehen lernten, lernten seine Ohren neues Hören. Das Herz sprang auf, die Schule nahm er an, das große Lernen begann.

Weit in den Tag hinein trug Philipp Otto mit sich das Bild dieses verehrten Lehrers. Er sah ihn vor sich, wie wenn er neben ihm stünde. Sein Gesicht, lebendig, geistesgefüllt und markant, die großen, leicht nach außen gerichteten Augen, die vorgewölbte Unterlippe, darüber das wellige, den ganzen Kopf umwehende Haar. Unverwischbar prägte es sich dem Jungen ein. Dazu gesellte sich der sonore Klang seiner Stimme, deren angenehmer Ton sich mit seiner Mannesgestalt zu einer harmonischen Einheit verband. Das alles machte den Jungen bereit, all das, was Kosegarten vermittelte, willig und getreu, fast wie ein Heiligtum, aufzunehmen und zu bewahren.

Kosegarten hatte den Jungen lieb gewonnen. Er drohte nie mit Strafen, wenn er versagt hatte, was so oft geschah. Indessen verstand er es, ihn so zu fördern, wie dieser Knabe es in seinen Augen verdiente. Denn in der Tat, dieser Rungeknabe schälte sich aus der Dutzendware, wie sie das Wolgaster Geschlecht ihm in die Schule schob, mit wunderlicher Auffälligkeit heraus.
Nicht allein die Persönlichkeit des Schulmeisters war es, die auf den Jungen einwirkte. Da amtierte seit Kurzem der Präpositus Massow an der St.-Petrikirche, ein Pastor, der sehr bald auch als Seelsorger im Runge'schen Haus Eingang fand. Dieser war ein Ordnung liebender Mensch, er meinte es mit den Leuten gut und bot verstehbare Predigten an; darüber hinaus war er ein entschiedener Feind jeglichen Schludrians in Amt und Gemeinde. Er hielt unerbittlich fest an seiner Forderung nach einem ehrlichen, standhaften Christentum gemäß den Zehn Geboten. Was seine Pfarre betraf – er war seit der Erkrankung Pastor Franckes bemüht, dessen peinliche Nachlässigkeiten beim Eintrag der Amtshandlungen in die Kirchenregister zu berichtigen und alle Versäumnisse nachzutragen. Dass bei einem Knaben der Runges im Taufbuch der Vorname fehlte, fiel selbst ihm nicht auf. Francke war im Dienst alt und müde geworden und in den letzten Monaten seiner Dienstzeit völlig ausgefallen.
Präpositus Massow führte die Wolgaster Jungen mit strenggütiger Regie. Auf ausdrückliches Drängen der Eltern ließ er ausnahmsweise zu, dass der zehnjährige Carl Hermann schon sehr früh in den Konfirmandenunterricht aufgenommen wurde, um dem kränkelnden Philipp Otto, wie in der Schule, auch hier Begleiter zu sein.
Carl Hermann war von kräftiger Statur und würde an Körpergröße den Bruder bald überragen. Fleißig lernten nun die beiden, was Massow zu lernen aufgab, den Katechismus, biblische Geschichten und manches Kirchenlied. Carl Hermanns noch kindhafte Verspieltheit erlaubte sich beim Einpauken der Lehrstücke Luthers manchen Scherz. Gern verdrehte er Wörter bis zur Unkenntlichkeit, und beide Jungen hatten ihren Spaß. Philipp Otto

nahm sich der heiligen Worte ernsthafter an. Sehr genau unterschied er zwischen den Texten der Bibel und denen der Hauptstücke. Tief gläubig hielt er sich an die Lehren der Heiligen Schrift, denn sie waren für ihn unerschütterlich und durch keinen Widerspruch in Frage zu stellen. Die Schöpfung aus dem Nichts! Aus Gottes eigenem Mund dieses ES WERDE! Die sinnvolle Sechstageeinheit, der Sündenfall, die Vergebung. Das Wort wurde zur Grundfeste seines Glaubens. Christi Heilstaten waren für ihn unanfechtbare Wunderwirklichkeiten. Wie Hände nach goldenen Schätzen greifen, so griff sein Geist nach dieser Lektüre. Die Wahrheit des Gotteswortes bewegte ihn tief. Was er gelesen hatte, bewahrte er fest, und als unabdingbare Autorität galt die Lehre, die er von Massow und Kosegarten hörte. Und nichts war, was er höher achtete als diese.

Am Sonntag Quasimodogeniti 1791 wurden die Brüder konfirmiert. Seite an Seite empfingen sie, vor Gottes Altar knieend, die Aussegnung für das Leben durch den in Ehren gehaltenen geistlichen Lehrer.

In jenen Tagen schlugen die Wellen französischer Unruhen auch an die stillen Ufer pommerschen Landes und versetzten die Bürger in Ängste. Sie waren gewöhnt, unter der farbfreudigen, blaugelben Flagge Schwedens ein einigermaßen in Ruhe und Sicherheit gebettetes Leben aufzubauen. Nichts anderes strebten sie an, als Land zu beackern, Handel zu treiben, Handwerk zu pflegen, Städte zu bauen und häuslichen Frieden zu üben. Den Frieden der letzten Jahrzehnte wollten sie erhalten wissen, und er sollte geheiligt sein.

Nun trugen die Journale den Bürgern anfangs zwar nur hintergründig beängstigende, bald aber Gefahr verheißende Tatsachen in die Häuser, Tatsachen, die nicht bestritten werden konnten und die die Welt in Atem hielten. Frankreich, so berichtete die STRALSUNDISCHE ZEITUNG bereits in den Julitagen des Jahres 1789, habe die Reichsstände nach Versailles beordert, den Adel, die Geistlichkeit, den Bürgerstand – 1200 Köpfe an der Zahl –, und der Mirabeau habe zu einer Nationalversammlung aufgerufen. Was da vor sich ging an Verwirrendem, an Kriegsgeschrei, drang bis nach Wolgast, hinein in die Comptoirs und an die Biertische, und wurde mit mehr oder weniger Kenntnis der wahren Begebenheiten lauthals und bis ins Kleinste durchgekaut. Besorgt aber fragte man sich überall, was das wohl werden würde. Schlimme Nachricht kam noch dazu: aufgebrachte Volksmengen hätten das große Staatsgefängnis gestürmt, worauf sich der Adel vor dem Plebs gefürchtet und fluchtartig das Land verlassen habe. Jetzt sei Anarchie ausgebrochen, und der Plebs regiere auf den Straßen mit Wüten und Totschlag. Und wie überall in der Welt brach sich die Weisheit auch in Wolgast Bahn und ängstete die Leute: Große Wasser, einmal in Bewegung gebracht, schwappen irgendwann einmal über die Ufer. Was würde werden, wenn das rüberkam?

Ja, die Pommern bangten um ihren Frieden. Der Kaufmann fürchtete Einbußen seiner Händel, die Mütter sorgten sich um ihre heranwachsenden Söhne, und über allem zitterte die Frage, ob auch sie wieder in den schrecklichen Strudel, in Mordbrennen und Blutvergießen hineingezogen werden würden. Lag auch Frankreich hunderte Meilen entfernt, so blieb doch allenthalben wahr: Die Völker waren wie die Maschen einer wollenen Jacke ineinander verstrickt oder verhäkelt und verknotet. Riss auch nur ein einziger Faden, würde es nicht lange dauern, und das ganze Gewebe räufelte auf, und das Unglück wäre da. Denn kein Land lebte für sich allein.

Auch der Reeder und Großkaufmann Nicolaus Runge bekam schlaflose Nächte. Gewiss, die Geschäfte gingen gut, denn die Nachfrage nach Korn im westlichen Europa war groß, und es wurde gut gezahlt. Da verkauften die großen Güter bis weit übers Meer; das Wenige, was im Lande blieb, wurde täglich teurer. Unwillen zog auf, bei den plebejischen Schichten ebenso wie bei den Schiffszimmerern und anderen Handwerkern. Sehnlich wünschte sich Nicolaus Runge daher, mit seinem Schwiegersohn diesen trüben Zeittümpel bis in alle Tiefen im Gespräch ausloten zu können; denn Helwig war ein verständiger Mann und dürfte als Landwirt in gleicher Weise besorgt sein wie er. Noch in diesen Sommerwochen sollte die Reise stattfinden, zumal Ilsabe ein Kindlein zur Welt gebracht hatte, das anzusehen und zu befeiern war, das erste Runge'sche Enkelkind. Diese Reise würde die Familie zusammenführen, und die seit Kurzem in der Fremde herumtrabenden Brüder David und Jacob sollten auch kommen.

An einem Spätsommertag zog die Familie Runge aus ins mecklenburgische Land. Vater Nicolaus lenkte den großen Wagen, in dem die Mutter mit den drei Knaben Philipp Otto, Carl Hermann und Gustav saß. Den kleinen Wagen mit der Bagage führte Maria, und neben ihr hockte Christinchen, ihrer gichtigen Schmerzen wegen in dicke Decken eingemummt. Vater Runge hatte die Reiseroute bestimmt. Über Hohendorf sollte sie führen, über Zemitz und Rubkow, denn hier gab es gut befahrbare Wege, fest und sandig, und außerdem kleine Bächlein zum Tränken der Pferde. Alle freuten sich über diese gemeinsame Fahrt. Die Jungen sprangen, weil sie Bewegung brauchten, oftmals den Wagen voraus, Mutter ruhte sich endlich einmal aus, während Vater das Korn prüfte, das auf den Feldern stand, reif und vierzigfältig voll in den Ähren, manches noch auf dem Halm, vieles aber schon in Hocken, Reihe um Reihe zum Einfahren bereit aufgestellt.

In ruhigem Trott zogen die beiden Wagen durch das Land, vorbei an Flecken gepflegter Mischwälder. Über ihnen, in grenzenloser Weite, ein von gleichmäßigem Grau bedeckter Himmel. Felder lagen am Weg und fettes Wiesen- und Weideland, und hier und da stand ein Gehöft, rohrgedeckt und verträumt, davor käuende Rinder lagen.

In Polzin machten sie Halt, ließen die Pferde ruhen und nahmen selber ein stärkendes Mahl ein in der am Ende des Dorfes liegenden Ausspannung. Eine kleine Meile unterhalb des Dorfes zog, hinter dichten Schilfufern versteckt, die Peene durch die breiten Flusswiesen in trägem Strom landab. Im Schutz des Röhrichts stand dort der Reiher, im stillen Wasser ruderte die Stockente, das Blesshuhn kreckerte, und über dem moorigen Grund der Wiesen flatterte der Kiebitz, landete mit wippender Kopffeder auf einem Maulwurfshaufen und ließ seine Kugelaugen wachsam in die Weite gehen.

Der einzige Mensch, den sie sahen, war ein alter Mann am Ufer
mit seiner Angelrute. Längst war die Zeit des Vogelsanges vorbei.
Die junge Brut rüstete sich, ihr Leben eigenständig zu erfliegen.
Es gab kein Geräusch, wohl mal den Schrei einer Lachmöwe, mal
das Aufputschen des Wassers, wenn der Hecht sprang. Es war so
still, dass man den Wind raschelnd durch das Schilf gehen hörte.
Vater Runge kannte die Fährstelle, die bei Polzin über die Peene
führt, eine der wenigen Verbindungen beider Ufer, die den Weg
über Krien hinaus nach Südwesten öffnet. Dort am Fährhaus hieß
sie der Fährmann, die Wagen auf den flachbordigen, schwanken-
den Prahm zu führen, die Pferde am Halfter zu fassen und sie still
zu halten, damit nichts Böses passiere.
Philipp Otto stand am Bollwerk und schaute selbstvergessen zu,
als plötzlich ein riesiger Hund, ein schwarzer, starkknochiger
Rüde, auf ihn zuraste und ihn mit solcher Wucht anfiel, dass es ihn
zu Boden riss, wo ihm die wütende Bestie mit geiferndem Gebiss
und teuflischem Knurren die Schnauze ins Gesicht stieß. Der zu
Tode Erschrockene brachte nur einen einzigen Schrei heraus,
dann stockte ihm der Atem und er verlor das Bewusstsein. Und
hätte nicht im letzten Augenblick der Fährmann, der wohl die Unberechenbarkeit seines Hundes kannte, ihm die Peitsche übers
Kreuz gezogen, wäre der tödliche Biss erfolgt. Der Hund schoss
laut aufheulend davon und verkroch sich. Philipp Otto aber lag
leblos im Dreck. Die Umstehenden erstarrten. Der Fährmann ver-
fluchte den Köter, warf ihm einen Stein nach und hob vor den Reisenden flehend die Hände und stammelte:
»Sowat hett de Töl noch nüms makt.«
Äußerlich hatte Philipp Otto keine Verletzung davongetragen,
sein Leib aber zitterte durch und durch. Die Mutter riss ihn in ihre
Arme und suchte vergeblich, ihn mit gutem Zureden zu beruhi-
gen. Der Vater war höchst ärgerlich und drängte auf beschleunig-
te Weiterreise, denn mittlerweile begannen die Pferde auf dem
Fährprahm unruhig zu stampfen.
Der Junge war blass wie eine gekalkte Wand und ließ sich wie ein
willenloser, tapriger Greis auf das Floß führen. Schreck und To-

desangst hatten ihn so stark erschüttert, dass sein Atem zuckte, und was er sagen wollte, erstickte in krampfartigem Schluchzen.

Die Wagen wurden übergesetzt. Am andern Ufer gelang es noch immer nicht, den verstörten Jungen zur Ruhe zu bringen. Zur Ruhe? Die Augen fuhren wild in die Runde und suchten diese fürchterliche Bestie, die wie der leibhaftige Satan auf ihn zugefahren war. Das Mittagessen lag erbrochen im Wagenstroh.

Die Nacht im Gasthof zu Krien brachte erst zu ganz später Stunde dem immer noch Verstörten ein wenig Schlaf. Die beiden Frauen wechselten einander im Wachen ab, denn immer wieder fuhr der kleine Leib in die Höhe, seine Hände griffen hoch und wehrten sich gegen den unsichtbaren Feind. Nur mit gedämpfter Freude erreichten die Runges den Helwig'schen Hof. Ilsabe, die liebe Schwester, schloss den Bruder, nachdem man ihr von dem bösen Zwischenfall berichtet hatte, fest in ihre Arme, redete ihm Gutes zu und führte ihn an Wilhelmines Bettchen, zu seiner ersten kleinen Nichte. Da flog ein leises Lächeln über sein Gesicht, und er streichelte das kleine Menschlein zart und innig.

So schien das Wiedersehen mit der Schwester und den dort schon weilenden Brüdern den schlimmen Tag vergessen zu machen. Das aber war nur ein trügerischer Schein, denn immer wieder brachen in dem Jungen die Ängste durch, und es kam ihm vor, als hetze der schreckliche Hund hinter ihm her und setze zum Sprung auf ihn an. Die Eltern drängten zum baldigen Aufbruch. Vater Runge hatte sich eingehend mit Helwig beraten, die Familie hatte sich getroffen, jetzt trieb die Sorge um Philipp Otto sie heim.

In Wolgast zogen sie sofort ihren Hausarzt Doktor Balthasar zurate. Der führte die Angstzustände des Jungen auf dessen empfindsames Wesen zurück. Er riet dringend, ihn vor Aufregungen jeglicher Art zu bewahren, seine auffallend weiche Natur vertrüge sie nicht. Er verordnete Baldriantropfen und genügend Schlaf, viel Schlaf.

Schlaf? O weh, wenn es nur nicht dauernd in seinem Kopf wühlen würde, wie wenn sich ein Mühlrad drehte und mahlte, und mahlte ohne Pause Steine zu hartem Mehl. Mutter steckte ihn ins Bett, wo er Tage und Nächte zubringen musste, wie der Arzt es befohlen hatte. Er aber widerstrebte dem Lager und bat um die Bibel, um darin zu lesen, oder um eine Schere. Das Buch hielt Magdalene zurück. Lesen strenge ihn zu sehr an, sagte sie. Die Schere gab sie ihm, weil er wie ein kleines Kind um sie bettelte. Es verlangte ihn einfach danach, die trüben Stunden des Nichtstuns sinnvoll zu füllen.

Warum nur, begehrte es in ihm auf, warum nur musste er in der Stube hocken, statt sich mit Carl Hermann und Gustav zu amüsieren. Wie gern wollte er doch über Zäune springen, um Busch und Bäume jagen, mit ihnen Obst aus fremden Gärten stibitzen, um die Wette ins Peenewasser spucken und sehen, wer es am weitesten schafft. Aaach, kam es ihm schmerzlich in den Sinn, ich bin doch kein Wackelgreis, ich bin doch ein Junge. Ich will ein Junge sein! Ich will nicht anders leben als sie alle. Was aber soll ich nur tun, wenn es über mich kommt. Oh, wie ich mich nach frischer Luft sehne, nach dem Draußen, nach dem Leben!

Schließlich erstarkte sein eigener Wille in ihm und bewirkte, dass er genas. Ja, er kam wieder so zu Kräften, dass, wenn ihn der Übermut packte, er seinen Brüdern in Witz und Laune voraus war und sie mitriss in Kampf und Spiel, Bestimmer wurde und Grenzen setzte, und die Brüder ließen sich das gefallen. Dann mochte niemand glauben, dass dieser Junge das Sorgenkind seiner Eltern, seiner Lehrer und des Arztes war.

Doch solch Zustand hielt meist nicht lange an. Überfiel ihn wieder das Kranksein und schwächte sich sein Lebenswille, dann zog er sich in seine Kammer zurück wie eine Schnecke in ihr Haus. Dann wollte er niemandem zur Last werden, dann litt er still und trug geduldig an dem, was ihm auferlegt war. Die Schere wurde dann sein Tröster. Aber neuerdings auch das Messer, das er immer geschickter zu führen wusste. Die Ente, die Kuh, der Würfel, der Ball waren bald geschnitzt. Da ließ er eines Tages eine ganze Schachfigurenarmee antreten, nicht etwa in Gestalt kleiner Puppen, nein, als Vögel traten die Offiziere an, der König als Adler, die Dame als Taube, und später gedachte er, sie alle bunt zu bemalen.

Philipp Ottos Fantasie kannte anscheinend keine Grenzen, und was sich irgendwie gestalten ließ, vollendete er zu aller Erstaunen. Was die Augen hielten, was die Erinnerung trug, es kam ans Licht, wurde Form, wurde fassbar.

Einmal trugen die Nachbarskinder ihm einen toten Marder ins Haus. Der hatte seit Langem auf dem Hausboden sein Unwesen getrieben. Nun hatte man den Hühnerdieb gefangen und totgeschlagen. Philipp Otto schmerzte der Anblick dieses toten Tieres, er strich über sein weiches Fell und betrachtete ihn lange. Dann nahm er Schere und blaues Papier und schuf ein Tierbild, das die ganze wehleidige Traurigkeit einer gequälten Kreatur offenbarte. Nur Form war es, ausgeschnitten, aufgeklebt, keine Farbe oder Retouche, nicht markiert durch Ausdruckslinien. Daniel, dem Philipp Otto diesen Schnitt nach Hamburg geschickt hatte, um ihn zu erfreuen, sah in diesem Werk eine erstaunliche Leistung. Er sagte, er könne sich dieses sprechenden Jammers, den der Schnitt zeige, nicht entziehen, und reichte es mit entsprechendem Erwähnen seines kleinen Bruders vielen seiner Bekannten zur Ansicht.

Daniel schilderte dem Bruder in einem Brief, welchen Eindruck dieser arme Marder in ihm hinterlassen hatte, erkundigte sich aber im gleichen Brief nach dem Fortgang der Zeichenlehre bei seinem Wolgaster Meister. Philipp Otto schrieb zurück, er fühle sich nicht genügend gefordert, der Olle bliebe immer beim Alten, es fiele ihm nichts Neues ein, es kleckere so dahin und mehrfach wäre es schon zu Reibereien gekommen, weil er die Dinge anders sah als er, und wenn der Olle, der Timpetee, nich so will as ik wol will, könne er auch nicht dafür. Papa hält, schrieb er weiter, das alles ja für Spielerei. Papa meint, ich soll damit aufhören, aber das will ich ja nun auch nicht.

Wie gut, dass er dem Daniel in Hamburg das alles hatte schreiben können. Der verstand ihn. Und Daniel wandte sich ihm auch wirklich voll zu.

Vater Runge blieb dabei: Wenn sich dem Jungen erst die Frage nach der Existenzerhaltung von selber stellen würde – und dieser Tag würde kommen –, dann müsste er sich entscheiden. Kaufmann oder Landwirt standen zur Auswahl, auf etwas anderes würde nicht zugesteuert werden. Das stand bei ihm fest wie ein Felsen, unverrückbar. Sicherheitshalber und um Rückendeckung zu erlangen, besprach er sich mit Rektor Kosegarten, auf den der Junge hörte, vielleicht mehr als auf Vaters Meinung.

Kosegarten aber war keineswegs der Mann, der sich auf einen Acker schieben ließ, den er nicht selbst bestellte. Längst hatte er mit dem Knaben Runge etwas anderes im Sinn. Darum erbat er bei Vater Runge zu dessen großem Missfallen mehr Freiraum für die künstlerische Entfaltung des Jungen. Mit liebevollen Worten stellte er ihn ihm vor, er sprach von einer zarten, ungefärbten Seele und hoffte inständig, des Vaters Verständnis zu erlangen, stieß jedoch nur auf bittere Verneinung. Dabei schätzte Vater Runge den Magister außerordentlich und legte stets großen Wert auf dessen weisen Rat. Er las mit wachsendem Interesse seine jüngst in Leipzig veröffentlichten Gedichte: *Melancholien, Tränen und Wonnen,* er hatte sich neulich erst als Subscribent seiner Werke eintragen lassen, er hatte auch sehr lieb Anteil genommen an dem häuslichen Glück Kosegartens nach der Geburt von dessen erster Tochter Alwina. Dennoch – hier standen Welten gegeneinander. In diesem Punkt wollte, nein, durfte Runge nicht nachgeben.

Magdalene litt darunter, und das sagte sie ihm auch. Nicolaus' Antwort war schroff. Er betonte, dass das für ihn kein Thema mehr sei. Mehr als Malunterricht, den er immerhin doch bezahle, ließe er nicht zu. Das solle auch Kosegarten endlich begreifen.

Kosegarten indes behielt den Jungen umso fester in seinem Herzen. Er nahm sich vor, das in ihm zu entfalten, was er meinte, vor Gott und dem Knaben schuldig zu sein. Alles, jede besondere Gabe, so lehrte er, sei Gnade. Gnade aber sei wieder Gabe von oben her, sie sei Geschenk. Nichts ist darum der Mensch aus sich selber. Gottes Gnade ist es, was er ist. Ihn zu besingen sei darum des Menschen höchste Aufgabe. Singen jedoch sei nicht allein mit dem Munde getan, sondern mit dem Herzen und mit den Händen.

So lehrte Kosegarten seine Schulkinder, und Philipp Otto verstand ihn darin wohl am ehesten. Ja, Kosegarten reizte sie geradezu, den Kelch der Wissenschaften aufzunehmen und aus ihm zu trinken. »Frühe«, sagte er, »frühe kostete ich, und kaum hatte ein Tropfen desselben meine Zunge genetzt, so entbrannte in mir unersättliche Begierde. Welche Wollust war mir das, als ich die Auen der Wissenschaften schön blühend und duftend weit um mich her verbreitet liegen sah. Ich forschte nach dem Schöpfer im Geschöpfe, im wundervollen Bau des Menschen, in den Kräften der Körper und der Geister und im Reigentanz seiner tausendmaltausend rollenden Weltenhalle. Über diesem vergaß ich Spiel und Gesellschaft. Ich ging Wege, die ich nicht fassen konnte, durch Hell und Dunkel, durch Engen und Irren, durch Stürme und Sonnenschein, und dieses alles, um euch, meine Kinder, zu lehren und zu bilden, euch für Zeit und Ewigkeit zu erziehen. Wie ich dieses getan habe, wisst ihr am besten. Dass meine Beschäftigung an euch nicht verloren gewesen, dass hin und wieder in meinem Baumgarten« – bei diesen Worten blickte er Philipp Otto, der mit brennenden Ohren dieser Rede zuhörte, tief in die Augen – »ein junger Schössling drängende Knospen treibt und für die Zukunft viele Blüten und Früchte verspricht, ist mein schönster Lohn. Fern durch das mitternächtliche Dunkel funkeln mir zwei goldene Sterne: Der Glaube an den Allliebenden und die schöne Hoffnung besserer Zeiten. In meinem Busen lebt der eherne Entschluss, nützlich zu sein. Das ist der Stab, der mich durch die Zukunft leitet. Und wo ihr nicht säet, da könnt ihr nicht ernten. Wo ihr im Sommer nicht sammelt, werdet ihr im Winter darben. Solches erwägt und lasst die fähigste und schmiegsamste Zeit eures Lebens nicht ungenutzt verrinnen.«

Das wallte nun wie eine Flut über die armen Köpfe der Schulkinder hinweg, das spülte an den Strand des Nichtbegreifens und versiegte dort. Schöngeistige Ästhetik, Kosegartens fast exzentrische Art – Philipp Otto aber verstand, wie er es meinte. Durch ihn, seinen verehrten Lehrer, begriff er sich erstmalig als Teil der großen Schöpfung, eingebunden in den heiligen Strom, der zwischen Himmel und Erde fließt, und dass Gott alles in allem sei. Ja, er ahnte etwas von dem, wie Wort zum Bild und wie Bild zum Wort werden können und dass seine Finger Gabe sind und dass seine Augen Gabe sind und dass er viel, viel mehr können und arbeiten müsse. Und er drückte die Fäuste zusammen und presste sie weinend gegen die Lippen, und er biss sich in die Finger und schrie wortlos aus, was da in ihm brannte und für das er keine Worte fand. Der Weg vom Elternhaus hin zur Schule betrug keine dreihundert Schritte. Morgens den Berg hinauf, mittags den Berg hinunter, über zerfahrenes Kopfsteinpflaster, vorbei an der wüsten Stelle, zwischen eng aneinander gerückten Hauswänden auf den Chorraum der Kirche zu und gleich um die Ecke. War Philipp Otto gesund, sprang er wie seine Freunde den Weg hinauf und hinab. Manchmal jedoch, da wollte es nicht so recht, da blieb die Luft weg, da stampfte das Herz, da kam ein trockner Husten und der Körper atmete Feuchte aus, und die Kleidung klebte.

Im Jahr 1792 hatte der März den Winter weit über Gebühr festgehalten. Zwar balzten schon seit Wochen die Möwen, ihr Gelächter hing über Stadt und Fluss wie ein tönender Teppich. Auch das Glöckchen der Meise, zi-zi-deh, strengte sich an, den zögernden Frühling einzuläuten. Aber noch immer jagten heftige Schneeböen ein ekelhaftes Gekladder durch die Luft und schlugen denen, die sich nach Wärme sehnten, Hohn lachend ins Gesicht. Und wer sich nicht mit wärmender Kleidung gegen sie wehren konnte, bekam die Influenza.

Philipp Otto wurde eines Tages schwer krank. Ein Schütteln im Leib hieß ihn sich niederzulegen, das Fieber kam, der Atem ging hart, und die Brust spannte und schmerzte im Inneren bis tief in den Rücken hinein. Doktor Balthasar sprach von einer Pneumonie und wies auf die Krise hin, die nach seiner Erfahrung in neun Tagen die Besserung bringen würde. Oder auch nicht, fügte er leise hinzu, denn der Junge besäße nur geringe Widerstandskräfte. Das sagte er und blickte dabei zu Boden.

War seine Diagnose zu Recht? Oder unterlag er einem Irrtum? Schließlich kann jeder Arzt irren. Weil das Fieber nicht in regelmäßigen Schüben wiederkehrte, sondern hartnäckig blieb, sich auch nach den genannten neun Tagen keine Veränderung, weder zum Guten noch zum Schlechten hin, erkennen ließ, weder Tee noch Umschläge, weder Bäder noch Blutegel etwas vermochten, nahm er einen Aderlass vor, von dem er Entlastung des Kreislaufs erwartete. Im Beisein eines Helfers öffnete er dem Jungen die Vene am Arm. Dunkles Blut entströmte und schwächte den ohnehin stark mitgenommenen Körper bis an die Grenzen des Möglichen. Das Blut wies, wie sich herausstellte, eine starke Entzündung auf, deren Herkunft dem Doktor ein Rätsel blieb. Er sagte, er fände dafür keine Erklärung.

Viele Wochen bangten sie um das Leben des Jungen. Die Mutter wich keinen Zollbreit von seinem Lager. Sie hielt seine Hand in der Meinung, die ihr innewohnenden Lebensgeister würden sich kräftigend auf ihn übertragen. Was getan werden konnte, geschah. Doktor Balthasar sah täglich nach ihm. Kosegarten kam, stellte sich an sein Bett und faltete die Hände über ihm. David, der auf dem Helwigschen Hof arbeitete, sorgte sich sehr und reiste herbei, um ihn zu sehen. Daniel verbrachte unruhige Nächte in Hamburg. Mehrmals machte er sich auf den Weg, auch wenn der von Hamburg nach Wolgast mehr als drei Tagereisen in Anspruch nahm. Die jüngeren Brüder Carl Hermann und Gustav gingen auf Zehenspitzen durch das Haus, Maria sang nicht mehr, und die Mutter sah Stinchen oftmals still vor sich hin weinen. Vater trat ins Zimmer und sprach ihm gute Worte zu, an die er selber kaum zu glauben wagte. Das ganze Haus war auf den Kranken eingestellt. Sie kamen, sie gingen, der Tag forderte einen jeden auf seine Weise. Nur die Mutter blieb sitzen und hielt seine Hand, und sie wollte bleiben bis zum Ende, um ihm die Augen zuzudrücken, wenn der letzte Ruf an ihn ergangen war, wie sie es dem kleinen Gustav Carl und der lieben Tochter Regina getan. Wie oft sie in ihre Hände geweint hatte, wusste sie nicht zu zählen. Am schrecklichsten waren die Nächte, wenn der müde Schein der Kerze über das eingefallene Gesicht wischte, wenn sich der Kranke schlaflos gegen das Aufgegebene wehrte und einem neuen, vielleicht letzten Tag entgegendämmerte. Aber der wollte nicht kommen. Und der, den selbst Doktor Balthasar vor der Tür schon wartend vermutete, der nur noch an die Hippe zu schlagen brauchte, damit das Ende komme, der klopfte noch immer nicht an, der ließ auf sich warten, der trat noch immer nicht ein. Eines Tages wandte der sich um und ging davon und überließ den Jungen dem Leben. Warum? Seine Zeit war noch nicht gekommen.

Als die Aprilsonne durch die Scheiben griff und ihr gelbes Licht über das Gesicht des Kranken schickte, um es zu streicheln, sprach eine gute Stimme leise in den schrecklichen Raum der Angst hinein: Junge, ich will, dass du lebst.

Der Kranke vernahm diese Stimme wie die eines Engels mit einem feurigen Schwert, der ihn aus dem Grab ruft, in das er schon gelegt war. Unter der Erde vergraben, wähnte er sich, von dort aus erblickte er sie alle, die Mutter, den Vater, die Geschwister, sie alle, und wie sie um ihn weinten, laut und leidvoll. Doch ihr Weinen tat ihm unendlich wohl, ja er weidete sich geradezu in dem wonnevollen Zustand, betrauert zu werden. Doch nun, als ihn diese Stimme rief, brach der Traum wie ein in Asche zerfallendes Haus zusammen, und was blieb, war furchtbare Angst. Er riss die Augen auf und erblickte das Gesicht der Mutter, wie es sich über ihn gebeugt hatte, und wie über ihre Wangen die Tränen flossen. Da riss er sich hoch, schlang seine Arme um sie in tiefster Todesangst, und ihm entrang sich ein langer, herzzerreißender Schrei. Entkräftet fiel er in die Kissen zurück, ein tiefer Schlaf trug ihn fort, weit fort, viele Stunden lang. Als er endlich erwachte, griffen seine mageren Arme nach der Mutter, sein Atem ging ruhig und die Augen gewannen einen leisen, hoffnungmachenden Glanz, einen Glanz, wie ihn der Lebenswille schickt und der von dem Sieg weiß, ein finsteres Tal durchschritten zu haben. Ein neues, ein zweites Leben, zu dem er auferstanden war, hatte ihn gefasst, willens, ihn auf die Beine zu stellen, um Großes für ihn bereitzuhalten. Todesnähe hatte ihn reifen lassen. Er, der noch keine fünfzehn Lenze zählte, kannte die Unmittelbarkeit des Todes. Und nun durfte er ein Tor durchschreiten, dessen weit geöffnete Flügel ihm einen Weg ins Leben wiesen. Philipp Otto hatte die Krise überstanden. Er genas, wider alle Erwartungen.

In solchen Stunden, wie die Mutter sie hatte durchstehen müssen, waren ihr jene Stürme wieder ins Gedächtnis gekommen, die bei der Geburt des Jungen über ihrem Haus getobt und die Unheimliches angezeigt hatten und die nun wieder all das in Frage stellen wollten, was um ihren lieben Jungen geschehen war. Da gab es das unbeantwortbare Warum, das sie so oft schon gegen den Himmel geschrien hatte. War ihr nun Antwort gegeben? Hatte auch sie die Stimme gehört: Junge, ich will, dass du lebst!

Der Sommer kam und trug wohlige Wärme über das Land. Die Welt hatte ihr lieblichstes Kleid angezogen, das Leben lebte in vollen Zügen. Doch sollte noch manche Woche vergehen, ehe Philipp Otto wieder den Schulunterricht besuchen konnte, an dem er sich auch nur mit träger Lustlosigkeit beteiligte. Einzig nach den Belehrungen Kosegartens verlangte er, dessen Worte den Jungen in seiner Mitte trafen. Und weil er sich ihm mit besonderer Zuwendung widmete, schenkte ihm Philipp Otto manches Ausgeschnittene, so wie es ihm gerade einkam und wie er es bildete. Kosegarten sammelte die Bildchen und legte sie in eine Lade.

Mutter Runge war ihrem Herrgott von ganzem Herzen dafür dankbar, als sie bemerkte, wie sich ihres Kindes Gesundheit wieder aufbaute und sich sein geschwächter Körper kräftigte. So erwog sie mit diesem und jenem, in ihm die Lust zu leben zu entfachen. Mit klugen Augen beobachtete sie, wohin es ihn trieb und was er über alles andere gern zu tun liebte. Darum ermunterte sie ihn auch, seine beim Malermeister einst erworbenen Zeichenkünste freiweg anzuwenden, ihr zur Freude, sagte sie, und sie riet ihm, er solle auf die Straße gehen und einfach loszeichnen, einfach das, was er gerade sähe.

Philipp Otto sagte zwar und blickte dabei zu Boden wie einer, der Ungutes denkt:

»Ik wüß nich, Mudding, de Oll wull dat nich.«

Aber dann lachte er doch auf, griff zu Skizzenblock und Stift, trat auf die Straße und zeichnete los, zeichnete genau das, was ihm vor dem Wohnhaus als Erstes ins Auge fiel: die Burgstraße in Wolgast, neben der wüsten Stelle, mit dem Blick auf den Chorraum der St.-Petrikirche. War das, was er mit dem Stift festzuhalten gedachte, auch nur ein nüchternes, jegliche Schönheiten entbehrendes Motiv, er zeichnete jedenfalls los. Da waren schwarz-weiße Fachwerkgiebel, eine aufgezogene Wand, der halb versteckte Mauerteil der Kirche, ein Baum rechts in prächtiger Blätterfülle, die Kirche, wenn auch völlig aus der Mitte gerutscht, mit ihrem Südostwind anzeigenden Wetterhahn über der Laterne. Um das Ganze zu beleben, setzte er zwei Männer darein, den einen schreitend, den anderen vor sich hin stolpernd, und an der Mauer unter einem weitkrempigen Hut ein dürres Frauenzimmer nach rechts wandelnd. Mit dieser Zeichnung eilte er in seine Kammer hoch und malte das Ganze aquarellfarben aus.

Er zeigte es der Mutter: »Is gaud so, Mudding?«

Die Mutter nickte nur, sagte nichts, strich ihm über seinen vollen Haarschopf und drückte ihn an sich. Lange und mit stiller Verwunderung betrachtete sie das Bild. Dann gab sie es ihm zurück.

Ein Gerede geisterte durch die Stadt, das niemand gern wahrhaben wollte, und doch flüsterte es sich von Ohr zu Ohr. Nun kam es direkt aus den Stuben des Magistrats: Kosegarten beabsichtigt, Wolgast zu verlassen, Kosegarten will sich um die vakante Pfarrstelle im Rügen'schen Altenkirchen bewerben. Was soll dann aus der Schule werden, wenn er nicht mehr in ihr waltet und die Kinder führt mit seinem liebevollen Wesen?

Seine Absicht stieß auf Unverständnis. Der Magistrat war konsterniert. Dieser Mann will uns verlassen?, fragte man sich. Weiß er denn nicht, was er unserer Stadt bedeutet? Erst vor wenigen Tagen hatte ihm der Generalsuperintendent Quistorp im Greifswalder Konsistorium persönlich und mit großer Herzlichkeit beim Überreichen der ihn zum Pfarrer berufenden Ordinationsurkunde seine Hand geschüttelt. Und dieselbe Hand schüttelte nun dem Wolgaster Rat solch eine Nachricht auf den Tisch. Betrübt und mit einem Anflug, ihm Untreue vorzuwerfen, nahm man dies zur Kenntnis. Um einen Nachfolger in seinem Amt als Rektor zu bestellen, durfte keine Mühe gescheut werden. Ein Nachfolger? Ja.

Aber einen zweiten Kosegarten? Nie und nimmer. Den gab es weit und breit nicht. Sie alle wussten nur zu genau: Dieser Mann hatte wie kein anderer der Wolgaster Stadtschule einen klangvollen Namen erarbeitet. Durch seinen Fortgang würde Wolgasts geistige Substanz schmerzlichen Abbruch erleiden. Das ahnte man nicht, das wusste man.

Was der Magistrat aber nicht wusste: Kosegarten hatte sich völlig verzehrt, zermürbt und aufgeopfert an dieser Schule. Bis aufs Letzte. Herzblut hatte er gelassen, Nerven drangegeben im wahren Sinn des Wortes. Jedem seiner Zöglinge war er nachgegangen, bis in die Tiefen ihrer Seelen war er gedrungen, als Berater, als Wegweiser, als Seelsorger und Lebenshelfer. Dabei hatte er Nächte zu Tagen gemacht und nicht hören wollen, wenn seine Frau ihm riet, sich zu schonen.

Nun war er, der gerade erst Zweiunddreißigjährige, zu Tode müde, verbraucht wie ein alter Mann. Er konnte einfach nicht mehr. Jeder Tag weiter in der Schule wurde ihm zur Bedrängnis. Immer und überall hatte seine junge Familie zurückstehen müssen, wenn es hieß, die fremden Schäfchen zu hüten, denen er Hirte war. Jetzt war der Punkt erreicht, an dem er aus dieser Tretmühle aussteigen musste, um wieder Mensch zu werden, der seinem innersten Verlangen, schöngeistigen Gedanken nachzugehen und sich in Gott zu versenken, Raum geben konnte. Stille brauchte er, Stille zur Genesung. Nichts anderes.

Altenkirchen hatte nach ihm gefragt; Altenkirchen, eine Gemeinde im einsamen Norden Pommerns, auf der Insel Rügen. Dort könnte er sie finden, diese Ruhe. Es hieß, diese durch den schwedischen König eigens dotierte Pfarre sei die bestbestellte auf pommerschem Boden und verspräche gute Pfründe. War man in Stockholm auf ihn verfallen, um ihm freundliche Anerkennung zu zollen für die Übersetzung der römischen Geschichte von Oliver Goldsmith, die er dem vierzehnjährigen Kronprinzen gewidmet hatte? Denn sonst konnte er sich keiner besonderen Verbindungen zum schwedischen Hofe rühmen, wie manch anderer sie pflegte, um Vorzüge herauszuschlagen.

Seine Bewerbung um die Pfarre hatte er nun abgesandt, sogar mit Extrapost befördern lassen. Doch eine Antwort blieb aus. Nicht einmal eine Empfangsbestätigung erhielt er, und auf Nachfragen beim Greifswalder Konsistorium reagierte man mit Schulterzucken und wies hin auf die Entscheidungen am schwedischen Hof. Man hieß ihn warten und immer wieder warten, eine schier vertane Zeit, die Kosegarten nur unter duldender Ungeduld ertrug. Dies bedrängte ihn umso mehr, weil man auch andererorts auf ihn aufmerksam geworden war.

In jenen Tagen nämlich erging an ihn der Antrag aus der höchsteigenen Hand der Gemahlin des Königs von England, er möge doch Prediger an ihrem Hofe werden, sie würde seinen Entschluss dafür sehr herzlich begrüßen und seiner mit einem noblen Honorar gedenken. Welch ein wohlschmeckender Antrag. Doch in der gleichen Woche, wie um ihn völlig zu verunsichern, erreichte ihn noch ein anderer Ruf, der ihn gänzlich unschlüssig machte. Das Rektorat am Rigaer Lyzeum wurde ihm angeboten. Da winkte ihm eine Aufgabe, die ihn weit mehr reizte als die in Britannien. Er bedachte sich und schrieb der Königin sein Bedauern mit der Bitte um Verständnis. Riga aber bekam seine freudige Zusage, auch wenn das Honorar sicherlich nicht dem königlichen Salär in England entsprechen würde. Die Aufgabe war es, die ihn lockte. Und schließlich wurde es höchste Zeit, dass er seine Füße gesichert in die Zukunft setzen konnte. Denn weder von Stockholm noch von Greifswald noch von Altenkirchen kam eine Nachricht, nicht der geringste Lichtstrahl am Horizont. Dabei war Rügen doch kaum mehr als einen Posttag von Wolgast entfernt!

Riga antwortete dagegen unverzüglich, die Stelle wurde ihm zugesichert. Mit diesem Schreiben in der Hand begab er sich in das Rathaus und kündigte letztgültig vor der Kirchenaufsicht seine Anstellung als Rektor der Stadt- und Bürgerschule auf. Doch mit dem Absägen dieses Astes, auf dem er saß, begann ein teuflisches Verwirrspiel. Im gleichen Moment, in welchem er Riga die Zusage gab und den Wolgastern seinen Abschied vorlegte, brachte der Bote eine Depesche aus Stockholm mit der einstweilig vorgezogenen Zusage der Altenkirchener Pfarre. Vorgezogen deshalb, weil König Gustav sie selbeigen subsignieren müsse, was in den nächsten Tagen erfolgen würde, schrieb man ihm, und er dürfe sich als künftiger Pfarrer der rügenschen Gemeinde bereits jetzt versichern.

Diese Nachricht vom königlichen Hof in Schweden zwang ihn gewissermaßen, seinen eben gefassten Entschluss rückgängig zu machen. Stante pede annullierte er in einem um Verständnis bittenden Schreiben an das Rigaer Lyzeum seine gegebene Zusage, was man dort allerdings sehr bedauerte. Nun aber wollte es das Unglück, in nämlicher Minute, in welcher dem König Gustav die Vokationsurkunde auf den Tisch gelegt worden war und er, die Unterschrift zu vollziehen, nach der Feder griff, wurde er abgerufen, um einer Pflicht außer Hause zu genügen. Seine Majestät also schob das Blatt zurück, erhob sich und ging hinaus. Auf dem Weg wurde er ermordet. Infolge allgemeiner Verwirrung am Stockholmer Hof blieben zunächst alle sekundären Geschäfte bis auf Weiteres liegen. Die Berufung Kosegartens, ein Blatt Papier nur, wanderte zu den Stapeln unerledigter Arbeiten und wurde erst Monate später und nach eindringlichem Mahnen wieder zur Hand genommen. In dieser Zeit wahnsinniger Ungewissheit hing Kosegarten, dieser viel gefragte Mann, völlig in der Luft, existenziell ungesichert, denn seine Stellung im Schulrektorat war durch einen Nachfolger bereits besetzt. Ohne Amt und Gehalt und in einer vorübergehenden Notwohnung musste er sich durchschlagen. Der Magistrat zog bedauernd die Schultern, man habe sich gebunden, ließ man ihn wissen, und es schien, als erinnere sich niemand mehr seiner eben noch hoch geschätzten Verdienste.

Endlich, endlich gelangte ein Schreiben aus Stockholm, das den umständlichen Weg durch die Hand des Postinspektors Wallis im Wittower Posthaus gehen musste, vor die Augen des nahezu Verzweifelten. Es brachte ihm die Ernennung zum Pfarrer der Kirchgemeinde Altenkirchen auf Rügen. Dem Schreiben war ein erklärendes Postscriptum beigefügt:

Für Kosegarten waren nun die Würfel gefallen. Der Weg war frei.
Seine ergreifende Abschiedsrede vor seinen einstigen Schülern in
Wolgast war sicher manchem ins Herz gedrungen, keinem aber so
tief wie dem Philipp Otto. Wie hatte der Magister gesagt?

*»Der ist ein wahrer Mann, der die Binde des Irrtums und der leidigen
Glaubenswilligkeit, die von Kind an um sein geistiges Auge geschnürt
wurde, aus eigener Kraft zersprengt, blinzelt, bis er wieder sehen, tappt,
bis er wieder tasten, stolpert, bis er wieder gehen lernt, hinfort nichts
einräumt, was ihm nicht erwiesen, nichts nachbetet, was er nicht mit
dem Verstand durchdrungen hat.«*

Auch hatte er vor *bürgerlicher und kirchlicher Verziehung zum Skla-
vensinn* gewarnt.
Ein Ahnen, wie das eines nahen Frühlingstages, spürte Philipp
Otto in sich aufkeimen, und er bewegte des verehrten Lehrers
Worte in sich wie ein kostbares Juwel, das er vor jeglichem fremden Zugriff verschloss, damit es ihm niemand raube. In der nachfolgenden Nacht träumte ihm, er stünde an einem Strand endloser
Weite und streife seine Kleider, die alt und mottenzerfressen waren, von seinem Körper, und Kosegarten selber reichte ihm neue,
reine, unverbrauchte und sagte zu ihm: Otto, kleide dich und gib
den anderen davon ab.
Bevor Kosegarten dann die Stadt verließ, richtete er noch einen
herzandringlichen Appell an Vater Runge, wenigstens einen seiner vortrefflichen Söhne studieren zu lassen, nannte dabei aber
nicht den Namen Philipp Ottos. Vater winkte auch diesmal ab;
und seiner ohnehin alles aussprechenden Handbewegung fügte er

hinzu, indem er den Kopf nach hinten warf, um seine Begründung nachdrücklich und bedeutsam werden zu lassen:

»An meiner fest verwurzelten Abneigung gegen das, verehrter Magister Kosegarten, werdet Ihr nichts ändern. Ich trage eine sehr nachteilige Vorstellung in mir über ein nichtswürdiges Universitätsleben. Ich kenne den faulen Schlendrian der jungen Männer, der zu nichts führt, und ich finde den Gelehrtenstand einfach überbildet. Ihr allein seid eine rühmliche Ausnahme, Gott sei Dank.«

Das war kein guter Abschied. Ein Schatten blieb zurück, der so leicht nicht wegzuwischen war. Am folgenden Tag nahm ein von Wittow auf Rügen herbeigerufenes Jagdschiff die Kosegartens an Bord und trug sie in direktem Kurs auf die Insel. Philipp Otto hatte, wie viele andere auch, am Bollwerk gestanden und mit nassen Augen den Davonsegelnden nachgeschaut, bis sie seinen Blicken entschwunden waren. Dass er seinen väterlichen Freund so bald nicht wiedersehen sollte, wenn überhaupt, war ihm schmerzlich bewusst. Seine junge Seele erlitt einen schwerwiegenden Verlust.

Angeregt durch die den Rungesöhnen geltenden Forderungen Kosegartens und weil es überdies nachgerade Zeit geworden war, drängte sich bei den Eltern die Frage auf, wie sich die Zukunft der noch im Hause weilenden Söhne Carl Hermann und Gustav und natürlich auch die von Philipp Otto gestalten solle. Um die Mädchen ging es nicht. Maria war im Haus fest angebunden, Christinchen litt unter zunehmender Gicht mit schmerzenden Knötchen an Fingern und Füßen und hatte wenig Gutes zu erwarten.

Carl Hermann und Gustav schielten ihren großen Brüdern nach. Was Daniel in Hamburg erreicht hatte, war geradezu vorbildlich. David hatte sich bei Schwager Helwig und Schwester Ilsabe im Mecklenburgischen eine gute Stellung erobert und sprach von seiner landwirtschaftlichen Aufgabe mit großer Freude. Jacob hatte sich in die Nähe Daniels in Hamburg begeben, trug sich aber mit dem Gedanken, mit seinen kaufmännischen Erfahrungen nach Wolgast zurückzukehren. Die Strebsamkeit der Brüder, sowohl als Landwirte wie auch als Kaufleute, beeindruckten die beiden jüngeren Brüder dermaßen, dass sie auf Befragen einhellig äußerten, sie wollten sich gern in gleicher Weise ausbilden lassen, beide jedoch in der Landwirtschaft, mit der sich das Kaufmännische verbinden könnte.

»Das soll denn also sein«, sagte Vater Runge und besiegelte diese Entscheidung mit einem männlichen Händedruck. Sein fragender Blick fiel auf Philipp Otto, der bekümmert neben seinen Brüdern stand und zu Boden blickte, weil er nichts zu sagen wusste. Vater Runge meinte:

»Warten wir ab, mein Junge, aber nicht mehr lange. Die Zeit arbeitet gegen dich.«

Die Zeit drängte wirklich. Der Schulabschluss war vollzogen. Der Junge musste sich endlich erklären, wenn Vater nicht diktatorisch entscheiden sollte, und das hieße in jedem Fall gegen seine Vorstellungen. Tagelang schlug er sich mit sich selbst herum, auch Daniel, der zu Besuch in Wolgast war, prüfte und befragte sich, wog ab und befand alles für zu leicht. Schließlich, um sich allen Qualen einer Wahl zu entziehen und der Fragerei ein Ende zu setzen, schob er das Problem von sich weg, indem er Daniels Vorschlag zustimmte, im Hamburger Handelshaus und unter Daniels Anleitung als unterster Comptoirgehilfe zu beginnen. Erleichtert nahm dies die Familie auf. Hinterher gestand er Daniel heimlich, zu einer Tätigkeit im Handelshaus absolut keine Lust zu verspüren.

Daniel nahm seinen kleinen Bruder ernst. Für ihn war dies ein Geständnis, das er nicht überhören durfte. Er nickte mit leisem Augenzwinkern, strich ihm brüderlich lieb über die Schultern und versicherte, dass er ihn gut verstehen könne, und versprach ihm fest, sowie er wieder in Hamburg sei, das Allerbeste für ihn zu suchen. Von einer Ausbildung, geschweige denn Bestimmung zur Kunst war aber in keiner Weise die Rede, auch wenn Philipp Otto insgeheim mit solchem Gedanken gespielt hatte. Vaters Ablehnung war endgültig und so schroff gewesen, dass niemand ihr etwas entgegenzusetzen wagte. Warum auch. Daniel kam gar nicht auf die Idee, auf unreale Weise weiterzudenken. Im Grunde dachte er wie die anderen, dass auf dem Boden künstlerischer Tätigkeit kein Fortkommen, keine Existenzsicherung möglich seien. Philipp Otto würde bei ihm in Hamburg wohnen und leben. Das wäre zunächst das Geschenk, das er ihm machen würde. Darin lag seine feste Zusage. Alles Weitere würde sich finden.

Das Jahr zog seine Bahn. Herbst und Winter kamen, das Jahr 1793 begann. Daniel Runge hatte in Hamburg ein Geschäft errichtet, als Compagnie mit Hülsenbeck und Wülffling. Diese führten einen Materialhandel und den von Agrarprodukten. Hier, schrieb er nun an die Eltern, könnte er Philipp Otto gern unterbringen. Er selber würde ihn belehren und, soweit es seine Kräfte erlaubten, schonend weiterführen.

Vater Runge hatte Daniel schon immer für einen herzensguten Charakter gehalten. Sein Verhalten rührte ihn sehr. Mutter Magdalene dagegen hob die Hände. Sie bestand darauf, den Jungen nur unter der Bedingung ziehen zu lassen, dass Daniel selbst den Jungen an die Hand nehme, ihn behüte und behandle wie ein rohes Ei. Denn, sagte sie, ohne Behütung sei er mit seinen körperlichen Gebrechen der Welt und ihren kalten Forderungen gegenüber schutzlos ausgeliefert.

Dass aber die beiden Brüder neuerdings doch eine Heimlichkeit hatten, erfuhren die Eltern nicht. Vornehmlich dem Vater – um Himmels willen ja – musste dies verborgen bleiben. Daniel nämlich erwog die Möglichkeit einer Förderung der künstlerischen Anlagen seines Bruders. Er könnte sich außerhalb der Comptoirstunden ein wenig in seiner geliebten Zeichenkunst weiterbilden lassen. Vorausgesetzt natürlich, die angenommenen Fähigkeiten rechtfertigten solchen Schritt, was Daniel nicht einschätzen konnte.

Philipp Otto war über das, was sein Bruder in Erwägung zog, hochbeglückt. Natürlich bewahrte er diesen Gedanken wie ein Blümchen, das keinem Zugwind ausgesetzt werden durfte, und hütete seine Zunge. Um dieser gemeinsamen Heimlichkeiten willen liebte er seinen Bruder um vieles mehr. Überhaupt baute sich unter beiden eine Liebe auf, wie sie unter Geschwistern nur selten zu finden ist, wechselseitig, wo jeder gibt und nimmt, und die auf grenzenlosem Vertrauen und innigem Verstehen gründet. Daniel erwartete seinen Bruder mit wachsender Ungeduld. Dessen Abreise verzögerte sich jedoch um ein und um ein weiteres Jahr. Anfälligkeit, Zusammenbrüche und deren Folgen hielten ihn immer von Neuem zurück. Dr. Balthasar gab ihn nicht frei, er rechtfertigte seine Meinung damit, dass die Strapazen einer solch weiten Reise dem Jungen nicht nur schaden könnten, er würde sie eventuell gar nicht überstehen. Zumal die Entfernung von der mütterlichen Fürsorge … und so weiter und so weiter. Die Antwort des Arztes setzte sich durch und Mutter Magdalene war beruhigt. Im Sommer des darauf folgenden Jahres 1795 packte Daniel dann doch ein leiser Zorn, denn er vermutete hinter dieser Blockade, wie er das ihm unverständliche Zögern nannte, Mutters übertriebene Ängstlichkeit. Kurzentschlossen und mit dem festen Vorsatz, den Jungen beim Henkel zu nehmen und zu entführen, reiste er nach Wolgast. Wenn nicht jetzt, dann nie.

Als er dann dem Bruder gegenüberstand, verbot er sich selbst jede harte, unüberlegte Maßnahme. Er fand ihn bedeutend unpässlicher vor, ärger, als er gedacht hatte. Er kämpfte mit sich. Philipp Ottos liebliche Erscheinung beeindruckte ihn sehr. Dieser offene, klare Blick aus blauen Augen, das einst hellblonde, nun nachgedunkelte, straffe Haar mit Seitenscheitel und Koteletten, die seine Ohren leicht berührten: Kind und doch nicht Kind. Diesen lebendigen Geist, wie er aus seinen Augen sprühte, hatte er bisher in keinem Jünglingsangesicht gefunden – nein, hier war kein Kind. Hier stand ein Mann vor ihm, voll zarter Anmut, wenn auch ein anlehnungsbedürftiger, schwacher Mensch.

Und wie er ihn so maß und durch ihn hindurchschaute, wurde ihm klar, dass er sich seiner annehmen musste. Der Augenblick diktierte, was er künftig zu tun habe. Es gab nur das Eine: ihn in die Arme schließen, fest und provokatorisch, und damit ihm und allen ohne Wenn und Aber zu verstehen zu geben: Wir beide, du und ich, wir werden zusammen gehen. Ich werde dich halten, bis uns der Tod voneinander trennt, du schwache, starke Kreatur, du mein lieber Bruder.

Am 3. Juni 1795 nahmen sie die Post, die sie über Demmin und
Schwerin nach Hamburg brachte. Die Trennung vom elterlichen
Haus, in dem Philipp Otto achtzehn Jahre gelebt hatte, ging ihm
sehr nahe. Die schon arg gebeugte Gestalt der Mutter umarmte er
fest, und er strich ihr ein übers andere Mal die lieben, alternden
Wangen. Dem Vater drückte er, so mannhaft er es vermochte, die
Hände und flüsterte unter Weinen:
»Dank für alles, Herr Vater. Ihr seid so gut zu mir.«
Am schwersten aber fiel dem Jungen der Abschied von seiner lieben Schwester Maria. Die verbarg ihr Gesicht in ihrer Schürze
und blickte erst wieder auf, als die Pferde angezogen hatten und
der Wagen die Lange Straße hinauffuhr und um die Ecke bog. Das
Posthorn ging, sein Widerhall klang durch die Straßen und Gassen und verlor sich nachher, wie sich so vieles einmal verliert, was
gelebt, was geliebt und geweint hat.
Philipp Otto hatte sein Elternhaus, seine Stadt und seine Freunde
verlassen. Vor ihm weitete sich eine Welt, unbekannt und unerfah-
ren.

# II.

## Hamburg
## (1795–1799)

»Drei Tage, mein lieber Bruder, drei Tage schenke ich uns. Heute
ist Freitag. Wir wollen sehen, wie du dich durch das Labyrinth der
Straßen und Gassen durchfindest. Schauen wir uns alles gut an.
Hamburg ist eine interessante Stadt. Vor allem die Menschen, ihr
Gebaren, ihre Kleidung. Du wirst lernen müssen, sie nach ihren
Qualitäten zu unterscheiden und nicht nach ihrem Äußeren.
Ebenso die Geschäfte, unter denen es sowohl seriöse Firmen als
auch pflaumenweiche Konkursgänger gibt. Manches wird dich
zunächst verwirren, aber ich helfe dir. Hamburg, wirst du feststel-
len, ist nicht unser liebes, hinterwäldlerisches Wolgast.«
Daniel, die Hände in den Rocktaschen, stand vor seinem Bruder,
der zu ihm aufschaute, wie ein Hündchen zu seinem Herrn auf-
schaut, vertrauend, alles willig von ihm erwartend.
»Am Montag«, fuhr er fort, »werde ich dich dann all den anderen
vorstellen, mit denen du zu tun haben wirst. Nun aber ordne dich
zuerst einmal in aller Ruhe nach dieser langen Reise. Du kommst
dann, wann es dir gefällt, zu mir zum Abendessen herum.«
Daniel Runge, willens, seinem Bruder das Leben in der für ihn
gänzlich neuen Welt so erträglich wie nur möglich zu gestalten,
hatte sich klugerweise vorgenommen, ihn nicht wegen seiner ver-
ständlichen Unerfahrenheit, um nicht zu sagen Unreife, zu ent-
mündigen. Als Mann wollte er ihn sehen und als solchen heraus-
fordern. Darum zwickte er, ihm fröhlich Mut machend, in die
Schulter und lachte auf:
»Mach nur, Ottoken, mach nur, es wird gut gehen mit uns zwei beiden.« Damit wandte er sich zur Tür und warf ihm zum Abschied,
wie Freunde es manchmal tun, einen knallenden Luftkuss zu.
Mit dem Augenblick, da die Tür ins Schloss fiel, kam es Philipp
Otto zum ersten Mal zu Bewusstsein, wie unaufhaltsam, ja wie

plötzlich sich ein Loslösen vom Elternhaus erfahren lassen muss.
In die ihn tief bewegende Freude hinein, ein neues Leben erwarten zu dürfen, wie es den jungen Leuten einfach zusteht, bohrte sich aber deutlich die Frage, ob er den Eltern in Wolgast nicht doch einen Schmerz durch seine Abreise zugefügt hatte, eine Frage, die ein vorübergehendes Schuldgefühl verursachte, das aber in dem Moment schwand, als ihm sein Verstand zurief: Was hilft es ihnen und mir, wenn ich mich jetzt darüber zermürbe. Hier bin ich jetzt, hier will ich sein. Mein Weg führt nach vorn. Jeder Vogel springt eines Tages aus dem Nest. Das ist Naturgesetz.
Nun straffte er sich, klatschte in die Hände und begann, Ordnung zu schaffen. Zu seinen Füßen lag wahllos abgestellt die Bagage herum, die beiden Reisekörbe, der Kasten, die Ledertaschen und das kleine Kästchen mit den Malutensilien. Was die Stube an Gelass bot, dürfte ausreichen, seine Habe unterzubringen. Da stand dem Fenster gegenüber ein mit bunten Blumengirlanden bemaltes Spind, dessen Türen beim Öffnen knarrten wie ein ungeschmiertes Wagenrad. In einer Zimmerecke wartete ein hübsches Vertiko, mit gedrechselten Säulchen und Messingbeschlägen verziert. Und da war auch eine kleine, wacklige Anrichte mit drei Schüben und in der schmalen Kammer nebenan eine geräumige Truhe, dunkeleichen, mit gewölbtem und nagelbesetztem Deckel.
Philipp Otto nahm alles in Besitz, Meublement, Raum, Luft, Atmosphäre. Stück um Stück seiner Sachen wanderte in Fach und Schub, nur lief ihm das Umpacken noch recht ungeschickt durch die Finger, die unzähligen Handgriffe, das Sortieren. Zum ersten Mal musste dies ohne Mutters oder Marias Hilfe geschehen, und was er nicht erledigte, würde kein anderer für ihn tun. Das war eine unumstößliche Wahrheit. Rock und Hosen waren zu verstauen, Hemden, Unterkleider, Bettwäsche, Gebrauchswäsche, Stiefel und Pantoffeln, ein Häufchen Kram, den er den seinen nannte. Als er den Malkasten in die Hand nahm, betrachtete er ihn lange und nicht ohne leise Wehmut. Wohin damit? Er öffnete den Deckel, wog Farbtöpfchen, Pinsel, Griffel unschlüssig in den Händen, schloss die Augen, nickte und verwahrte alles wieder und flüsterte

dabei: Ruhet wohl, ihr Lieben. Dann hockte er sich nieder und schob das Kästchen tief unters Bett, weit nach hinten, bis an die Wand. Vorerst durfte er nicht ans Malen denken. Er hatte Hamburg nicht um deswillen aufgesucht, sondern seines zukünftigen Berufes wegen. Kaufmann sollte er werden. So und nicht anders lautete Vaters Geheiß. Dem hatte er zu genügen. Und darum würde er auch alles tun, was sie von ihm erwarteten, mit denen er zu tun haben würde. Was das Herz darüber hinaus in seiner Tiefe wünschte, das hatte jetzt zu schweigen.

Philipp Otto trat ans Fenster, öffnete es weit und sah hinaus mit einem Blick wie ein Ruf, der keinen Widerhall zurückwarf. Hier glitzerte kein Peenefluss wie zu Hause, hier segelte keine lachende Möwe, würzte kein Geruch von Fisch oder Teer die Luft, hier zierten keine Mastspitzen tüchtiger Lastsegler die Ufer, denn es gab hier keine Ufer. Es gab hier nur Häuserwände und kahle Mauern, die einen viereckigen, engen Hof umstanden, einen lichtlosen Hof, in einer Ecke notdürftig mit Kopfsteinen gepflastert, eingerahmt von unverputzten Ziegeln. In einer Hausnische quälte sich ein zerrupfter Holunderbusch ums Überleben, und ein spärlicher, kaum duftender Pfeifenstrauch mit staubverklebten Blättern rang um ein Fetzchen Atemluft. Dort, wo sich der Himmel freimütig hätte zeigen können, stand nur ein geahntes Licht in einem karg bemessenen Quadrat, und der Zug der Wolken schabte sich an Mauern und Dächern. Weder für Katz noch Hund noch Vogel schien es hier Lebensraum zu geben.

Eine große Stadt, Mauern über Mauern, dachte Philipp Otto, all die vielen Menschen, die hinter diesen Steinen wohnen, viele, viele Menschen, und kein Bekannter unter ihnen. Das Gedränge auf den Straßen vorhin, all die Eilenden, all die Müßiggänger in der Enge der hochgiebligen Kaufmannshäuser, der Handelszentren und Comptoires, dazu die feinen Karossen, die Gespanne mit ihren silbernen Beschlägen – ein Leben zwischen Häuserwänden und Mauern, ein bisschen traurig und eingeengt, empfand er, aber ein Leben, ein wirkliches Leben. Er sah all dies, was um ihn war, und dachte: Auch ich werde hier leben.

Wie dankbar war er dem Bruder für dieses Zimmer in der Straße mit dem Namen Hohe Bleichen, noch dazu in der Nähe der Kohlhöfen, in der Daniel mit seinen Compagnons sein Geschäftshaus führte.

Daniel hatte zuvor gründlich überlegt, ob es nicht ratsamer wäre, seinen eigenen Wohnraum mit Philipp Otto zu teilen. Doch er hatte es für besser befunden, dem Bruder ein eigenes Domizil zu vermitteln und zu finanzieren. Philipp Otto, sagte er sich, soll sich von Anfang an in eine gewisse Selbstständigkeit eingewöhnen, er selber wolle ihn jedoch fest in seine Obhut nehmen.

Heute winkte draußen ein verhangener Junitag mit herber Milde. Die Welt hier sah so anders aus als die in seinem geliebten Peenestädtchen. Es drängte ihn mächtig, einen ersten Gang alleine und durch die fremden Straßen zu unternehmen. Bevor er das Zimmer verließ und noch einmal zurückschaute, empfand er die Nacktheit des ungedeckten Tisches in der Mitte der Stube. Nee, sagte er sich, so wull ik dat nich hewwn. Er zog aus dem Schub eine von Marias Hand gewebte und bestickte Leinentischdecke, entfaltete sie und breitete sie über die kahle Fläche. Wie schön! Das Zimmer hatte gewonnen, an Farbe, an Traulichkeit, und er hatte das Gefühl, als schaute die Schwester ihm freundlich entgegen. Nun warf er sich den Reisemantel über und verließ das Zimmer.

Auf der Straße wehte ihm feuchter Wind entgegen. Darum schlug er den Kragen hoch und steckte die Hände tief in die Taschen. Er nahm den Bogen am Ufer der Binnenalster, verweilte lange vor dem Rathaus, versank in Gedanken beim Anblick der großartigen Architektur und dem roten Braun der gebrannten Ziegel, ging weiter zur St.-Ansgarkirche, betrachtete sie sinnend von der Spitze bis zur Sohle und umschritt sie mehrmals ehrfürchtig, wie in stiller Anbetung. Nachher fragte er sich zum Groß-Neumarkt durch, in dessen Nähe er die Kohlhöfen wusste, um Daniel aufzusuchen und mit ihm, der Verabredung gemäß, den ersten Abend zu verbringen.

Auf dem Weg zu ihm ließ er sich viel Zeit. Nichts drängte ihn. Hätte er geahnt, dass Daniel mit einer Überraschung aufwarten würde, wäre er nicht so trödlig, alle Zeit vergessend, durch die Straßen geschlendert. Alles, was er angesehen hatte, war ihm schließlich neu und fesselte ihn. Es bot sich ihm, als wäre es zum Besehen und zum Bestaunen einfach bestellt worden. Indessen hatte Daniel, der bereits unruhig geworden war, mehrmals nach ihm ausgeschaut. Gerade wollte er nach ihm mit der dringlichen Bitte schicken, der junge Bruder möge sich, bittschön, beeilen, als Philipp Otto endlich erschien.

Gleich beim Eintreten in des Bruders Wohnung flog ein Schatten der Enttäuschung über sein Gesicht; fremde Stimmen schallten ihm aus einem der Zimmer entgegen. Er hatte sich darauf eingestellt, seinen Bruder für sich allein zu haben. Nun waren Fremde da. Wer sind diese Leute, in deren Jungherrengesellschaft er hineingedrängt wurde? Die gut gekleideten Leute würden es ihm, dem Kleinstädter, schwer machen, sich zu ihnen zu setzen.

Verlegen nahm er bei ihnen Platz, den wohlwollenden, freundlichen Aufforderungen nur unter Zögern folgend. Zwar hatte ihm Daniel die Namen seiner Freunde des Literarischen Kreises schon öfters genannt. Was aber sind Namen, wenn sich nicht lebendige Gesichter mit ihnen verbinden. Wer ist ein Perthes, wer ist ein Besser, ein Richter? Wer sind diese alle? Und wenn sie ihn noch so herzlich in ihre Mitte zu ziehen suchten, er fühlte sich doch in eine unsichtbare Ecke gedrängt. Denn gleich in den ersten Minuten – sie waren über ein Buch eines ihm unbekannten Dichters namens Ludwig Tieck in heftigen Disput geraten – maß und verglich Philipp Otto ihre Gedankentiefen, ihre außerordentliche Weise, in der sie sich auszudrücken wussten, ihre Feinwitzigkeit, Argument und Gegenargument widereinander auszuspielen, mit seiner eigenen Unbildung und Geistesarmut, dass ihm geradezu schwindlig wurde. Wie sollte er sich in solchen Gesellschaftskreisen jemals heimisch fühlen? Hier verschloss es ihm erstmal den Mund. Dabei war ihre Begrüßung mehr als nur die übliche anerzogene, freundliche Geste gewesen. Die Art, mit der sie ihm, dem Bruder ihres geschätzten Freundes Daniel Runge, die Hände entgegengestreckt hatten zum herzlichen Willkommen, ja, die war wohl lieb gewesen, und er erkannte das sehr wohl. Dennoch!

Wie sie so dem Buch zugewandt waren, aus dem Perthes vorlas und durch dessen Inhalt offensichtlich die jungen Männer immer neu zum Streitgespräch gereizt wurden, schlug Philipp Otto die Beine übereinander, lehnte sich zurück und verhielt sich stumm wie einer, der nichts von allem Gesagten verstand, und wie es denn ja auch war. Indessen wanderte sein Blick von einem zum anderen und blieb schließlich bei Perthes hängen, den die Freunde mit Friedrich anredeten. In einer Buchhandlung in Hamburg, die man die Hoffmannsche nannte, wäre er angestellt, erfuhr er. Ein also unzweifelhaft belesener Mann, der, wie Philipp Otto empfand, sich einer festen Meinung über Wert und Unwert der gängigen Literatur rühmen durfte. Was er behauptete, wusste er auch wortgewandt zu verteidigen, beispielsweise die übereinstimmenden und gegensätzlichen Verhältnisse von Lessings *Laokoon*, dem Sinnbild erbarmungswürdigen, tonlosen Schmerzensschreies, und antiker Weltzeichnung Homers. Wie eine Woge brandenden Gischtes stob dies alles über Philipp Otto hinweg. Wer war dieser Perthes, dass er so zu reden verstand? War er doch nur fünf Jahre älter als er selber. Aaach, stöhnte es in ihm auf, wäre ich doch schon früher in solche Gesellschaft geraten. Jetzt hocke ich hier wie ein dummes Huhn auf seiner Leiter und gackere und bin noch nicht einmal im Stande, auch nur ein einziges Ei zu legen. Mitreden? Eigenen Weisheitsbrei formulieren und mich auslachen lassen? Das Schweigen ist wohl jetzt der bessere Weg, ein Philosoph zu werden, dachte Philipp Otto.

Bewundernd blickten seine Augen auf den, der das Gespräch zu führen schien. Doch nicht allein an dessen Worten, viel mehr noch an seinem Gesicht fand er Gefallen, an seinen glühenden und doch so träumenden Augen. Unverwandt schaute er ihn an, als er las, als er seine Gedanken strömen ließ im gleichmäßigen Fluss wohlgefälliger Worte. Ohne sich dessen bewusst zu sein, zeichnete er die Gestalt Perthes' in sein Gedächtnis ein, wie er, auf den linken Ellbogen gestützt, das Buch in der Hand, in Nachdenken versunken, die Zeilen abfuhr, und wie das Licht, das vom vielkerzigen Kandelaber herabfloss, sein Gesicht erhellte, ein Gesicht, von braunem, vollem Haar umkränzt, das vom Mittelscheitel herabfallend Stirn und Wangen unvergleichlich schön absetzte. Philipp Otto zeichnete ihn nach, Strich um Strich, bis in die Falten seiner Rockärmel, ohne Stift, nur mit den Augen fassend. Erst ein fragendes Wort seines Nachbarn holte ihn in die Gegenwart zurück, der er entflohen war. Enoch Richter war es, der Philipp Otto taktvoll in das Gespräch einbeziehen wollte, um das Monologisieren Friedrich Perthes' zu unterbinden. Richter, über den Philipp Otto erfahren hatte, er sei Buchhandlungsgehilfe wie Perthes, nur bei der Konkurrenz Bohn in Hamburg, hatte eine klangvolle Stimme; wenn er sprach, schien es, als sänge er. Doch die Worte, deren er sich bediente, glichen an Prägnanz und Aussagedichte denen seines Freundes Perthes. Es war einfach angenehm, ihm zuzuhören. Schweigend lauschte Philipp Otto. Und wenn dann noch Heinrich Besser, der kurzhalsige, gedrungene, überaus freundliche Mann ins Gespräch warf, was ihn beim Anhören des Vorgetragenen bewegt hatte, entfaltete sich vor seinen Augen ein Kleeblatt großartiger Herzen. Drei Geister, zu denen Daniel stets ein gut Stücklein philosophischer Weisheit und literarischer Kenntnis beitrug, zu Philipp Ottos stillem Erstaunen. Ach, der Besser, so pummlig und gnurpsig seine Gestalt auch geraten war, er redete mit außerordentlicher Vehemenz und mit solch beispiellosem Schwung, dass Arme und Beine, Hände und Füße die Flut seiner Worte begleiten mussten. Der Mensch war ganz und gar Bewegung, besonders, wenn er vom Stuhl aufsprang und an seinem mit breiten Aufschlägen versehenen Rock ruckte und riss und wischte, dass das Seidentuch um seinen Hals verknüllte und er es mit fahrigen Bewegungen, immer von Neuem, vergeblich in den Ausschnitt zurückzustopfen suchte.

Philipp Otto fragte sich, wenn nicht alle drei, wen dann von ihnen er sich als Intimus besonders erwählen solle, fand aber auf diese Frage keine Antwort. Im Innersten dankte er dem Bruder für diese in allen Stücken gelungene Überraschung. Prächtige Menschen

an seiner Seite, die brauchte er hier in dieser Stadt, das fühlte er.
Hier hatte er sie wohl gefunden. Die leise, während der Herreise
mitschwingende Befürchtung, er würde in Hamburg allein gelassen bleiben, erwies sich bereits jetzt als unbegründet. Besiegelt
wurde die junge Freundschaft bald auf dem gemeinsamen Weg zur
Hohen Bleichen, denn für die jungen Herren war die Begleitung
des Danielbruders mehr als ein Akt bloßer Höflichkeit. Die Stadt-
gassen waren dunkel und der Weg dorthin für einen des Ortes Un-
kundigen nicht leicht zu finden.

Hier nun, auf dem Heimweg, legte Philipp Otto seine anfäng-
lichen Hemmungen beherzt beiseite, seine ihm gegebene natur-
hafte Fröhlichkeit sprang aus dem Herzen und machte sich Luft,
und Witz und Gelache wollten nicht enden. Als sie ihn schließlich
in die Haustür geschoben hatten, schickten sie ihm noch ein viel-
faches Gutenacht nach, einen dreistimmigen Akkord, gesungen,
gefistelt, geröhrt, bis sich ein nahe liegendes Fenster öffnete und
eine barsche Stimme die nächtlichen Ruhestörer vertrieb.

Obwohl von der langen Reise verständlicherweise sehr müde, verfolgten Philipp Otto die Gesichter der drei Freunde bis in die tiefe Nacht und ließen ihn nicht recht zur Ruhe kommen. Er war
dessen gewiss, er würde sie alle zeichnen können, einen wie den
anderen, den gedrungenen Besser, den langnasigen Richter mit
seiner singenden Stimme und den Perthes, wie der, den Ellbogen
gestützt, den Kopf auf die Hand gelegt, die Augen still auf ein Papier warf und vor sich hin sinnierte. Ein unvergessliches Antlitz.
Er erhob sich vom Lager, griff zu Stift und Bogen und zeichnete
ihn so, wie er ihn in sich sah. Dann forderte die Nacht doch ihr
Recht. Philipp Otto ergab sich ihr, um weit in den neuen Tag hinein zu schlafen.

Das auf diese Nacht folgende Wochenende verbrachten die beiden
Brüder in gemeinsamen Erkundungen der alten Stadt. Daniel
führte, Daniel lehrte, und Philipp Otto lauschte ihm, still wie ein
braver Schüler. Beide drängte es schließlich an die Hafenanlagen,
wo vertäut die Rahsegler ihre Lasten verluden. Hier konnten die
beiden Seeluft schnuppern, Möwenschreie hören, das Schlicksen

der Wellen am Bollwerk verfolgen, wie sie putschten und spritzten. Philipp Otto atmete tief durch. Mehrmals gestand er dem Bruder mit immer wieder bewegenden Beteuerungen seine Dankbarkeit für die brüderliche Liebe und Gegenwart, für die Bemühungen um ihn, für dies und das und für die Aussicht auf ein für ihn maßgeschneidertes Berufsleben in der Firma. Beider Gedanken aber wanderten immer wieder nach Wolgast zu den Eltern und Geschwistern. Die Bindung an ihr Zuhause war wie ein ungeschriebenes Gesetz.

»Die Eltern sollen sich freuen«, sagte Philipp Otto. »Noch heute will ich ihnen einen Brief schreiben, den ersten Brief aus der Fremde.«

Dieser Spaziergang gab ihnen noch einmal Gelegenheit, die Aufgaben, wie sie Philipp Otto künftig erwarteten, in vielen Einzelheiten durchzusprechen. Wiederholt bat Daniel den Bruder inständig, sich nicht gegen möglicherweise als minderwertig empfundene Aufträge zu sträuben. In einer Firma wie der ihrigen, ließ er ihn wissen, stünde eben einer für den anderen. Er gebrauchte, um das deutlich zu machen, das Bild einer Uhr, in der, vom Gewicht der Aufgaben gezogen, alle Räder ohne Klemmen und Knirschen ineinander greifen müssen, ohne unterschiedliche Wertung, die lütten wie die großen.

Philipp Otto sagte gehorsam sein Ja, und dass er sich voll auf ihn verlassen könne.

Daniel wies ihn auch auf seine Confratres hin, wie er die Teilhaber nannte. »Wir nennen uns Commissions- und Speditionshandlung«, sagte er, »die, wie du weißt, von meinem lieben Freund Speckter, dem guten Friedrich Hülsenbeck und Johann Wülffling und eben auch von mir geleitet wird. Wülffling übrigens wirst du unverwechselbar an seinem lieblichen Kindergesicht erkennen. Denke aber nicht, er sei ein Kind. Im Gegenteil. Er ist ein hervorragender Kaufmann, der immer weiß, was für uns alle gut ist. Du wirst sie mit aller Grandezza begrüßen dürfen.«

Philipp Otto lächelte vor sich hin bei dem Gedanken, dass am Montag sein erster richtiger Arbeitstag sein sollte, angestellt in einer renommierten Firma der großen Stadt.

»Den Fuhrleuten und der Schreiberseele, dem ollen Hoffmann, stelle ich dich natürlich auch vor. Neben ihm wirst du deinen Platz haben und, wie gesagt, ganz klein, sozusagen beim kleinen Einmaleins, beginnen.«

»Wie ein Klippschüler in Wolgast«, lachte Philipp Otto.

»Genau so. Doch ich verspreche dir heute ganz fest, dass ich dich dort unten nicht verkümmern lasse. Du sollst schnellstens die Leiter aufsteigen, wenn du dich gut zeigst, und später mein Compagnon werden, vorausgesetzt, die Zeiten erlauben das. Sie schicken sich leider übel an.«

Philipp Otto blickte auf: »Wieso übel anschicken?«

Daniel hob die Hand und schob diese Frage beiseite: »Politische Ereignisse, wenn sie über die Horizonte ihre Flammenstrahlen schießen, beeinflussen jedes Geschäft, das mit anderen Nationen geführt wird. Wir sind ein Handelshaus, und England und Frankreich liegen nicht fern von uns.« Er wies seinen unwissenden Bruder auf die ungeheuerlichen Geschehnisse im westlichen Nachbarstaate hin, auf den neuerlich bösen Gebrauch der Guillotine, auf die Abschaffung der Gottesdienste dort, und er erinnerte auch, wobei er verzweifelt kopfschüttelte, an die Hinrichtung Marie Antoinettes.

»Der Bonaparte ist ein Ekel, sage ich. Ich weiß, Bruderherz, dein guter Kosegarten singt ihm Lobeshymnen. Ich aber sage, er ist ein Ekel, machtbesessen und arrogant. Jetzt ist er in Holland eingerückt. Was will er da! Er will Krieg, sage ich. Und bei Krieg können wir alle einpacken. Ich will dich beileibe nicht ängstigen, aber gönne mir ein bisschen Realismus, ja?«

Daniel wollte dieses leidige, ihn wie ein Schatten begleitende Thema wechseln und lenkte das Gespräch daher noch einmal auf den literarischen Abend mit den launigen Burschen Besser, Perthes und Richter. Er erzählte, wie sie sich ganz zufällig beim Lesen schöngeistiger Literatur gefunden hätten und seitdem zusammengeklebt wären wie mit unsichtbarem Knochenleim. Und dass seitdem keine Woche verginge, in der sie nicht als Literarischer Kreis, zu dem sich oftmals noch dieser und jener hinzugesellte, zusammenfänden, dass Philipp Otto nun dazugehöre und keinen der wertvollen Abende verpassen dürfe. Es sei geradezu ein himmlisches Geschenk, dass die beiden Buchhandlungshelfer sie stets mit den neuesten Veröffentlichungen bekannt machen könnten. Ohne sie, sagte er, säßen sie auf dem Trocknen. »Dichter und Philosophen bestimmen das Weltdenken«, betonte er, »und Geistesbildung ist allenthalben wichtig. Sie führt eine gesunde Ethik mit sich, auch wenn sie nicht immer christlich ist. Und ich will es und lege es sehr darauf an, dass du durch all das Wertvolle, das Erbauliche, das Schöne, das dieser Kreis bietet, aus dem rattenverseuchten Kleinstadtnebel herausgerettet wirst«, und fügte mit neckischem Lächeln hinzu: »Dieser Kreis, Ottoken, das Lesen und das Beschäftigen mit dem Gedruckten, wird sogar deine schweinssäuische Orthografie, die sich mit einer bewundernswerten Beharrlichkeit allen Regeln widersetzt, aufbessern.« Dabei klopfte er dem Bruder in einer Art auf den Rücken, dass der sich vor Lachen bog und das Husten kriegte.

In solch lockerer Weise miteinander plaudernd, wanderten sie am Ufer der Elbe entlang, stromabwärts, dem Zug des Wassers nach. In einem Gasthof in Blankenese aßen sie zu Mittag und warfen sich danach, satt und müde, auf eine sommerwarme Uferwiese, um auszuruhen.

Irgendwann fragte Philipp Otto, ob Vater jetzt wohl in die Peene gucken und an sie denken würde.

»Hast du Heimweh, Bruderherz?«

»Nein, aber ich möchte gern, dass sie zu Hause genauso an uns denken wie wir an sie. Mariken, Mudding und all die anderen. Wir gehören doch zusammen.«

»Sie werden es, sie werden es«, versicherte Daniel und fasste nach der Hand des Bruders.


Der Arbeitsplatz im Comptoir, den Philipp Otto im Handelshaus zugewiesen bekam, bestand aus nichts anderem als aus einem Stehpult. Das war ein hohes, rohhölzernes Gestell mit mehreren Ablagen unterwärts, und das stand in einem Raum, der freundli-

ches Tageslicht nicht gewöhnt zu sein schien. Hier hatte er viele Stunden des Tages zuzubringen. Dem ollen Hoffmann, einem temperamentlosen Aktenschreiber, war er zugeteilt worden, einem Menschen mit unbeweglicher Miene, der es sich zur Gewohnheit gemacht hatte, die ewig aus seiner Nase quellenden Tropfen entweder mit anhaltendem Schnüffeln oder aber mit ruckartigem Wischen seines Ärmelaufschlags zu bändigen. Vorsichtshalber hatte Daniel dem Bruder hinter vorgehaltener Hand zugeflüstert, Hoffmann sei ein bisschen einfältig, in der Arbeit aber korrekt bis zum Gehtnichtmehr, und er wäre vorläufig noch unersetzbar. Dennoch wolle er darauf sehen, dass Hoffmanns Arbeit bald seine werden solle. Er möge aber um Gottes Willen nichts darüber verlauten lassen. Hülsenbeck und die anderen hätten nämlich ihr Wörtchen dabei mitzureden.
In Daniels Teilhabern, Wülffling, Speckter und Hülsenbeck, lernte Philipp Otto treffliche Menschen kennen. Wülffling hatte tatsächlich ein Kindergesicht, doch die Worte, die er sagte, waren die eines gereiften Erwachsenen und hatten bei allen einen hohen Wert. Herzlich und wohlmeinend waren sie alle dem jungen Runge gegenüber. Sie nahmen ihn in ihrer Mitte auf, doch behielt Daniel es sich vor, sein eigentlicher Lehrmeister zu sein.
Hier, im Comptoir, war Daniels Ton ein gänzlich anderer als der, den sie zu Hause miteinander hatten. Sachliche Geschäftigkeit zeichnete ihn aus, in der, wie Philipp Otto erst verdauen musste, eine gewisse Kühle lag. Als wäre er nicht der jüngere Bruder, leitete Daniel ihn beim Führen der Bücher an, belehrte, korrigierte, mahnte, zog ihn aber mit unbeschreiblicher Geduld, die seine brüderliche Liebe nicht verleugnen konnte, aus den ersten Anfängen, von den primitivsten Aufgaben fort in anspruchsvollere Tätigkeiten. Wochen vergingen in ermüdendem Gleichlauf der Tage, wie es im Grunde nicht anders zu erwarten stand. Daniel legte dem Bruder erste selbstständige Arbeiten vor, bei denen eigenes Denken gefordert wurde. Er machte ihm dabei aber immer wieder deutlich, dass er sich jedem gegenüber devot und anstellig erweisen solle und dass ihm, nur weil er ein Runge sei, keine Extrarolle

in diesem Geschäftstheater zufiele. »Nur im Zurücknehmen der Person«, betonte er, »können wir gemeinsam existieren. Dies, Otto, ist ein großes, ein bedeutendes Kapitel der Lebensschule, durch die wir alle in der Firma gegangen sind.«
Neben den von Aktenstaub umwehten Arbeitstagen gab es aber auch manch unerwartet schöne Tage mit kleinen Reisen oder anderen Unternehmungen. An einem Spätsommertag hatte Philipp Otto Gelegenheit, mit Daniel und Speckter an einer Lustfahrt nach Stade teilzunehmen. Auf dieser Reise kam es zu einem Erlebnis, das ihn sehr nachdenklich machte. Zufällig hatte in dieser Garnisonsstadt das für England geworbene Militär seine kriegerischen Übungen zu leisten. Es ballerte und dröhnte, die Soldaten krochen auf der Erde herum oder marschierten in dicken Blöcken übers Feld, angeranzt und gedrillt von vierschrötigen Brüllaffen, wie Philipp Otto sie nannte. Mit beißender Kritik betrachtete er das, was sich vor seinen Augen abspielte. »Alberne Dressur« und »Bärentänze« waren seine Ausdrücke, und er bediente sich noch anderer Worte, als Daniel ihm vor Augen stellte, wie viel Unheil über ein Land kommen kann, wenn ein kriegerisches Volk mordet und plündert. Und Kriegsgedanken seien jetzt allerdings in vieler Leute Hirn.
Philipp Otto rührte das im Augenblick wenig. Gefangen von dem, was sich vor seinen Augen tat, bekannte er, dass er selber nie zum Söldner geeignet wäre. Zum einen wegen seiner schwächlichen Leibesbeschaffenheit, zum anderen wegen seines ausgesprochenen Widerwillens gegen jegliche Art von Gewalt und Morden, wozu ein Heer von Söldnern ja wohl bewusst erzogen würde. Und marschieren? Exerzieren? Er wäre keiner der geforderten Anstrengungen gewachsen. Obwohl, zugegeben, ihn seit seiner Ankunft in Hamburg nicht ein einziger Anflug von Schwäche oder was auch immer niedergeworfen habe. Im Gegenteil. Vom ersten Tage an fühle er sich, sagte Philipp Otto, als pulsiere neues Blut in ihm. Auch Daniel hatte diese Veränderung bemerkt und es den Eltern gelegentlich mitgeteilt, um ihre zehrenden Sorgen zu dämpfen. Möglicherweise bekäme dem Jungen die Nebel- und Dampf-

luft der Stadt besser als die der moorigen Peene, schrieb er, und er habe die sehr berechtigte Hoffnung, Otto würde sich weiter strecken und kräftigen. Er selber wolle das gut beobachten.

Abwechslungen wie Wanderungen und Kahnpartien waren zwar nichts Ungewöhnliches, doch der Arbeitsalltag bestimmte die Zeit und hatte seine harten Gebote entgegenzusetzen. Woche um Woche, Monat um Monat stand Philipp Otto, oft bis an die zehn Stunden des Tages, an seinem Schreibepult, kopierte, schrieb, registrierte, setzte Zahlen untereinander und kämpfte sich gegen aufwallende Müdigkeit durch jeden neuen Tag. Lust, ein Verhältnis zu dem aufzubauen, was seine Feder schrieb, bekam er nicht, er suchte es auch nicht. Wohl empfand er diese Gefühlshaltung, seinen Unwillen, als Undank dem Bruder gegenüber, der es doch nur gut mit ihm meinte. Was aber half das. Seine und seiner Finger Sehnsucht, auch mal anderes als nur tote Buchstaben zu schmieren, wuchs in ihm mächtig auf. Bisher hatte er in Träume eingeschlossen, lebendig begraben, wonach ihn innerlich dürstete. Was aber in dem Kästchen unter seinem Bett, hinten an der Wand, flüsterte, rief, ihn zittern machte, ließ ihn nicht mehr in Ruhe. Wahnsinnig gerne mochte er danach greifen. Aber durfte er das?

Würde Daniel ihn darin verstehen? Hatte er sie vergessen, die geheime Zusage, von der Vater nichts erfahren sollte?

Daniel, der liebe Bruder Daniel! Oftmals, besonders in letzter Zeit, erschrak Philipp Otto über dessen kalten Blick, wenn er ihn, zwar brüderlich, und doch mit fast herzlos zu nennender Sachlichkeit rügte und ihm unverzeihliche Fehler nachwies. Mit Entsetzen fürchtete er den Augenblick, in dem es zu einer ersten schroffen Auseinandersetzung kommen würde. Wie sollte er sich nur dem Bruder gegenüber verhalten, der ihn letztlich zu tun zwang, was ihm innerlich mehr und mehr widerstrebte.

Daniel aber liebte seinen Bruder und hielt sich an sein einstiges den Eltern gegebenes Versprechen, ihn zu fördern. Jeglicher Auseinandersetzung, die über die Grenzen des Erträglichen hinausführen würde, wich er bewusst aus, auch dann, wenn er am liebsten mit der Faust auf den Tisch hätte schlagen wollen. Denn er sah,

wie Philipp Otto sich ernsthaft bemühte, seinen Aufgaben nach-
zukommen, die, wie er selber genau wusste, stupide bis dorthinaus
waren, die aber getan werden mussten. Längst hatte Philipp Otto
des ollen Hoffmann Platz eingenommen, längst waren ihm vor-
nehmere Aufgaben zugeteilt worden; Daniel, Speckter, auch Hülsenbeck hatten ihn avancieren lassen hier und da. Und doch bemerkte Daniel des Bruders wachsende Unzufriedenheit. Zu einem
harten Wortwechsel ließ er es nicht kommen, auch an jenem Tag
nicht, an dem Philipp Otto sich offen gegen diese seine Seele tö-
tende Kleckserei aussprach, die ihm zur Qual werde, und dass er
am liebsten das blöde, saudämliche Schreibepult in die Hölle
schmeißen würde.
Daniel hörte ihn an und hielt ihm mit bewundernswerter Geduld
stand, aber Subordination musste sein. Der Junge musste im Gö-
pel mit den anderen mitlaufen, im rotierenden Tagesdreh der Ge-
schäftswelt. Hier und nirgends anders musste er sich bewähren, in
Handel und Praktik dieser renommierten Firma, um später einmal
ein gesichertes Leben führen zu können.
Ungeahnte Gelegenheiten boten sich in diesen Monaten an, unerwartet, wider alle niederziehenden Anzeichen einer kriegsgelade-
nen Welt. Was nicht vorauszusehen war, der Commissionshandel
Hülsenbeck, Runge & Co. gewann durch die sich neuerdings häu-
fenden Aufträge. Angeliefertes Gut fand längst keinen Platz mehr
in der Enge der alten Speicher und Böden. Das Fuhrgewerke musste beträchtlich erweitert werden, mehr Kutscher, Packer, Schrei-
ber wurden gebraucht, denn durch den sich ständig steigernden
Exporthandel kam ein Geschäft in nie geahntem Maß in
Schwung. Den Schreibern flogen die Kontenbögen nur so über
den Tisch, Rechnungen, Skalen, Listen, mehr und mehr. Ein Pa-
pierkrieg tobte über die Schreibepulte hinweg, der auch den ver-
drossenen und mit übernächtigten Augen kämpfenden Philipp
Otto in tötender Routine mitriss, dem allen wehrlos ergeben. Sie
quälten sich beide, Philipp Otto und Daniel, nur jeder auf seine
Weise. Oftmals mussten sie sogar die geliebten Literarischen
Abende verschieben oder absagen, weil die Geschäfte vordring-

licher waren und die Beteiligten mit Beschlag belegten. Schuld daran war die steigende Konjunktur, von Hülsenbeck noch kräftig angeheizt, indem er mutig durch die Lande reiste, ja sogar nach England, um auch dort seine Handelskonzepte neuen, willigen Partnern zu unterbreiten. Und Hülsenbeck war es auch, der Michael Speckter nach Wolgast schickte, um bei dem Reeder Nicolaus Runge günstige Transportgeschäfte auf dessen neuen Schiffen zu erwirken.

Es war eine Zeit, die den armen Philipp Otto entsetzlich hin- und herriss. Um so glücklicher war er, als er erfuhr, er dürfe Speckter auf der Wolgaster Geschäftsreise begleiten. Das war ein vernünftiger Vorschlag, einmal um der Eltern willen, die den Jungen über ein Jahr lang nicht gesehen hatten, aber auch um Ottos willen, um ihm die Freude des Wiedersehens zu gönnen. Daniel verband außerdem mit dieser Reise den Gedanken, der Junge hätte jetzt mal Gelegenheit, mit Speckter persönlich über vieles zu sprechen. Der nämlich sollte ihm von seiner Sicht her den Weg ins Geschäftsleben lieb machen.

Michael Speckter hatte Daniels Vorschlag sehr gern aufgegriffen. Warum sollte man dem Lehrling nicht eine Reise ins Elternhaus gelegentlich gewähren. Doch da war noch anderes. Speckter hatte an diesem sich oft noch wie ein großer Junge, besser noch, wie ein tölpelhaftes Füllen auf der Weide, noch besser, diesem sich wie ein ungeschickter Affenfatz benehmenden Wolgaster Knäblein längst einen heimlichen Narren gefressen. Bei aller Distanz, die sie im geschäftlichen Bereich untereinander bewahrten und die besonders Philipp Otto mit klugem Gehorsam hütete, sah Speckter in diesem jungen Mann etwas, was er selber nicht ergründen konnte und ihm wie ein Rätsel vorkam. Im Literarischen Kreis, dem auch Michael Speckter dann und wann beiwohnte, war ihm das deutlich geworden. Die Fragen, die er stellte, die Meinungen, die er äußerte, die leuchtenden Augen beim Zuhören, überhaupt seine auffallend lebhafte Teilnahme an geistfordernden Gesprächen ließen, so schien es ihm, in dem jungen Mann eine ganz eigenständige Persönlichkeit heranwachsen. Speckter war vorsich-

tig, er äußerte sich nicht über seine Empfindungen, hielt aber seine Augen offen. Er hatte ein feines Gespür für das, was in einem Menschen wohnen konnte. Einmal allerdings machte er im Literarischen Kreis, mehr aus Spaß, die Bemerkung: »Dei lütten Rungen, dat is man 'n Piepmatz, äwer 'n lütten golden Knopp upp'm Karkturm.«
Um dieser Gedanken willen hielt er es für besonders gut, Philipp Otto auf der Reise nach Wolgast als Begleiter zu haben.
Im wackligen Wagen der Post brachte Speckter dem Lehrling, dem unausgegorenen Jungen, warme Herzlichkeit entgegen. Er gestand ihm auch sein stilles Verwundern darüber, wie er seine Meinungen über Kunst, besonders über die des Malens, in verständliche, klare Worte fassen konnte, denen oft nicht zu widersprechen war, so, als hätte ein Meister sie gesagt.
Philipp Otto fühlte sich in einer Weise angesprochen und verstanden, als hätte ein Geigenbogen eine Saite in ihm sanft berührt und leis zum Klingen gebracht. Zögernd nur, doch mit bewegenden Worten, stieß er aus, wo er sich in seiner Seele belastet fühlte. Und halb lächelnd, halb schluchzend erzählte er von dem Kästchen, das unter seiner Bettstatt läge, und dass Pinsel und Stift so manche Nacht nach ihm gerufen hätten, doch dass er sich, um der Treue zu Daniel und ihnen allen willen, bezähmt habe, wie ein Dompteur aufbegehrende Löwen zwingt. Aber er glaube, sagte er, diesen Zustand auf die Dauer seines Lebens nicht durchhalten zu können.
Die Länge der Reise ließ es zu, dass sich einer dem anderen immer freimütiger öffnete; und so dauerte es auch nicht mehr lange, dass Speckter ihm versprach, ihm seine vielfältige Sammlung wertvoller Lithografien zu zeigen, wenn sie wieder nach Hamburg zurückgekehrt seien.
War das ein Hin und Her der Gedanken, war das ein Gespräch. Philipp Otto vermochte sich kaum zu bremsen, so sprudelte es aus ihm heraus, wie ein Fluss, der über die Ufer tritt und seine Wasser verströmt in endloses Land. Ihm war plötzlich zu Mute, als lebe er in einer anderen Welt. Zeit war da nicht mehr Zeit und Weglänge nicht mehr Weglänge.

Speckter fiel von einem Verwundern ins andere. Wie dieser junge Mann auflebte, was er in jugendlichem Überschwang herausfeuerte an Fragen, an Einsichten, Bezweifeln und Begründen, das überstieg seine bisherigen Ahnungen. Ihm schien, als klebe der Junge förmlich fest an dem Thema Malerei, Zeichnen, Bilden und Bildnern. Er ließ sich mitreißen von dem Fluss, in dem Philipp Otto jubelnd schwamm. Unzählig viele Möglichkeiten der Illustration großer dichterischer Epen entfalteten sich vor seinen Augen. Was sie im Literarischen Kreis gelesen hatten, hier wurde es Bild, wurde Gestalt, tanzte auf und spielte seinen Reigen auf der Fantasiebühne des Jungen. Ossian und Fingal, die Helden ihrer abendlichen Lektüre, sie schmiedeten bereits ihr Schwert oder sangen ihre hohen Oden. Mochte der Wagen der Reisenden auch schütteln wie ein Kaufmann die Erbsen im Maß, Philipp Otto hatte einen Stift gefunden und irgendein Papier und einsfixdrei mit hurtiger Hand den geflügelten Ossian, den alten erblindeten Sänger, auf die Kuppe eines Berges gestellt und gefragt:

»Gefällt es Ihnen, Herr Speckter? Ich könnte ihn in tausend anderen Stellungen bringen, nur ist das Blatt zu klein.«

Speckter wischte sich über die Augen, denen er nicht zu glauben wagte. Was er zu sehen bekam, grenzte ans Geniale. Unter seinen dunklen Brauen blickte er den jungen Runge an, unverwandt, mit grenzenlosem Verwundern. Er hatte vorhin das von hinreißendem Eifer getriebene Spiel der zeichnenden Finger verfolgt. Nun schüttelte er den Kopf. So etwas, nein! In dem Jungen steckte mehr als die Genüge an einem Kaufmannsleben. Die Werte, die er in sich trug, berechtigten ihn zu etwas Anderem, zu Größerem, wenn man so wollte. Auf keinen Fall aber durften sie unter der Decke von Pflichtübungen im Lichtlosen verschüttet bleiben. Eines Tages käme dann nämlich die Katastrophe. Eines Tages, wenn nicht sogar bald, würde explosionsartig ans Licht geschleudert werden, was heraus wollte, was heraus musste, und würde den Jungen auf die Bahn lenken, die ihm von Gott her gelegt war. Speckter kannte diese Kräfte, dieses Zerren in einem, wie er sie bei seinen Brüdern erfahren hatte. Hier aber war mehr. Er würde mit Daniel darüber sprechen müssen, und dann würde es zu einer Entscheidung kommen müssen: Geschäftsbetrieb oder Kunstausübung. Wie weit beides miteinander zu verbinden sei, bliebe dann eine offene Frage. Jedenfalls würde er, Johann Michael Speckter, dem jungen Runge den Rücken stärken wo und gegen wen auch immer. Noch einmal bot er ihm an, ihn in seinem Haus zu besuchen, wegen der Sammlung schöner Bilder, aber auch, um ihm Freundschaft entgegenzutragen.

Philipp Otto kannte das großartige dreistöckige Haus Speckters im Valentinskamp, die prächtig verzierte Fassade hinter der Reihe gepflegter Ahornbäumchen, den Giebel, aus dessen oberstem Lukenfenster ein Kranhaken hervorguckte, ein kleiner Seilaufzug zum Befördern von gewichtigen Waren. Von Herzen gern, sagte er, wolle er der Einladung nach ihrer Rückkehr folgen.

Dieser intensive Gedankenaustausch mit seinem Geschäftsmeister Speckter, dieses pausenlose Reden, Hören, Denken, hatte ihn endlich müde gemacht, und gehüllt in das ständige, nicht mehr empfundene Wackeln und Wiegen der Kutsche, ließ er sich unversehens davontragen, hinein in einen entspannenden Schlummer. Die Reise war lang, aber das Ziel kam näher. Als sie den letzten Anhöhen der Wolgast umlagernden Hügel entgegenzogen, schlug sein Herz in kindlicher Freude, und in Gedanken breitete er schon seine Arme aus, die Lieben zu umfangen.

Nach einem langen Jahr der Trennung nun ein herzbewegendes Wiedersehen. Speckter hatte sich bescheiden ein wenig zur Seite begeben. Die stürmische Begrüßung galt dem Sohn, nicht ihm. Doch nahm er beglückt auf, wie Vaters prüfender Blick über seinen Jungen glitt, wie er ihn maß und wie er zufrieden lächelte, weil er ihn in gesunder Verfassung wiederfand, gekräftigt und mit durchbluteten Wangen. Der Junge hatte die Mutter in die Arme genommen und leise mit seiner Hand über ihren knochigen Rücken gestrichen, liebkosend und zärtlich. Maria stand neben den beiden, schluchzte heftig und brachte nur heraus: »Min lütt Brauder, min Hartensbrauder, büst uk wedder mal dor«, wandte sich ab und eilte ins Haus, das Essen zu bereiten. Nur Stinchen lächelte tapfer, als sie ihm mit den Worten entgegentrat: »Sühst gaud ut, Ottoken.

Äwer kiek mi eins an. Fingers un de Knei, allet dick un knüllig. Ik heww alltid min Weihdag. Dat Leben is nich gaud mit mi.«
Dass Carl Hermann und Gustav sich grinsend in den Türrahmen stellten und Otto gegenüber mit ihrer Größe kokettierten, war Jungenart. Sie nannten ihn, den Älteren, ihren lütten Spierfix und ließen großtuerisch vor ihm ihre Muskeln spielen.
Die Runge'sche Familie hatte sich wieder. Der Tisch war gedeckt, Speckter als Hausgast herzlich willkommen geheißen, Keller und Kasten hatten auspacken müssen, was sie gespart, und Maria umwedelte den Herrn Speckter mit fast peinlicher Fürsorge, während Mutter Runge ihren Jungen an die Seite nahm und sich von ihm und seinem Leben erzählen ließ. Und ihr Fragen wollte kein Ende nehmen.
Philipp Otto nahm sein Zuhause mit unbeschreiblichem Wohlgefühl auf. Während Speckter und der Vater geschäftliche Dinge miteinander abhandelten, hatte er sich aufgemacht und durchstürmte Gassen und Straßen, um alles, alles wieder zu sehen. Amüsiert lachte er bei dem Vergleich Wolgasts mit der Weltstadt Hamburg.
Tags drauf tat er das, was er früher nie hatte tun dürfen: Er durchströpte mit Carl Hermann und Gustav die Ruinen des Schlosses auf der kleinen Insel jenseits des Wassertors, das russische Marodeure ohne Nutz und Not in Trümmer geschossen hatten und das nun dalag, Trauer in den alten Mauern, überwuchert von Holunder und Nesselfahnen. Philipp Otto drang hinein und tauchte hinab in die gespenstische Welt verrottenden Mauerwerks, zerfallener Türme, in die dumpfen Gewölbe der Kellerräume, in denen jeder Laut im Augenblick des Werdens erstarb. Schauer überfiel ihn wie eisiger Wind, und es drängte ihn daher bald wieder hinaus ans Licht. Licht und Dunkel, Weiß und Schwarz, Himmel und Erde, die beiden farblosen, unbestimmbaren Feinde einer Mitte. Ich möchte sie nicht malen müssen, wehrte er dem Weiterdenken. Erleben? Ja. Erschauen? Ja. Aber wiedergeben? Nein.
Die beiden Brüder rieten auch zu einer Kahnpartie und zu einem Bade; aber nur für Männer, entschieden sie, weil Stinchen sie mit

leisem Verlangen ansah. Dann aber steckten sie ihre kranke Schwester doch ins Ruderboot. Die Luft war warm und die Sommertage um Johanni herum machten die Bootsfahrt zu einem besonderen Genuss.

Indessen saßen, Stunde um Stunde, Nicolaus Runge und Michael Speckter in dem vom Pfeifenrauch vernebelten Arbeitsraum in der Burgstraße über Verträge gebeugt und schmiedeten Pläne über kommende, über noch fester zu fügende Geschäftsverbindungen. Speckter formulierte: Nägel mit Köpfen machen. Daniel hatte vor Kurzem Vaters neue Schiffe erwähnt und vorgeschlagen, sie in ihre eigenen, sich ausweitenden Exportaufträge einzubeziehen, zu beider Firmen Nutzen. Vater Runge hatte auch mit Schwager Helwig interfamiliäre Geschäftsbeziehungen, indem er dessen Korn aufkaufte und zu annehmbaren Preisen verschiffte.

Daniel hatte Vaters Schiffsneubauten mit Freuden begrüßt. Eine Wolgaster Werft hatte die Aufträge ausgeführt. Die Galeasse THUISCON war bereits im vergangenen Jahr zu ihrer Jungfernfahrt ausgerückt, und von der Brigg MERCURIUS wusste er, dass sie im kommenden Jahr zum ersten Mal ihre Segel setzen würde. Von diesen Schiffen hatte auch Philipp Otto erfahren. Heimlich und dem Vater zum Geschenk entwarf er über Nacht das Modell für eine Galionsfigur, vorn am Bug, dicht unter dem Klüverbaum, und für den Spiegel achtern das Bild eines alten Kosaken. Und diese Zeichnung trug er noch am Morgen zum Werftmeister mit dem Auftrag, die Figuren aus Eichenholz zu schnitzen und anzubringen. Und niemand erfuhr davon, ausgenommen der Werftmeister. Dass Vater Runge sich sozusagen beiläufig bei Speckter über seines Sohnes Benehmen erkundigte, verstand dieser durchaus. Das hätte er in gleicher Lage auch getan, ganz gewiss. Und so gab denn das gute Herz Speckters Zeugnis von Philipp Ottos Gründlichkeit, von seinem Fleiß und dass er, auch wenn die ihm gestellten Aufgaben ihm sicherlich nicht das Herz abverlangten, doch in allen Stücken Ausdauer bewies. Die Stunden im Literarischen Kreis erwähnte er aus gutem Grund nur sehr zurückhaltend, lobte dagegen sein Talent, mit Zeichenstift und Pinsel umzugehen. Bei dieser Erwähnung zog Vater Runge die Brauen hoch, forschte in Speckters Gesicht und fragte, ob er sich dabei auch in Grenzen hielt.

Speckter spürte sofort, woher der Wind wehte, und machte auf diese Frage hin nur ein paar nichtssagende Bemerkungen, nahm sich aber vor, gleich nach seiner Rückkehr mit Daniel grundsätzlich zu reden. Denn er konnte nach dem, was er an Philipp Otto während der Reise erkannt hatte, sich einfach nicht vorstellen, wie das, was der Junge im Geschäft trieb, sein späterer Lebensinhalt sein könne. Denn für einen Kaufmann, gewieft und geschmeidig, hielt er ihn nicht. Vater Runge gegenüber sagte er aber kein Sterbenswörtchen über das, was er empfand. Das meinte er dem Jungen schuldig zu sein.

Als er, nach Hamburg zurückgekehrt, sich in einer passenden Stunde Daniel gegenüber äußerte, fand er zu seiner großen Überraschung nicht nur ein, sondern zwei offene Ohren. Denn Daniel sagte, dass ihn dies alles schon lange sehr bewege, dass er ja seinen Bruder viel besser kenne als alle anderen, dass er sich nur vor ihm, Speckter, vor Wülffling und Hülsenbeck zurückgehalten habe, um nichts Vorteiliges für ihn herauszuschlagen, und dass sie, sagte er, für den Otto nun etwas tun sollten.

»Ich weiß, wie er sich an dieser Arbeit innerlich zerreibt, von der er behauptet, die Stupidität dessen, was er tue, bringe ihm keinen Nachhall, und er empfände wohl, dass seine Finger zu anderem gebraucht werden könnten, als zum Schmieren von Buchstaben. Ja, er bezeichnete dies alles als geistigen Dünnschiss.«

Daniel, als er dies mit verhaltener Stimme hervorgebracht hatte, trat ans Fenster und blickte hinaus, um seinem Gegenüber nicht in die Augen sehen zu müssen. Seine Finger trommelten gegen die Scheiben und er hörte Speckters tonlose Worte:

»So schroff hat er sich ausgedrückt?«

Daniel nickte stumm. Er drehte sich nicht um, als er weiter sprach:

»In ihm steckt irgendetwas Unergründliches. Was er als Mann äußerlich nicht darstellt, das scheint er innen zu tragen. Was schlägst du vor?«

»Ich habe ihn zeichnen gesehen, im Postwagen, skizzieren, entwerfen, im Handumdrehen brachte er Hervorragendes zutage. Und wie ihm das aus der Hand fiel, mein Gott, ich habe nur stumm staunen können, einfach staunen. Was ich vorschlage, fragst du mich? Bin ich der Bruder?«

»Ja, ich frage dich, Michael.«

»Regulären, kontinuierlichen Unterricht, das schlage ich vor. Und zwar bei keinem anderen als bei Herterich. Schlage ich vor. Oder möchtest du etwas anderes?«

Sie sagten Wülffling davon. Wülffling zog ein wenig die Nase hoch. So ganz sah er das wohl nicht ein, beschied sich aber mit der Bemerkung, wenn sie so denken, dann sollten sie es tun, und überließ die Entscheidung Hülsenbeck.

Friedrich Hülsenbeck überlegte nur kurz, nickte dann und gab zu, dass er eine Unterrichtung bei Herterich für gut erachte. Er wusste, was er damit sagte. Er hatte den jungen Runge, weil er des Öfteren bei ihnen in der Familie speiste, stets mit Wohlwollen beobachtet und eine wachsende Zuneigung zu ihm empfunden, besonders dann, wenn dieser Jüngling, diese sonderbare Mischung von Verträumtheit und Intelligenz, sich so herrlich bei Tisch daneben benehmen konnte, gerade dann, wenn Frau Hülsenbeck es auf Vornehmheit angelegt hatte. Bewegt hatten ihn Philipp Ottos Worte und deren süße Zärtlichkeit, die er dem Söhnlein neulich entgegenbrachte, als er still verwundert vor sich hin flüsterte: »Du kleines Wunder, du Wunder Mensch, wat is mich dat mit dich.« Und auch Hülsenbeck erkannte in ihm ein Stück Unbegreiflichkeit.

Sie waren sich also darin einig geworden: Unterricht bei Herterich. Heinrich Joachim Herterich war ein in der Stadt anerkannter Kunstmaler, der unweit der Kohlhöfen, in der das Runge'sche Geschäftshaus lag, seine Wohnung hatte. Ihm wurde vorgeschlagen, Philipp Otto zu fördern, wie er es für richtig erachte; täglich eine Stunde möge er sich ihm widmen. Daniel würde den Unterricht honorieren und dem Bruder von der Firma für diese Zeit Dispens erteilen.

Die Freude, die Philipp Otto auf diese Mitteilung hin ergriff, war unbeschreiblich. Hieß das nicht, eine Stunde am Tag Mensch sein zu dürfen, wie er es sich wünschte? Herauszutreten aus dem Dunkel in den Raum beglückenden Lichtes? Oh, er konnte sich nicht halten, er rannte in seine Behausung, riss das unter dem Bett verstaubende Kästchen hervor und drückte es an seine Brust wie einen verloren geglaubten und nun wiedergefundenen Schatz.

Herterich sagte zu. Er führte den jungen Mann zunächst durch seine Sammlung eigener und fremder Gemälde, Öl, Pastell, Steindruck. Er zeigte ihm die Alben gesammelter selbst gefertigter Teilskizzen, gab aber gern zu, er selber sei kein unbedingt schöpferischer Mensch. Seine Stärke läge im Kopieren, besonders der Holländer, deren Malschule er besonders liebe, Werke der Älteren, wie die der Brueghelfamilie, oder der Jüngeren, wie Ruysdael, um nur einen zu nennen.

Philipp Otto betrachtete diese Bilderwelt mit einem Gefühl, als koste er alten schweren Wein. Berauscht, ja, wie mit neuem Leben beschenkt, tastete er sich durch diesen Hain großartiger Schönheiten. Hatte Daniel ihn freigekauft aus Sklavendiensten?

Von Freund Perthes lieh er sich noch einmal Herders Übersetzung des *Ossian,* um darin zu lesen, sich darin zu weiden und seinen Helden, dem jugendlichen Sänger, dem Iren, dieser klassischen Schönheit, wie auch dem schicksalsgeschlagenen erblindeten Alten, der seine einem Psalter ähnliche Harfe führte, Gestalt, Form, Ausdruck zu geben, sie auferstehen zu lassen aus dem Grabe seiner inneren Schau.

Was an Philipp Otto noch kränkeln wollte, hier gesundete es ganz. Was ihn so oft hatte niederschlagen können, hier schüttelte er es ab, wie ein nasser Hund das Wasser aus dem Fell schüttelt. Seinem Bruder Daniel aber dankte er in tiefstem Herzen für das Verstehen, für die Einsicht in seine Schwächen.

»Nein«, sagte Daniel, »nicht Schwächen, sondern Stärken sind das, Ottoken. Ich ahne es, auch wenn ich von Malerei so gut wie nichts verstehe.«

Herterich erkannte Philipp Ottos Talente auf den ersten Blick.
Hier durfte nichts ausufern, nichts verschlunzt werden, hier musste strenge Zucht geübt werden. Eigenheiten, Freiheiten kommen
nicht in Frage. Lernen beim Kopieren, das war sein erstes Gebot.
Philipp Otto solle also alles abzeichnen, was ihm vor Augen käme,
denn es gäbe auf der Erde kein sichtbar Ding, das nicht bildlich auf
dem Papier festgehalten werden könne, erklärte er.
»Aber stets naturell, Runge, stets naturell. Ein reines Spiegelbild
des Objekts muss Ihr Bild wiedergeben. Abspiegeln, nichts anderes als abspiegeln müsst Ihr. Das ist die hohe Kunst der Malerei.«
Wenn sich auch gerade bei solcher Auffassung in ihm Widerspruch regte, fügte er sich ganz dem, was und wie Herterich ihn
lehrte. Eine Stunde am Tag zeichnen, das tat so wohl. Da konnte
er sich auch den stupiden Forderungen der Firma williger, wenn
auch nicht lustvoller stellen. Was ihm der Tag darüber hinaus noch
an Mußestunden gönnte, brachte er nun mit kühnem Zeichnen
und Probieren zu, ganz nach den eigenen Vorstellungen. Auch ver-
säumte er nicht das beinahe vernachlässigte Scherenschneiden,
das ihm eine nicht zu gering zu achtende Weise bildlicher Darstellung zu sein schien und in dem er immer mehr Geschick bekam,
eine Fertigkeit, in der er unbestrittener Meister war. Denn ganze
Szenen verstand er aufzubauen, aus einem einzigen Stück Papier
gehoben, Possenreißer, spielende Kinder, sich prügelnde Rüpel, einen *Hund, der den Mond anbellt*, weiß auf dunkelblauem Papier,
einen herrlichen *Sommertag*, weiß auf grauviolettem, oder gar den
*Blick auf Hamburg*, weiß auf hellgrünem Papier, und Blumen, Blumen, Blumen; Glockenblume, Narzisse, Fingerhut, wahrhafte
Kunstwerke. Ihm war bewusst, und das sagte er auch wiederholt,
dass Schere oder Pinsel nur die Verlängerung seiner Finger seien,
seine Finger aber die Verlängerung seiner Augen.
Herterich gestand, einen solchen Schüler noch nicht unterrichtet
zu haben. Der junge Runge sei in der Lage, kritisch Bemängeltes
sofort zu seiner vollsten Zufriedenheit, ja zur Vollkommenheit
umzusetzen. Jedenfalls äußerte er sich Daniel gegenüber mit dieser löblichen Bemerkung, die dieser dann als eine Bestätigung da-

für hinnehmen konnte, richtig für seinen Bruder entschieden zu haben.

Dass Philipp Otto heimlich für sich zeichnete, das im Unterricht Gewonnene darin klug verarbeitete, jedoch sein inneres Auge und nicht ein nachzubildendes totes Objekt diktieren ließ, durfte Herterich nicht erfahren. Der *Ossian* beschäftigte ihn immer wieder von Neuem; oft waren es nur bescheidene Skizzen, Details einer Haltung, einer Handlung. Es brach aus ihm heraus wie unter einem Zwang, das in ihm Bildgewordene ans Licht bringen zu müssen, gleich wie ein Musiker das innen Tongewordene ausschreien muss, der eine mit Notenklecksen, der andere mit Strich und Feder. Der Quell sprudelte, und seine Wasser überspülten stürmisch die Ufer. Dieses Jahr schenkte ihm neben dem Unterricht bei Herterich noch manch anderes, das ihn beglückte. Das eine: Perthes, sein Freund, hatte am Jungfernstieg eine eigene Buchhandlung mit auserlesenen Schriften eröffnet. Er war nun ein selbstständiger Kaufmann geworden, und Philipp Otto durfte in seinen Schätzen herumstöbern. Ein anderes: Hülsenbeck, der den jungen Runge gern bei sich sah, hatte ihm das Du angeboten und ihm seine Freundschaft zugesichert. Ein Drittes: Der Literarische Kreis trug ihn, den lesewütigen Philipp Otto, hinein in den großartigen Reichtum deutscher und fremdländischer Literatur. Ein Viertes: Der Besuch der Brüder Jacob und David, die nach abgeschlossener Lehre nach Hamburg gekommen waren, ihn und Daniel zu sehen. Jacob blieb sogar den ganzen Sommer über im Geschäft und entlastete durch sein helfendes Wirken die beiden Brüder und die anderen überforderten Mitarbeiter. Die sonnigsten Stunden verbrachte Philipp Otto im Haus seines Firmenvaters Michael Speckter, dessen Kunstsammlung ihn immer wieder fesselte, und an deren Werken er sein eigenes unvollkommenes Schaffen und Können mit ehrlicher Bescheidenheit maß.

Als er wieder einmal Speckters herzlicher Einladung gefolgt war und sie ins Gespräch kamen, gestand er ihm:

»Sie haben mich auf ein Feld geführt, auf dem ich ewig weiden möchte. Ich fühle mich wie ein zum Bersten übervolles Gefäß. In mir schmerzt ein Zwang, den ich nicht beschreiben kann. Es tut mir weh. Ich möchte mehr, viel mehr können, leisten, wissen. Ich glaube, ich muss noch viel fleißiger sein.«

Herterich, sein Lehrmeister, schenkte dem Jungen sein ganzes Verständnis und sein eigenes Können. Er lehrte ihn, den Strich neu zu führen in Zucht und Bescheidung, er öffnete ihm das Auge für das Unscheinbarste, für Licht und Schatten. Hatte der Wolgaster Malermeister ihm einst nur raten können, bei Herterich wurde die Aufgabe zur Pflicht, zu einer heiligen Pflicht, der er zu dienen hatte. Versuchte er sich aber doch einmal heimlich vom Objektiven fortzustehlen, um dem eigenen Gefühl Freiraum zu geben, pfiff Herterich ihn mit energischen Worten zurück:

»Nur wer sein Feld innerhalb der ihm gesetzten Grenzen zu bestellen versteht, nur wer sein Handwerk meisterhaft beherrscht, darf Grenzen sprengen. So weit, junger Freund, sind Sie noch lange nicht. Hüten Sie sich auch vor dem kleinsten Anflug von Eitelkeit. Sie steckt in Ihnen, und sie ist der Ruin der Kunst in Ihnen. Ich meine, Sie gut zu kennen. Demut, Runge, Demut ist geboten. Ich bitte Sie inständig, bleiben Sie demütig.«

Das hatte getroffen! Einbildung in mir? Ruin der Kunst in mir? Ernsthaft nahm Philipp Otto sich vor, sich daraufhin zu prüfen. Schmerzten solche Worte auch, so schwächten sie doch nicht die tiefe Verehrung, die er Herterich entgegentrug. Denn der hatte es verstanden, seinem Schüler den Begriff wahrer Kunst, die etwas Heiliges sei, ins Herz zu pflanzen.

Philipp Ottos Fortschritte im Kopieren, von denen Herterich dem Bruder berichtete, erfreuten Daniel natürlich. Herterich hatte sie hervorragend genannt, und er rühmte seinen brennenden Eifer, der selbst ihn anstecke, sagte er.

Brennender Eifer? Beispiellose Unerbittlichkeit? Daniel spürte, wie Philipp Otto seine Pflichten dem Geschäft gegenüber mehr und mehr vernachlässigte. Sein Kopf schien nicht mehr bei der Arbeit zu sein. Ein erschreckender Umschwung, ein Durchbruch, der in dieser Weise jedenfalls nicht vereinbart war. Freilich bewunderte auch er des Bruders Fähigkeiten, seine Bilder, seine Scherenschnitte, er fand auch alles großartig. Sogar das Selbstbildnis, daran er sich versucht hatte, gefiel ihm über die Maßen. Er gab auch vor sich selber zu, dass die zahlreichen Entwürfe zum *Ossian* auf ihn wie lebendige Szenen wirkten. Und wenn Philipp Otto, was er gern tat, dem Bruder ein gar noch tintenfrisches Blatt vor die Augen schob und mit einem hingeworfenen: »Kiek eins, Brauder, dat heww ik eben makt«, ihm eine Freude bereiten wollte, dann lachte Daniel nur: »Ja, Bruderherz, das hast du gemacht. Wie aber soll das nur mit dir weitergehen?«

Eine seiner kleinen Miniaturen stahl er ihm aber doch heimlich weg und verbarg sie in einer Mappe. Ein Jesuskind war es, einer Putte gleich, doch ohne Flügel, nackt und ohne Begleitfiguren. Wenn auch in den Proportionen ein bisschen verschoben, so galt dieses Bild ihm doch als kleines Kunstwerk. Er meinte sogar, das Gesichtchen des kleinen Hülsenbeck darin wiederzuerkennen.

Philipp Otto betrachtete sein Leben auf seine eigene Art. Die Frage um seine Zukunft berührte ihn nicht sonderlich. Dafür fühlte er sich in dreierlei Dimension wie in einem Raum aufgehoben, in dem er zu Hause sein sollte. Die eine Dimension bot ihm die Lehrzeit in der Firma. Sie würde ihm später seine Existenz sichern. Die zweite war die Unterrichtung bei Herterich, das Voranschreiten auf dem Weg in die Kunst. Die dritte Dimension wurde ihm durch den Literarischen Kreis bestimmt. Höhe, Weite, Tiefe. Es war wunderbar, dies zu fassen, in diesem räumlichen Gedankengebäude zu leben.

Im Literarischen Kreis wurde neuerdings die *Odyssee* in der unnachahmlichen Übersetzung von Heinrich Voß gelesen. Ein gefesseltes Hören. Schon begann Philipp Otto, den Figuren Leben einzuhauchen, schon traten sie vor ihm auf die Bühne, Telemach, Penelope – besonders der Bogenschütze ergriff ihn. Unterschiedlichste Gestaltung schenkte er diesem, er brachte ihn aufs Papier, wie er den Bogen spannte, mal mit der Gewalt der Arme, mal mit dem Fuß, mal mit starkem Spiel der gesamten Muskeln und des sehnigen Körpers. Er war in eine andere Welt, in die Antike, verschlagen, sie riss ihn mit und er lebte in ihr wie in einer Wolke, in höchste Höhen getragen. Er war unendlich glücklich. Im Kreis der Freunde fühlte er sich gefordert, hier hatte sein stürmischer Geist ihm Flügel wachsen lassen, die ihn von der Erde hoben, ihn, den einstigen Wolgaster Stadtschulknaben mit ach so schmerzhaft armseligen Zeugnissen. Bedachte er, woher er kam, durch Krankheit bis zum Verzweifeln zurückgeworfen in all dem, was Leben hieß, kam ihm Kosegarten in den Sinn. Würde der ihm hier begegnen, welch bizarrer Gedanke. Würde er wohl jetzt seine Zeichenversuche beachten? Mehr als damals, wo er sie genommen und einfach beiseite gelegt hatte, dieses kindliche Gefummel? Gut gemeint, doch wertlos. Ob Kosegarten sich heute ihrer erfreuen würde? Gerne würde er ihm eine seiner Skizzen zuschicken – aber nein, sie wäre, wie alles aus seiner Hand, zu unvollkommen.

Das, was ihn jedoch so unbeschreiblich glücklich machte, schrieb er seiner Schwester Maria in einem Weihnachtsbrief: Die Malerei sei es und werde es ewig bleiben, aus der heraus er sich neuen Mut zur Arbeit und zum Leben hole, und wo er ein schönes Gemälde oder eine Statue sehen könne, mag es sein, wo es will, er liefe gern bis an das Ende der Welt, nur um sie zu sehen.

Es war ein lieber Brief, denn er schrieb ihr, wie nahe sie ihm alle seien, alle! Und versicherte, dass, wenn der Zufall statt der Schere ihm jetzt einen Bleistift zwischen die Finger gesteckt hätte, er sie alle der Reihe nach zeichnen könnte, so gegenwärtig seien sie ihm. Und sie würden es ewig sein. Er legte noch einige lustige Scherenschnitte bei mit der Bitte, sie möge sie, und zwar unter ihrer Oberaufsicht, als Weihnachtsgabe verteilen.

In diesem Brief erstrahlte Philipp Ottos fröhliches, lebensbejahendes Temperament, das jegliche Traurigkeit und Melancholie, die ihn früher so oft bedrängt hatten, wegwischte wie ein Fliege vom Tisch. In ihm begann etwas zu glimmen, ein Funke, dem nur noch der lebenspendende Windstoß fehlte, ihn zu einem Feuer entflammen zu lassen. Gesund war er geworden, gesund an Leib, Seele und Geist. Die Hoffnung darauf, Maler werden zu dürfen, riss ihn voran. Sie musste sich erfüllen, diese Hoffnung, und wenn nicht in dieser Zeit, dann in der Ewigkeit.

Daniel hatte sich, seitdem Philipp Otto ihm seine Sehnsüchte geklagt hatte, lange mit einem beschwerten Herzen herumgeschlagen. Etwas lief nicht nach seinem Geschmack. Philipp Otto, der kleine Bruder, professionell ein Maler? O nein, o nein, wovon wollte er wohl leben, wie existieren? Begabung besaß er ohne Zweifel. Die hatte man ihm vielerorts glänzend bezeugt. Aber reichte Begabung aus, eine Existenz zu sichern? Ein Hungerleider würde er werden, dieser unbeholfene, naive, aller Welt vertrauende Jüngling. Und – wie würde sich Vater dazu stellen? Oh, er hörte ihn schon durch die Stube stapfen und lospoltern, dass das nicht abgemacht wäre und Philipp Otto möchte sich, bittschön, zusammennehmen, Vernunft und Leistung gälten, aber nicht Spinnefixereien, und so weiter.

Daniel kämpfte mit sich einen Kampf, der stets im Unentschieden stecken blieb.

Philipp Otto erwartete von seinem Bruder zwar keine himmelaufjauchzende Begeisterung für ein Künstlerleben. Doch sein auffälliges Zögern, sich ganz zu ihm zu bekennen, stimmte ihn traurig. Es sollte doch zu keinem Zerwürfnis zwischen ihnen kommen. Er liebte Daniel, und er brauchte ihn. Er war ihm doch mehr als nur Bruder. Er war sein zweites Herz. Mit wem sollte er sonst wohl sprechen können über all das, was ihn bewegte? Die Freunde im Literarischen Kreis waren nicht mehr alle beisammen. Johann Heinrich Besser, dieser liebenswürdige, herzensgute Blondkopf, war nach Göttingen gezogen, und wenn auch nur vorübergehend, er war fort. Und Enoch Richter weilte seit Kurzem in seiner Heimatstadt Leipzig.

Eines Tages aber musste er doch auch vor Daniel ein Geheimnis wahren, eine Begebenheit, die zu beichten er sich schämte. Er schrieb es nach Göttingen, denn Besser würde ihn verstehen: seine Liebe, seine erste, quälende Liebe. Sie war ihm begegnet, auf der Straße, und sie hatten sich angesehen, er hatte ihre Augen brennen gefühlt wie die seinen, in begehrlicher Art, und er war ihr ins Haus gefolgt. Anbeten nur hatte er sie wollen, mit Herzen, Mund und Händen umschwärmen, eine namenlose Sie, eine, die ihren Namen nicht preisgab, deren Antlitz aber war wie das eines Engels, ein Antlitz, das seine Fantasie in Feuer setzte, das ihm entgegenstrahlte wie das der Madonna von Raffael oder von Guido. Und sie machte es, dass sein Blut wie ein Pfeil durch seine Adern schoss, dass er auf einen Wink von ihr ins Feuer springen könnte. Und, schrieb er an Besser mit ganz kleinen Buchstaben, er war gesprungen. Und nun sei sie das Bildnis des herrlichsten Weibes, das er als das Heiligste auf Erden in sich tragen will und das ihm nun befiehlt, mit allen Seelen- und Leibeskräften der Kunst, der des Malens, zu leben.

Besser würde ihn doch verstanden haben? Liebte er nicht auch? Drängte es ihn nicht längst zum Weibe hin? Konnte ein Mann seine Reife verleugnen? Musste er sich selbst kasteien durch zwanghafte Abstinenz?

So hoch sich Philipp Otto nun auch gehoben fühlte, emporgeschnellt durch die Flügel augenblicklicher Leidenschaft, so klein und jämmerlich kam er sich bald wieder vor, so lächerlich wie ein Wurm im Staub, jederzeit gewärtig, zertreten zu werden. Ein schmerzliches Hinundhergezerre tobte in ihm. Hier das Mädchen, die wundersame Engelgleiche, und der nicht zu zügelnde Drang, sie zu malen in ihrer nackten Schönheit, um auszuschreien, was seine Seele quälte, und daneben das Comptoir, das fürchterliche Vakuum, das Kritzeln toter Buchstaben, das Addieren graugräulichgrässlicher Zahlen, das Füllen lebloser Kolumnen, das Begrabbeln staubigen Papiers. Alles das könnte er tausend Meter in die Erde schießen, gäbe es nur dafür eine Kanone. Nein, sein Leben lebte draußen, lebte im Schauen, seine Seele hörte im Sehen. Alles, was da kreuchte und fleuchte, wie ein Schiller sagte, alles das könnte er umfassen und an seinen Busen drücken. Auch den allergrößten Schlackerregen könnte er lieben, denn hinter jedem Blatt, in jeder Blüte sah er einen Engel, einen Engel, der ihr Gesicht trug. Ihm wurde die Brust zu eng, ein Schwall bewegendster Gefühle warf ihn in die süßesten Träume. Hatte sie, die ewig Schöne, das in ihm angerichtet? Dieses Verrücktsein, dieses pausenlose Kreisen um den Himmel? Wie nur,

wie nur würde es sein, wenn er alle seine inneren Gesichte, seine
Fantasien, Ideen und Erfindungen Gestalt werden lassen könnte.
Oh, ihr Träume, flehte Philipp Otto, stoßt mich nicht in den Ab-
grund. Ich will die Erde küssen, ich will Baum und Tier und Him-
melswolke mein unabdingbares Eigen nennen, aber lasst mich leben, wie ich leben muss.

Philipp Otto vermochte das Drängen, darzustellen, was in ihm
sich unaufhaltsam abbildete, kaum noch zu bezwingen. Wanderte
er über Land, frische Luft zu atmen, den Reichtum zu genießen,
den ihm die weite Welt bot, dann war sein Malkästchen sein stän-
diger Begleiter geworden. Alles, was er zu sehen bekam, forderte
ihn zum Abbilden heraus, ein See, ein Hund, ein schönes Früh-
stück, ein spielendes Kind oder ein lachendes zahnloses Weib. Die
Motive, so kunterbunt durcheinander sie waren, regten ihn unent-
wegt an.

Da war ihm doch kürzlich auf einer geschäftlichen Reise nach Kiel
ein Mädchen in die Quere gelaufen, pausbäckig, keckdumm, zwar
mit twatschen Beinen, so doch lieblich und possierlich. Er hatte es
angesprochen, und sie hatte sich ihm in köstlich plumper, bäuer-
licher Manier dargestellt. Sein Stift aber verzauberte sie, die sich
sein Begucken nur als neckischen Spaß gedacht, zu einem bleiben-
den Kunstwerk. Einem Kunstwerk? Doch, doch, auch wenn er seinen Freunden gegenüber betonte, er könne gar nicht zeichnen, er
schaffe nur Fratzen.

Mit dem, was er als bescheidene Abfallprodukte in seinen Skiz-
zenbüchern verwahrte, wagte er natürlich nicht, sich Herterichs
Meinung auszusetzen, denn er hatte nur für sich selbst gearbeitet.
Er wollte doch nicht Gefahr laufen, in Grund und Boden ver-
dammt zu werden. Denn Herterich konnte eine lausig scharfe
Zunge führen, auch wenn, wie Philipp Otto erfahren hatte, sein
Meister von ihm eine unverdient hohe Meinung zu haben schien.
Vor anderer Ohren natürlich. In Wahrheit war es Herterich und
kein anderer, der ihn, den Kaufmannslehrling aus Pommern, Stufe um Stufe in eine beglückende Höhe führen würde. Darauf ver-
traute Philipp Otto für die nächsten Jahre.

Umso tiefer war der Sturz ins Nichts, ins Bodenlose, als Herterich, der nur für drei Wochen um einer familiären Angelegenheit willen nach Lüneburg zu reisen beabsichtigt hatte, plötzlich aus Dresden mitteilte, er habe den Weg hierher eingeschlagen, um die Galerie zu Studienzwecken und zur eigenen Erbauung zu durchstreifen. Doch nun wäre er ihr so sehr verfallen, dass er an eine Rückkehr so bald nicht denken wolle. Weniger das Residenzschloss oder der Stallhof, auch nicht das Kanzleihaus oder das Georgentor hätten ihn durch ihre herrliche Architektur in den Bann gezogen, sondern die Galerie, die kostbarste aller Bildersammlungen, die er kenne. Er schrieb, ein Friedrich August hätte sie begonnen und ein anderer gleichen Namens vollendet, und hier läge die Kunstpracht vieler Länder und Zeiten und historische Bilder aus der Meisterhand Canalettos, Bernardo Bellotto geheißen, der Dresdens Leben für ewig festgehalten hatte zur Ansicht für nachfolgende Generationen.

Philipp Otto meinte, einen Schlag in die Magengrube bekommen zu haben. Herterich in Dresden? Ja, was soll denn nun aus mir werden, war seine bittere Klage. Musste er gerade jetzt fortbleiben, jetzt, wo mein Schicksal auf des Messers Schneide steht? Er, mein einziger, mein guter Lehrer?

Denn just in diesen Tagen weilte Daniel in Wolgast, weniger wegen geschäftlicher Angelegenheiten – die nannte er nur als Vorwand für diese Reise – vielmehr, um dem Vater eine ultimative Antwort auf die Frage abzufordern, ob er seinem Sohn Philipp Otto den freien Weg in die Kunst genehmigen würde. Und das hieße doch, dessen bisherige Vorstellungen über die Zukunft des Jungen total umzustoßen.

Daniel hatte sich auf ein hartes Gespräch vorbereitet. Nachdem er sich selbst um des Bruders willen überwunden hatte, schwer genug war ihm das gefallen – musste er nun den Vater aus seiner steinharten Verschlossenheit herausbrechen. Er wollte ihm von dem vielerlei Lob sagen, das man dem Jungen schenkte, besonders dem namhafter Leute, die etwas vom Malen verstanden. Wollte auch deutlich werden lassen, zu welcher Tüchtigkeit er es schon ge-

bracht habe, wo andrerseits auf dem Gebiet der Kaufmannslehre er
nicht gerade als kompletter Versager gelte, es aber als Kaufmann
nie zu Brot und Haus bringen würde. Es stünden, wollte er dem
Vater sagen, bei dem Bruder ständig Neigung gegen Abneigung in
einem ihn allmählich zermürbenden Kampf, und auf welcher Seite der Sieg zu finden sei, würde er dem Vater schon deutlich machen. In dieser Weise zugerüstet und mit Speckter und Hülsenbeck abgesprochen, wollte Daniel dem Vater entgegentreten. Dies
war der eigentliche Grund seines Wolgastbesuchs.
Doch sollte es anders kommen. Eines der nebensächlichen Abfallprodukte aus Philipp Ottos »Kunstkiste« war nämlich in die Öffentlichkeit gelangt, die Galionsfigur, die er einst für Vaters neues
Schiff entworfen hatte. Diese, nachdem sie geschnitzt und er sie
beim letzten Hiersein hinter Vaters Rücken eigenhändig in Öl farbig angesetzt hatte, prangte nun in kunstvoller Schönheit unter
dem Klüverbaum wie auch der Kosak am Heckspiegel der MER-
CURIUS zur Freude all derer, die dafür einen Blick hatten. Nicolaus Runge hatte auf diese Figuren nicht sonderlich Acht gegeben.
Er hatte sie wohl schön gefunden, aber dabei war es auch geblieben. Doch nun, als wäre es für jene Tage berechnet, in denen Daniel sich zum Sturz der einer uneinnehmbaren Festung gleichen-
den Meinung seines Vaters gerüstet hatte, fand er bei diesem eine
weit geöffnete Tür. Seeleute nämlich und Passanten hatten ihn
mehrfach wegen der künstlerisch nicht hoch genug einzuschät-
zenden Schmuckschnitzereien angesprochen, einer sogar mit dem
Ansinnen, sie ihm zu verkaufen. Und dieser Tage, sozusagen als i-
Tüpfel in dieser Geschichte, war ein Brief von einem holländischen Schiffer in seine Hände gelangt, darin dieser den Schnitz-
meister und Buntmaler mit höchster Anerkennung grüßte, seine
Meisterschaft herausstellte, zur Nachahmung empfahl und an-
fragte, wo der Meister wohne und wie sein Name sei.
Die Runges waren zu Tränen gerührt. Nicolaus Runge begann zu
begreifen, dass, wenn der Junge in seinen Augen auch einen ihm
unverständlichen Weg ginge, dies doch ein Weg sei, den er, der Vater, billigen müsse.

Als nun Daniel dem Vater die entscheidende Frage vorlegte, wie
es um den Bruder weiter bestellt sein solle, gab er ihm mit wenigen Worten zu wissen, er stelle alles Weitere dem Daniel ins eigene Ermessen. Er selber habe gegen Ottos Weg in die Kunst nichts
mehr einzuwenden, aber alle mögen überlegen, auf welche Weise
sie ihn unterstützen könnten, jeder für seinen Teil. Denn ohne
den Beistand der ganzen Familie würde der Junge nicht existieren
können.

Daniel glaubte, nicht recht verstanden zu haben. Er forschte in Vaters Gesicht, fand aber auch nicht den leisesten Anflug von Ironie
darin. Er schüttelte verwirrt den Kopf und sagte:

»Ich kenne Euch nicht wieder, Vater. Denkt Ihr wirklich so? Ich
komme eben wegen dieser Sache zu Euch. Um Ottos willen danke
ich. Eure Erlaubnis wird ihm das schönste Geschenk seines Lebens sein.«

Als Philipp Otto diese Nachricht durch Extrapost bekam, hätte er
vor Glück die ganze Welt umarmen können. Doch weil das nicht
möglich war, begnügte er sich mit Daniels Haushälterin, die er in
der Küche erwischte. Er küsste die Überraschte wie ein wildes
Hundchen rechts und links und rief dabei atemlos und trunken:
»Vadding hett Ja seggt, Vadding hett taustimmt.«

Dann stürmte er durch die Straßen. Ganz Hamburg sollte es wissen. Von ihm selber sollten sie es erfahren, alle. Perthes traf er im
Garten seines künftigen Schwiegervaters Matthias Claudius beim
Pflücken reifer Johannisbeeren. In dem großen Garten hatte Philipp Otto zusammen mit Enoch Richter damals junge Bäumchen
gepflanzt. Von Wandsbek, wo Papa Claudius wohnte, fuhr er tags
drauf in die Stadt zurück, stürmte in sein Zimmer, riss die Fenster
auf und rang nach Luft. Ein plötzlicher Husten quälte ihn. Hatte
ihn der Lauf zu stark gefordert?

Doch was sollte das jetzt. Das Herz wallte auf und mit großen Bewegungen schob er vom Tisch, was da lag, um Platz zu schaffen für
ein Blatt Papier, für einen Brief an den Vater. Und während er
schrieb, kam eine große Ruhe über ihn. Sie half ihm, seine Gedanken zu sammeln und zu ordnen.

*... ob ich mich nun allein künftig dadurch ernähren kann, weiß ich nicht; ich glaube es nicht, und so ist denn der Handel mit Gemälden und Kunstwerken das, was einst das gutmachen muß, was die Kunst zu wenig tut. Für diesen Augenblick aber muß mein einziges Bestreben sein, ein Maler zu werden, wozu mich jetzt auch meine Natur einzig und allein antreibt. In allem, was ich getrieben habe, das nicht zur Kunst gehörte, habe ich keine Fortschritte gemacht, nur in der Kunst bin ich fortgegangen, ohne es selbst zu wissen. Ich meine, wenn man das ergreift, wozu einen die Natur treibt, so tut man seine Pflicht und es heißt das mit dem Pfunde wuchern, das uns Gott gegeben hat. Es würde doch als Kaufmann nie etwas anderes als ein Stümper aus mir geworden sein und wenn ich auch irdisches Glück erreicht hätte, würde das Bewußtsein, es nicht verdient zu haben, mich immer wieder beunruhigen müssen. Nun würde es zwar töricht sein, wenn ich ihnen, lieber Vater, versprechen wollte, ein großer Maler zu werden; ich kann nicht in die Zukunft sehen und glaube, man kann auch da ebenso wenig über sich selbst urteilen, als über andere; allein ich glaube mich bisher wenigstens so weit beobachtet zu haben, daß ich unverzagt auf dem Wege fortgehen darf, den ich mir einmal gewählt', und daß doch nichts anderes als ein Maler aus mir wird, es mag kommen wie es will. – Mein erstes Bestreben wird also sein, die Gegenstände um mich und aus mir immer natürlicher darzustellen, und wenn mir Gott meine Liebe zur Kunst so lebendig erhält, wie sie jetzt in mir lebt und mit jedem Tage lebendiger in mir wird, so hoffe ich, nie Not zu leiden. Daß ich meine Kunst aber zu etwas Lasterhaftem gebrauchen sollte, davor mag mich Gott bewahren, und so lange ihr und meiner Mutter Gedächtnis in mir bleibt, würde ich davor zittern, und das wird ewig nicht aus meinem Herzen schwinden. Ich habe neulich einen Brief von dem alten Albrecht Dürer gelesen, der jedem jungen Künstler die Bibel als einen unerschöpflichen Brunnen für die Kunst anempfiehlt, und worin er sehr Recht hat ...*

Die Heirat seines Freundes Friedrich Perthes mit seiner Auserwählten, der Caroline Claudius, führte ihn mit dem Claudius'schen Hause und mit dem Dichter und Literaten Matthias Claudius selber immer inniger zusammen. Mit wachsendem Interesse las er in seinem *Wandsbecker Boten*, einer Zeitschrift, die Perthes verlegte und deren Studium jedes Gemüt zu bilden verstand. Durch dieses regelmäßig erscheinende Blatt gewann Philipp Otto Einblick in die geistigen Strömungen seiner Zeit. Es trug ihm erbauliche Beiträge ins Haus, mit deren Aussage er gerne lebte, auch wenn sie nicht immer mit den Linien des Literarischen Kreises im Einklang standen. Köstlich konnte er sich über die heiteren Geschichten aus Vater Claudius' eigener Feder amüsieren. Philipp Otto, dieser nach Bildung strebende junge Geist, wandelte wie in einem Sommergarten. Er brauchte nur noch zuzugreifen, die Früchte, reif und voller Saft, fielen ihm in die Hände, das Klassische Altertum wie die farbenfrohe Dichtung der Gegenwart. Ihm wurden Namen bekannt, die ihre Bedeutung in sich selbst trugen, Goethe, Brentano, Herder, Tieck und wie sie auch immer hießen. Im Literarischen Kreis lasen sie Friedrich Schiller; und mit Ludwig Tiecks *Franz Sternbalds Wanderungen* ging er in Gedanken unaufhörlich um. Was über dieses alles hinaus die *Odyssee* in ihm angerichtet hatte, war wohl das stärkste, das nachhaltigste Erleben. Denn er hatte sich wahrhaftig aus Pommern Holz kommen lassen, um daraus auf Homer'sche Art selbeigen Pfeile und Bogen zu bauen. Nicht etwa, um mit ihnen zu spielen oder zu jagen. Nein, er wollte an sich selber und an anderen das Spiel der Muskeln bei Bewegungen ablauschen und auf Papier übertragen. Bis in die feinsten Linien hinein und am lebendigen Objekt wollte er den Körper kennenlernen. Bewegungen lassen sich nicht in Herterichs Atelier erleben. Die Natur zeigt das Wahre, lautete seine Erkenntnis.

Dass ihn zu Hause, in der Hohen Bleichen, dumpfes, stumpfes Mauerwerk umgab, der Außenhof bedrückende Enge zeigte, das Licht der Sonne nicht durch die Scheiben fiel, nahm er nicht wahr. Auge, Seele, Herz, alles lebte im Sonnenlicht der Kunst, lebte in Bildern, in einem Meer, das auszuschöpfen sein Leben nicht ausreichen würde. Längst genügten ihm nicht mehr Pinsel und Stift, um sich auszusprechen. Briefe musste er schreiben, immer wieder Briefe, an die Freunde, an die Eltern, an Brüder und Schwestern, ohne sich seiner fehlerhaften Schreibweise zu genieren. Mit ihnen, die seine Liebe empfanden, denen seine Sehnsucht galt, lebte er, und sie verstanden ihn. Sein Leben war Gespräch, war Nehmen und war Geben.

Der Tag war gekommen, der, wie Daniel und seine Leute untereinander abgesprochen hatten, Philipp Otto von allen Aufgaben des Comptoirs entband. Frei sollte er sein, frei und ungebunden sich dem widmen, was Gott für ihn vorgesehen hatte, der künstlerischen Entfaltung in ganzer Freiheit. An die Stelle des noch in Dresden weilenden Herterich trat nun Gert Hardorff, ein Künstler hohen Ranges, der in Hamburg als der »große Hardorff« bekannt war.

Hardorffs Atelier war eine Welt für sich. Seine Porträts unterschieden sich kaum von denen Herterichs, doch Philipp Ottos scharfe Augen entdeckten bald, was jeder für sich zu eigen hatte. Hardorff war außerdem ein Meister der Wischtechnik. Von Anfang an ließ er seine Schüler, zu denen neben Philipp Otto auch ein Gottfried Eiffe zählte, sich tüchtig darin üben. Eiffe war ein junger Mann, der sich rasch mit Philipp Otto anfreundete. Er war ein wenig mit dem Mund voraus und machte von Zeit zu Zeit über Hardorff abfällige Bemerkungen, die Philipp Otto aber klüglich überhörte. Schließlich hatte jeder Mensch irgendwo einen Sparren im Kopf, hatte Papa Claudius neulich lachend gesagt. Warum sollte das nicht auch bei Eiffe zutreffen?

Philipp Otto gefiel indessen etwas anderes nicht an Hardorff. Er wies mit bald grotesker Beharrlichkeit auf den Dresdener Hofmaler Anton Raphael Mengs hin, auf dessen klassizistische Themen, die, wie er lehrte, Anfang und Ende der Malerei seien und die jeder Schüler in sich bewegen müsse wie das Herzblut. Klassik sei das täglich Brot. Darüber gäbe es nichts, was der Kunst zur Nahrung diene. Philipp Otto fragte ihn, ob das alles sei, ob ein Künstler nicht auch das eigen Gefühlte einbringen dürfe. Kunst wäre doch auch das Produkt des eigenen Selbstes. Der Abklatsch von Ideen anderer Leute fülle doch schon genügend Stuben.

Hardorff verbot ihm geradezu, so zu denken. Den Gesetzen, wie die Klassik sie unübertroffen liefere – den alten, den alten, rief er mit erhobenem Pathos und durchmaß mit Riesenschritten den Raum als unbewusster Ausdruck seines aufbrechenden Unwillens –, ihnen habe sich jedes Zeitalter unterzuordnen. Und er rate ihm dringend, seine unausgegorenen Meinungen zuchtvoll zurückzuhalten.

Nun, so ähnlich hatte sich Herterich ja auch geäußert.

So streng eingeengt Hardorff zunächst auch zu sein schien, führte er seine Schüler doch mächtig voran. Noch ließ er sie kopieren, immer wieder kopieren, Akte, Frauentorsi, Bruchstücke antiker Skulpturen, aber er wies auch auf die Ölmalerei hin, die man, wie er gerne zugab, am besten beim alten Eckhardt erlernen könne. Zudem sei das Zusehen bei anatomischen Sektionen unerlässlich, denn das Studium des menschlichen Körpers sei zum Beispiel für das Darstellen der Schönheit eines nackten Weibes wie auch eines Jünglings von eminenter Wichtigkeit. Schon einen einfachen nackten Fuß zu zeichnen, verlange neben höchstem künstlerischen Können auch die Kenntnis der Anatomie.

Philipp Otto, befreit von dem Druck in Daniels Firma, kostete die Freiheit aus, die ihm nun in reichem Maß geboten war. Skizzierte er nicht, probierte er nicht, dann schnippelte die Schere. Genreszenen entstanden, Köpfe, schwarz auf weißem Papier, hunderterlei. Ein erstes Porträtieren der Freunde gelang erstaunlich gut. Er porträtierte auch seine Schwester Maria, die mit Jacob zusammen für einige Wochen in Daniels Haus wohnte. Und alles, alles das verschenkte er. Jacob, der sein Geschick im Tischlerhandwerk vortrefflich ausgebaut hatte, hinterließ ihm, bevor er wieder nach Wolgast zurückkehrte, eine selbst gefertigte, aus zartfarbenem Birnbaumholz zusammensetzbare Staffelei, dazu ein Kästchen, um sie auch über Land tragen zu können.

»Nun fehlt mir nur noch ein riesiger Hut, dann bin ich das geborene Konterfei für alle Affen«, lachte Philipp Otto, als er dieses wahrhaft königliche Geschenk zum ersten Mal benutzte.

Um nun das Malstudium nicht im eigenen Saft ersticken zu lassen, schlug Hardorff seinen Schülern eine Studienreise nach Italien vor, und wenn nicht Italien erreichbar wäre, dann eben Dresden.

Er schwärme, rief er begeistert aus, für die Galerie, in der der große Mengs webt und lebt. Dresdens ungeahnt reiche Schatzkammern böten eigentlich das Maß aller Dinge, an dem jeder sein eigenes Können messen lassen muss.

»Muss!«, rief er aus. »Auch Sie, Runge, und Sie, Eiffe. Dresden! Ich kann nur raten: Dresden. Der Himmel auf Erden, sage ich Ihnen. Und wer sich nicht an Dresden messen lassen will, der bleibt ein Schaf, das selbst zum Blöken zu blöde ist.«

Dresden! schoss es Philipp Otto durch den Kopf, die Galerie der Meister? Die Kunstsammlungen Augusts, von denen Herterich geschrieben hatte, in ihnen läge die Kunstpracht vieler Länder und Zeiten? Oh, wenn er sie nur sehen, nur die Luft in ihren Mauern atmen dürfte. Bis in den Schlaf hinein verfolgte ihn der Gedanke, und im Traum schon wandelte er durch die Hallen und Gänge. Und mit solcher Begeisterung trieb es ihn anderentags zu seinem Freund Speckter, damit er seine Freude mit ihm teile. Der aber goss eiskaltes Wasser in die ungestüm lodernden Flammen. Er war die Stimme der Vernunft in eigener Person.

»Ehrlich, Runge«, sagte er, »Sie sind zu jung für das. Sie werden kaum etwas von dem verarbeiten, was Sie dort vor die Augen kriegen. Später meinetwegen ja. Vorerst aber müssen wir einen Weg finden, der Sie auf Dresden vorbereitet, eine Schule guter Art. Es fehlt Ihnen noch, auch wenn Sie es nicht wahrhaben wollen, gehörig an Praktiken und an vielem anderen. Ich weiß das, ich kann das beurteilen. Und besser ist, ich sage es Ihnen, als ein anderer. Das ist das eine. Das andere ist: Der akademische Kunstunterricht in Dresden ist nach Meister Casanovas Tod eine Katastrophe. Tischbein hat die Direktion abgelehnt und lebt jetzt in Neapel. In Dresden ist kein einziger Mensch, der geeignet ist, Sie herauszufordern. Ich schlage daher vor: Kopenhagen. Dies ist eine Stadt, deren Akademie Sie fest in die Schule nehmen wird. Ich werde Ihnen den Weg dorthin bahnen.«

Philipp Otto flog vom Himmel auf die Erde. Knall! Da lag er mit den gebrochenen Flügeln eines von trügender Begeisterung fallengelassenen Vögelchens. Speckter spürte seine Enttäuschung

und berührte freundschaftlich seine Schulter, doch der Ton war
ernst, als er sagte:
»Mit Überschwang ist nichts getan, mein lieber Freund. Setzen Sie
nur Schritt vor Schritt, sonst stolpern Sie.«
Bereits am nächsten Tag erfuhr er, dass Daniel ihm den Kopenha-
gener Aufenthalt finanzieren würde.
Also stand Dänemarks Metropole auf dem Plan. Hardorff dräng-
te nach, Runge solle nur bald hinübersetzen, er befürworte diese
Entscheidung. In Eile schrieb Philipp Otto noch einige Briefe
nach Wolgast und an die Freunde; dann rüstete er sich zur Reise.
Am 18. Oktober bestieg er in Kiel das Paketschiff, eine dänische
Brigantine, die ihn, mit herzlichen Empfehlungsschreiben von
Heinrich Besser und Friedrich Perthes, Hardorff und anderen ein-
flussreichen Leuten in der Tasche, nach Kopenhagen segeln sollte.

# III.

## Kopenhagen
## (1799–1801)

In müdem Gleichmaß schwappten lautlos die Wellen gegen die Bordwand des Paketschiffes, das seinen Kurs nach Kopenhagen abgesteckt hatte. Ein schwacher Wind trug das Sonntagsgeläut der Kieler Kirchen durch die morgendliche Stille vom Land herüber. Mit leisem Hauch spielte er in den Segeln und schob das Schiff aus der Förde hinaus in die offene See. Oktoberdunst lag ausgegossen wie trübe Milch über dem Wasser und verwischte den Horizont. Die dunklen Waldungen bei Heikendorf und Laboe verloren ihre Kontraste und gingen im Grenzenlosen unter.
Philipp Otto stand, den Arm auf die Reling gestützt, auf dem Oberdeck. Er schaute den achteraus ziehenden Blasen nach, die, vom fahrenden Schiff aufgeworfen, an den Planken entlangglitten, und träumte, träumte vom Gestern, vom Heute, vom Morgen, von dem Ungewissen, das ihn erwartete, von der für ihn neuen Welt. Er träumte von den Menschen, deren Namen und deren Künste ihm empfohlen worden waren. Sie sollten ihn nun bilden, sollten ihn zubereiten in der hohen Kunst des Malens. Durch all sein Träumen zog sich wie ein goldener Faden durch alltägliches Gewebe rührende Dankbarkeit denen gegenüber, die ihm die Tore zu diesem Weg geöffnet hatten: Daniel, den Eltern und Geschwistern, dazu den wohlwollenden Meinungen der Lehrer Herterich und Hardorff und auch gegenüber dem guten Speckter. Letzterer hatte ihm die Adresse einer Frau Administratorin Jørgensen zugesteckt, bei der er vorzüglich wohnen könne.
Die in Briefen enthaltenen Empfehlungen führte er mit sich wie Wegweiser in ein zu entdeckendes Land.
Noch fühlte er den Druck von Daniels Hand auf seiner Schulter. Noch nach Stunden klangen seine letzten Worte in ihm nach, die er wie ein Vermächtnis bewahren wollte:

»Lieber Otto, was an uns liegt, soll geschehen. Wir werden dich nach unserem besten Vermögen auf dem Weg begleiten, den du dir ausgewählt hast. Wir wissen, einen anderen Weg würdest du niemals gehen können, der ins Leben führt. Ein schmaler Weg ist es, und Wenige sind, die ihn finden. Sei unserer Hilfe versichert.«
Philipp Otto dachte nach. War das Vertrauen zu seiner Begabung, wie sie alle es aussprachen, wirklich so fest, so uneingeschränkt groß? Diese Frage war es wert, nicht nur im Traum bedacht zu werden, sondern am helllichten Tag.
Nun trug ihn das Schiff hinaus, fort aus einer täglich sicheren Umsorgung, hinein in eine Zeit eigener Bewährung, einer fremden Sprache, fremden Menschen und fremden Gewohnheiten ausgeliefert. So lichtlos, so neblicht, so ohne jede Gestalt, wie das Meer, das vor ihm lag, so schien auch das Meer zu sein, in das hinein er sich nun begab.
Lange blieb er so in Gedanken versunken an der Bordwand stehen, bis ihn der Koch zu einer kleinen Mahlzeit einlud. Da stieg er hinein in den wärmenden Schiffsbauch und wandte sich anderen Leuten zu, um nicht dauernd sinnieren zu müssen.
Als der andere Tag, der ein Montag war, sich lichtete, hatte das Schiff zu aller Seeleute Bedauern nur wenige Meilen ersegelt. Der Wind war flau und hatte mitunter ganz zu wehen aufgehört. Sehr spät erst trat die flache Küste Lollands aus dem Dunst hervor; am Dienstag, nach träger Segelei, das unbewohnte Inselchen Vejrø. Erst am anderen Tag erreichten sie das Städtchen Vordingborg, am Storestrøm gelegen. Hier aber schlug das Wetter plötzlich um, ein starker Sturm jagte über Land und See, der Kapitän ließ den Anker legen und wartete ab, denn er wollte weder Schiff noch Menschen gefährden. Erst nach Abzug des Wetters ging es ankerauf, sie sichteten in der Ferne die Kreideufer Møns; und endlich, am sechsten Tag gegen Abend, näherten sie sich ihrem Zielhafen. Doch weil es dem Schiffer zu gewagt erschien, bei dem noch herrschenden Wind und vor allem bei Dunkelheit die Stadtufer anzulaufen, legte er das Schiff vor Anker. Er kam aber der Bitte einiger Passagiere nach, sie ans Land rudern zu lassen, sie wollten den Weg in die Stadt zu Fuß nehmen.

Philipp Otto war mit von der Partie. Er gesellte sich zu einer Schar junger Leute, mit denen er schon während dieser versegelten Tage seinen Spaß gehabt hatte und denen es nichts ausmachte, einige Meilen abzuwandern.

Nur mit einer leichten Tasche machte er sich nach der Landung auf den Weg, der sie am Ufer entlang führte, der mit der Zeit aber immer schmaler wurde und schließlich ganz aufhörte. Zuletzt ging es nur über Stock und Stein, über umgepflügte Äcker und durch moorige Wiesen. Einer unter ihnen, ein lustiger Kerl, übte sich im Grunzen und gelangte dabei zur Meisterschaft. Er behauptete auch, »sich ausgesprochen wie eine Sau im Dreck zu fühlen«.

Nun, mit diesem Attribut versehen, gelangten sie dann in die Stadt, verdreckt, verschwitzt und bis über die Knöchel mit fettem Lehm besudelt.

Philipp Otto fragte sich durch zu dem ihm von Speckter angezeigten Logis. Es befand sich im Haus der Frau Jørgensen, einer Edeldame von gewaltiger Leibesfülle. Gleich bei der ersten Begegnung im Empfangsportal wurde der Ankommende mit Schrecken gewahr, dass diese Frau nicht ein einziges deutsches Wort verstand oder nicht verstehen wollte. War nun dieser Eindruck schon komisch, dann erst recht der, den sein Aussehen hervorrief, und das ihm erst richtig sichtbar wurde, als er in einem hell erleuchteten Festsaal vor der hochfeinen Gastgeberin stand. Mit Mund und Händen versuchte er ihr radebrechend zu erklären, warum er so aussähe, wie er vor ihr stehen müsse. Welch unbeschreiblicher Kontrast zu dem von Wohlstand triefenden Raum, der so groß war, dass sein Elternhaus in der Wolgaster Kronwiekstraße bequem darin hätte Platz haben können. Von der Decke herab strahlte ein glasverzierter Kronleuchter, prächtige Tapeten waren über die Wände gespannt, Bilder mit goldenen Rahmen sah er und ein Bett, in dem ein König schicklich hätte schlafen können. Dazu Feuerzange und Schaufel aus poliertem Messing, zwei ungeheuer große Spiegel auf Marmortischen, kurz, in solchem Geschmack war das ganze Zimmer.

Hier stand er nun, der naive Fremdling, der große Junge, wie ein an Land gespiener Fisch, den gaffenden Blicken neugierig Herumstehender ausgesetzt, die anscheinend zur Familie der Administratorin gehörten. Mit Unmut bemerkte er ihr Feixen, wie geübte Falschspieler es an sich haben, die nur auf Fremder Geld erpicht sind. Ihrem Benehmen nach schienen sie ihn für einen lächerlichen Kerl zu halten.

Seines Bleibens war nicht eine Minute. Umgehend bezog er ein bescheideneres, ehrliches Quartier und nahm sich künftig in Acht vor solcher Art Haie, wie sie wohl vielfach in dieser Stadt wohnen dürften. Dass Speckter ihm dies empfohlen hatte! Am nächsten Tag führte ihn sein erster Weg in die berühmte Kunstkammer Kopenhagens. Viel Gutes erzählte man über sie. Doch war sein Eindruck nicht der beste, denn nach seiner Meinung schien hier ein Chaos, ein erschreckendes Durcheinander der Kunstepochen zu herrschen, das ihm die erwarteten Freuden raubte. Hier gewann er nicht die Stille, die er sich erhofft hatte. Anders dagegen die Gemäldesammlung, die zwar nur wenige, aber kostbare und auserlesene Werke aufwies, die zu betrachten es ihn auch später immer wieder von Neuem anzog.

Er suchte auch jenen Mann auf, der ihn im kommenden Winter unterrichten sollte, Nicolai Abraham Abildgaard, ein in Dänemarks Kunstkreisen vielgerühmter Maler und hervorragender Lehrer, Mitglied der Akademie und Professor, ein Historienmaler ersten Ranges.

»Ah, der junge Herr aus schwedisch Pommern, wie ihn mir die Freunde aus Hamburg gemeldet haben«, empfing Abildgaard ihn und streckte ihm die Hände entgegen. Ein kleines Hin und Her der Worte folgte darauf, doch bald gewann Philipp Otto den Eindruck, wie sie so miteinander redeten, fehle es seinem Gegenüber ein wenig an der Herzlichkeit, die er sich gewünscht hätte. Schließlich war er ein Weithergereister. Er wollte nicht »wie ein Klippschüler aus Wolgast« empfangen werden, dem man jede Mündigkeit absprechen durfte. Die mitgeführten Empfehlungsschreiben wiesen ihn immerhin anders aus.

Sein Eindruck hatte ihn nicht betrogen. Er sollte sich nach Abildgaards Äußerungen bei den anderen Studenten einordnen, bekam
ein paar moralische Sentenzen, das Akademieleben betreffend,
hinter die Ohren geschrieben und durfte nach kurzgefasster Mitteilung, wann und wo er sich einzufinden habe, abtreten. Abildgaard
hielt zu allen seinen Schülern eine fast schmerzhaft sachliche Distanz, und die verbot jegliche Vertrauensseligkeit. Diese Erfahrung
bedrückte Philipp Otto sehr, denn Vertrauen und Sich-Anlehnen-
Dürfen waren die Wärme, die er brauchte, um sich wohlzufühlen.
Nachdem er gehört hatte, er würde der Akademie vorgestellt werden und hätte dazu mitzubringen, was er gearbeitet habe, geriet er
in Verlegenheit. Ein Antrittszeugnis? Er hätte Konkurs anmelden
können, wenn nicht in nämlicher Minute ein Träger seine Bagage
vom Schiff hergebracht hätte. Ohne lange zu wählen, griff er nach
dem in Hamburg begonnenen Selbstporträt, überlegte kurz und
vollendete es über Nacht bei mattem Kerzenschein. Am andern
Tag wies er es vor.
Dieses Bild ging von Hand zu Hand, man schwieg oder machte
vieldeutige Bewegungen mit Armen und Schultern; die Professoren Juel und Wiedewelt blickten sich an, und es dauerte seine Zeit,
bis Philipp Otto es zurückerhielt. Vergeblich wartete er auf eine
kritische Bemerkung.
Man hatte ihn in den ersten Tagen im Kreis der anderen Kunstjünger mit auffallender Freundlichkeit angenommen, doch wendete
sich das Blatt der Sympathie auf unerklärliche Weise sehr bald.
Hinter vorgehaltener Hand flüsterte man mit zunehmend verlet-
zender Deutlichkeit, der Hamburger Knabe sei arrogant und von
sich über die Maßen überzogen. Er solle erstmal lernen, mit spitzer Kreide zu zeichnen, bevor er sich ans Porträtieren wage. Und
manch einer der Studenten spielte ihm übel mit.
Als dies an die Ohren Abildgaards gelangte und auch Professor
Juel davon erfuhr, nahmen die beiden Herren ihn kurzerhand zur
Seite, sprachen mit ihm sehr freundlich und versetzten ihn in einen, wie man dort sagte, höher gelegenen Malsaal. Juel tröstete
ihn:

»Ärgern Sie sich nicht, Runge. Neid ist die Wurzel vieler Übel. Von nun an sollen Sie nach Gipsmodellen zeichnen, eine Aufgabe, die wir den anderen«, und er wies mit dem Finger nach unten, »in keiner Weise schon zumuten dürfen.«

Philipp Otto war überrascht. Er bedankte sich und zeigte eine solche kindliche Freude, die die beiden Lehrer schmunzeln machte. Juel rief ihm noch nach: »Aber nicht eitel werden!« und hob mit vielsprechendem Blick den Finger.

Philipp Otto kam es nicht in den Sinn, sich wegen solch eines Avancements mit Eitelkeit zu schmücken. Er kannte sich selber recht genau, er wusste, wann ihm etwas gelang und woran es ihm noch fehlte. Der Mangel überwog. Allein, hier fühlte er sich bestätigt.

Abildgaards Malsaal befand sich in der ersten Etage des in herrlicher Architektur dieses Jahrhunderts prangenden Gebäudes. Durch hohe, im goldenen Schnitt entworfene Fenster blickte man auf die baumbestandene, hochdressierte Stockholms Gade. Vom Malsaal dagegen, der auf der Rückfront des Hauses lag, hatte das Auge zu tun, die sich ihm bietende Landschaft einzufangen. Denn hier weitete sich der fast königlich zu nennende Park, in dessen Mitte ein kleiner See glänzte, bewachsen mit Seerosen und Wasserzier, hinter dem sich in bemessener Entfernung der dreigieblige Bau des Museums mit der berühmten Kunstsammlung in ganzer Schönheit zeigte. Die zu dieser Jahreszeit entlaubten Bäume ließen das niedrig stehende Sonnenlicht in voller Stärke durch die Fenster fließen, und es bereitete den Schülern wenig Mühe, ihren Modellen das abzugewinnen, wozu sie bestellt waren: Sie sollten die Konturen und Formbögen erfassen, dem Licht und dem Schattenwurf ihre verborgenen Reize ablauschen.

Hier arbeitete Philipp Otto und hier schärfte er seine Augen für das nicht jedem Betrachter Sichtbare. Hier fühlte er sich gefordert. Wenn dann und wann Meister Abildgaard ihm beim Arbeiten über die Schulter schaute, dieses und jenes bemängelte, anderes wieder recht gut befand, musste sich Philipp Otto mühen, nicht ungeduldig zu werden und nichts dagegen einzuwenden, um den launigen Mann nicht zu reizen. Wie sollte er wohl einem Akademieprofessor widersprechen dürfen. Unterordnen, Lernen, Hören, Annehmen, das waren die Gebote der Stunde. Und doch fragte er sich, wie ein Lehrer dazu komme, seinen Schüler zu zwingen, seine, des Lehrers Augen zum rechten Maßstab zu setzen, wenn er, der Schüler, die Dinge anders sähe. Mit dieser Frage schlug er sich herum, denn sie begann wie ein böser Wurm in ihm zu nagen. Immer wieder ging es um das Abzeichnen antiker Büsten, zehn, zwanzig, dreißig dieser Totenköpfe, wie Philipp Otto sie einmal bezeichnete. Und niemals war Abildgaard zufrieden. Philipp Otto vermied lange, sich offen dagegen auszusprechen.

Eines Tages konnte er seinen inneren Zwang nicht mehr zügeln. Er sprach seinen Unmut darüber aus. Nicht etwa gegen das Abzeichnen der Gipsköpfe, von dem er wusste, dass es ihm dienlich sei, vielmehr unter der Frage, warum der Meister ihn zwänge, ihm seine Augen zu übertragen, wo er doch selber Augen im Kopfe trüge, und dass es unterschiedliche Sehensweisen gäbe, und man dürfe doch nicht einfach die eine für richtig, die andere für falsch und korrekturbedürftig halten.

Abildgaard hörte ihn an. Er verzog keine Miene, blickte ihn, nachdem er sich ausgesprochen hatte, nur stumm an, eine ganze Zeit lang; dann wandte er sich ab und wollte den Raum verlassen, als er, kurzentschlossen, sich noch einmal umdrehte und mit einem leise spöttelnden Unterton sagte:

»Wenn Sie meinen, Runge, dann bitte, dann zeigen Sie, wie Sie es sich wünschen. Ich mache Sie aber darauf aufmerksam, dass mich Ihre Bemerkungen zutiefst konsterniert haben.«

Er trat an einen Schrank, hinter dessen riesiger Schiebetür allerlei Büsten standen, und griff die heraus, auf die er es abgesehen hatte:

»Den hat noch niemand so kopieren können, dass wir überzeugt wurden, Professor Juel und ich. Nehmen Sie sich in Acht. Es wird Ihnen schwerlich gelingen, mich zufrieden zu stellen.« Damit ließ er ihn allein.

Philipp Otto durchfuhr es heiß. Es war der Kopf des Homer, in seiner ganzen Würde und Vollkommenheit. Der Anblick überwältigte ihn dermaßen, dass ihm die Tränen kamen. Hier stand er vor ihm, von dem er gelesen hatte, dessen Dichtung er genossen, dessen Gedanken er geliebt hatte, der Schöpfer der *Ilias,* der *Odyssee.* Auf dunkel eingefärbtem Holzpodest stand er da, der Poet des Altertums.

Still versenkte er sich in das starre und doch so lebensvolle Antlitz. Eine Zwiesprache hob an, ohne Wort, ohne Laut. Und dann begann er zu zeichnen, wie er ihn sah. Licht und Schatten prägten das hehre Gesicht, Philipp Otto entlockte dem steinernen Gebilde mit schöpferischem Schwung ein einzigartiges Leben. Das leidige Gemachte, wie er es in kopierten Bildern leider nur zu oft fand – hier brach es nicht durch. Seine Zeichnung trug Leben in sich.

Noch am Abend schrieb er seinem Bruder Daniel:

*Wie ich den alten Papa so in den Händen hatte, war es mir, als sollte ich zu weinen anfangen. Die Zeichnung ist übrigens gut geraten, und Professor Juel hat mir daraufhin angetragen, ich könne von nun an in seiner Wohnung arbeiten. Ist das nicht fein?*

Dieses »gut geraten« war aber nicht sein eigenes Zeugnis, sondern das Juels und Wiedewelts. Er zitierte seinen Professor nur in der Meinung, es sei doch wohl sein ehrliches Urteil gewesen.

Abildgaard dagegen hielt sich zurück. Er murmelte zwar etwas in sich hinein, sagte aber durchaus nichts Schlechtes über diese Arbeit und beließ es dabei, dass der junge Runge den Platz in seinem Malsaal mit dem des Juel'schen Ateliers vertauschen könne.

So ging der Winter dahin und der Frühling brach an mit dem Zug der Graugänse und dem ersten Glöckchenklingen der Meisen. Draußen begann sich das Leben zu regen. In der Akademie aber suppte der Unterricht träge und in ermüdendem Trott dahin. In einer Weise, die den unruhig drängenden Geist Philipp Ottos in eine Krise warf. Er schlug sich mit sich selbst herum, er fragte sich, ob seine Ansichten über Haus und Lehrer falsch seien, ob er selber gar überspannt sei, eitel und selbstüberzogen, weil er sich Urteile

anmaßte, die ihm, dem Anfänger, in keinem Fall zustünden. Wie durfte er sich eine Wertmeinung über den Akademiebetrieb erlauben, er, der nur ein Schüler unter vielen anderen war und den so mancher als Günstling der Professoren verschrie. Dabei waren Abildgaard und Juel menschlich vortreffliche Leute, besonders Juel ein Meister, dem niemand so leicht das Wasser reichen konnte. Nicht die Professoren waren es, sondern die erschreckende Kümmerlichkeit der Akademie, wie alles in ihr unter den Händen dieser Leute dahintrante. Das mit anzusehen, verschaffte ihm zeitweise regelrechtes Magengrimmen. Gipsköpfe angucken, Gipsköpfe zeichnen, Gipsköpfe, als gäbe es auf der Welt nichts anderes als diese schrecklichen Biester, Masken eines verstaubten Klassizismus, wo doch das Leben ganz andere Modelle vorstellen könnte. Außerdem schienen diese Lehrer wenig Verständnis für die Eigenart ihrer Schüler aufbringen zu wollen. Es machte Mühe, ganz gewiss, sich einem jeden zu stellen. Aber keiner der Professoren fragte gern nach deren Augen, deren Vorstellungen, deren Ansichten. Sie knallten ihnen lieber die Gipsköpfe vor die Visagen und sagten: »Malen Sie das, los los los!«
Philipp Otto geriet zusehends in einen zornvollen Taumel, den er selber kaum mehr zu steuern wusste. Um seinem Unmut Luft zu machen, vertraute er sich einem Mann an, den Perthes ihm als einen guten Charakter empfohlen hatte, dem Professor Wiedewelt. Ihm erklärte er, in nur knapp gezügelter leidenschaftlicher Aufwallung seiner Gefühle, was er meinte:
»Wenn ich mir einen Gegenstand oder eine Figur nur strichweise und mit ängstlicher Genauigkeit erobere, bekomme ich doch, donnerwetternichnochmal, keinen Begriff von der Ganzheit der Sache. Ich muss doch die Ganzheit vor mir und sie mit meiner Seele erfasst haben, bevor ich sie aufs Papier bringe.«
Wiedewelt lächelte. Er schob diese nach seiner Ansicht auf den schwachen Füßen der Unreife stehende Meinung mit dem Argument gegenteiliger Erfahrungen beiseite. Er drückte den zum Gegenwort vom Stuhl Aufspringenden mit energischem Druck auf die Schulter nieder und riet ihm dringend, sich mit jeglicher

Kritik zu mäßigen; er solle erst einmal etwas leisten. Verurteilung des jugendlichen Stürmens aber lag nicht in seinen Worten. Vielmehr freute sich Wiedewelt über die Art, in welcher der junge Mann seiner Meinung freien Lauf ließ. Ihm gefiel das wohl, er ließ es sich nur nicht anmerken.

Philipp Otto dagegen dachte: also auch der. Und fühlte sich unverstanden. Doch Wiedewelts Vermahnung verunsicherte ihn, und das machte, weil er seiner inneren Stimme mehr als jedem anderen Wort vertraute. Darin lag eine Gefahr, die zu erkennen ein einschneidender Griff in seine ohnehin oftmals schwankende Selbstsicherheit bedeutete. Jedenfalls nahm er sich vor, künftig nicht mehr so freimütig mit dem umzugehen, was er für recht und wahr erachtete. Dennoch schwor er sich, niemals etwas zu tun, das sich nicht mit dem vertrug, was er deutlich einsah. Er würde seinem Genius folgen, der in ihm wohnte, weil er ihm folgen musste nach festem, unumstößlichem Gesetz. Und keinem Menschen mehr würde er vertrauen, kein Werk würde er anerkennen, jedenfalls so lange nicht, bis beide in sein Gefühl hineinpassten.

Nun er das schmerzlich durchdacht und sich wieder gefunden hatte, kehrte Ruhe in ihm ein. Er hatte einen festen Punkt gefunden. Jede Art blutleerer Routine war ihm ohnehin zuwider, sie war, wie sie leider auf der Akademie in ihrer Gefahr zu wenig beachtet wurde, der Tod schöpferischer Fantasie und Verrat an der Kunst. Die Erkenntnis wurde zum harten Anspruch an sich selbst, und eine heilige Angst hielt ihn wach, dieses Gefühl, dieses innerliche Begreifen des Wahren, nicht zu verlieren.

Wie sehr er sich mit diesen bedingungsreichen Forderungen für sein eigenes Schaffen – nach dem der anderen fragte er nicht mehr – auf dem richtigen Weg befand, bewies Abildgaards Urteil über seine letzten Zeichnungen. Lange hatte dieser ihm in Juels Stube über die Schultern zugeschaut, lange ohne ein Wort zu sagen. Allmählich ertrug Philipp Otto die Gegenwart des Mannes nicht, zudem ihm sein zischend durch die Zähne ziehendes Atmen auf die Nerven ging. Er legte den Stift beiseite, wandte sich ihm zu und gab ihm das mit vorsichtigen Worten zu verstehen. Abildgaard hüstelte mit einer verärgerten Äußerung, machte kehrt und ging hinaus.

Nach etwa einer halben Stunde trat er wieder ins Zimmer und sagte, er habe soeben mit Professor Juel gesprochen; sie seien sich darin einig, dass Herr Runge eine Probezeichnung für die Aufnahme in die obere Klasse anfertigen möge.

»Ich muss Ihnen bekennen, Runge, auch wenn's mir schwer fällt, was Sie und wie Sie arbeiten, das gefällt mir mehr und mehr. Wir wollen mit Ihnen einen Schritt weiter gehen, in den Antikensaal.« Da war ihm, als erfüllte sich ein Traum, nein, mehr als ein Traum. Eine Vision war es gewesen, die ihm schon viele Wochen mit ihrem Gaukelbild aufgespielt hatte, die jetzt Gestalt, greifbar und durchsichtig werden sollte. Wie oft schon hatte er sich in Gedanken in diesem Saal sitzen sehen.

Als er ihn betrat, kam es über ihn wie ein Schauer, als wäre er hier in einem himmlischen Zuhause. *Laokoon*, schrie es in ihm auf, hier stand sie vor ihm, die Gruppe, die Ästhetik des Schmerzes, geballte Kraft und Niederlage in einem. Hier durfte er sie, die viel gerühmte, von Lessing besungene Kunstschönheit betrachten, berühren, sich in sie versenken. In sich selber fühlte er die Brust des Gepeinigten schwellen und zu fürchterlichem Angstschrei anheben. Jajaja, er spürte diesen Schrei tief in sich selber dröhnen, bis ins Gedärm erfuhr er ihn und mit Entsetzen erkannte er, wie er nie erkannt hatte, was Kunst war: Nicht allein aus einem ihm innewohnenden Gefühl heraus wurde Kunst geboren. Mehr noch brauchte Kunst, um Kunst zu heißen: Einssein des Schöpfers mit seinem Werk. Das war es. Rührte das nicht an die alten Worte, die Mose geschrieben hatte, wie Gott den Menschen geformt nach seinem Bilde, nach seinen Vorstellungen?

»Das eigene fühlende Ich«, rief er aus, »die Ganzheit meines Selbst will in ein Bildnis übertragen sein. Ich habe es gefunden. Ich selber will in meinen Werken erlebbar sein, in ihnen erkennbar, wie ich bin. Wer meine Bilder sieht, soll mich in ihnen wiederfinden.«
Damit stand er wieder vor einer neuen Herausforderung. Sie verfolgte ihn von nun an und bewegte alle seine Gespräche, wo immer

er sie mit anderen führte. Eines Nachts bedrängte ihn ein Traum, den seine aufgescheuchte Seele nicht verschweigen konnte. Er musste, um ein verstehendes Ohr zu finden, sich seinem Perthes gegenüber mitteilen:

*Mir träumte in der vorigen Nacht, auf der Akademie war auch ein älterer Schulkamerad von mir, dieser arbeitete an einem Ölgemählde, worauf er entsetzlich viele weiße Farben setzte. Ich stand hinter ihm und getraute es mir nicht, ihm zu sagen, dass das sehr dumm sei. Nun kam Rembrand, das war der Professor; der ging gekleidet wie ein Hoherpriester auf seinen Bildern, war auch ganz in so ein heiliges Dunkel gehüllt; mir schlug das Herz, als ich ihn sah. Er sah die Sachen an, die mein Freund gemacht hatte, und geriet in so schreckliche Auffwallung; er hielt eine ziemlich lange Rede, die ohngefähr darauf hinlief: Mit grässlicher Kälte ergreift ihr Buben das Werkzeug, welches euch die Muse darreicht, und so kalt, wie euer Herz ist, streicht ihr den Kalk dahin, und wollt mit eurem armseligen Verstand ergründen, was die Empfindung der ganzen Welt noch nicht erschöpft hat. – Ich weiß nicht, was er sonst noch sagte, aber ich fühlte es tief in meiner Seele: er sagte das zu meinem Freund, der vor Zorn, daß seine Sachen nicht gelobt wurden, alles zerriß. Rembrand sagte darauf, daß dieses ganze Geschlecht es nicht werth sey, daß sie die alten Bilder noch hätten, und ging in den Himmel zurück, ich konnte mich nicht halten; auch auf mich war dieser Fluch gerichtet, mir war, als ob meine Seligkeit auf dem Spiel stünde; ich sank zurück, es schien mir Traum und aufzuhören. Mit einemmal glaubte ich mich erwacht, und sah, dass Rembrand in eine Thür hineingegangen war, ich dachte: du sollst zu ihm gehen und dich ihm ganz anvertrauen, wie du bist. Als ich in die Kammer kam, saß er vor einem seiner Gemählde und weinte; mir vergingen die Sinne, als ich ihn weinen sah. Ich fiel ihm zu Füßen, er sah mich an, und wir sagten uns nichts, aber wie es in seinem Gesichte war, und wie ich an seinen Hals gekommen war, weiß ich nicht mehr. Ich weinte laut, und er nannte mich seinen lieben Otto; ich kann's mir nicht denken, daß ich je ein solches Gefühl gehabt; ich fühlte, da ich erwachte, noch, daß ich viel geweint hatte; auch ist mir nie ein Traum in solchem Zusammenhang passiert, und alles so deutlich; er hing ganz damit zu-*

Dieser Traum beendete die ersten Monate in Kopenhagen, wie
eine Krise eine Krankheit überwinden kann. Zweifel an sich selbst
fielen ab, sein geschütteltes Selbstbewusstsein festigte sich wieder
und ließ einer gesunden Fröhlichkeit Raum, mit der er die erhei-
terte, die mit ihm waren, durch seine geistvollen Purzelbäume
ebenso wie durch sein täppisches Verhalten in illustren Gesellschaften. Er kam, nun in den Modellsaal vorgerückt, ins Gespräch,
seine Begabung fand allgemeines Aufsehen, Künstlerkreise öffneten sich ihm, er gewann Eingang in noble Freundschaften anderer,
und wer ihn in seiner Eigenart gewähren ließ, musste ihn lieb gewinnen.

Einer seiner Freunde wollte die Verbindung zu ihm sich selbst zur
Ehre gereichen lassen. Er führte ihn dem Haus der Friederike
Brun zu, jener Dichterin, die sich einer anerkennungswürdigen
Kunstsammlung rühmen durfte und die ihr Haus den Gebildeten
Kopenhagens mit offenen Türen jederzeit anbot. In ihren Räumen
waren Musik und Poesie beheimatet, und der Liebenswürdigkeit
der Hausfrau konnte sich niemand entziehen, es sei denn, er wäre
aus Holz.

Im Hause Brun übte man nun eine Besonderheit. Wollte jemand
einen Gast einführen, sollte tunlichst eine gewisse Kenntnis über
den Geladenen angezeigt sein, um dem ersten Gegenübertreten
den Moment der Überraschung zu nehmen. Und so ließ Frau
Brun dem Geladenen neben der schriftlichen Invitation ein sie
selbst darstellendes Bildnis überbringen. Philipp Otto eilte nun,
dieser Gepflogenheit zu genügen, sich selber in Farbe auf ein Papier zu setzen, um es, wie die Etikette es vorschrieb, der Dame zukommen zu lassen. Auf diese artige Weise hatten sie sich nun bereits anschauen dürfen.

Frau Brun unterdrückte ihre Überraschung nicht. »Welch knabenhafter Jüngling«, entfuhr es ihr. »Wird dieses Bild halten, was es

verspricht? Wie wird sich mir sein Original äußern? Ich bin voller Neugier.«

Der Friederike Brun, der hochgebildeten Dame, ging ein über die Grenzen des Landes wehender Ruf voraus. Sie pflegte freundschaftliche Beziehungen zu dem Maler Friedrich August Tischbein, zu der großartigen Angelika Kaufmann, wie auch zu den Poeten der Jahrhundertwende, Schiller, Klopstock, Herder oder wie sie alle heißen mochten. Neben ihrem Literarischen Salon, den sie regelmäßig unterhielt, schätzte man ihre hervorragende Sammlung erlesener Kunstschätze; Vasen aus antiker Zeit, Kupferstiche in mannigfacher Zahl, Gemälde und Schnitzwerke. In dieses Haus, so wollte es der Freund, sollte nun Philipp Otto, der einstmals verängstigte, träumende Wolgaster Schuljunge mit mangelhaften Zeugnissen, eingeführt werden.

Zurechtgestutzt zu ansehbarem Äußeren und mit reichlichen Ratschlägen für gutes Benehmen ausgerüstet, trat er am gesetzten Abend der hohen Dame gegenüber. Mit einem sich wohl gebührenden Kratzefuß gab er ihr auf höfliche Weise ihre in zarte Worte gekleideten Begrüßungsformeln zurück und küsste ihre Hand. Dieser Abend war besonders der Musik gewidmet. Als Frau Brun sich auf das Sofapolster legte, um zuzuhören, lehnte auch er sich, den Arm aufgestützt, dem Ohrenschmaus ganz hingegeben, ungeniert weit über den Tisch. Dabei verschob sich das fein gestickte Deckchen und warf arge Falten. Das brachte ihm missbilligende Blicke ein, und er schämte sich. Die verständnisvolle Gastgeberin aber lächelte verstohlen, winkte ihm und zog ihn in ein Gespräch über die eben gespielte Symphonie, über die er nichts zu sagen wusste. Amüsierte sie nun seine Unkenntnis, sein stammelndes Erwidern, sein zögerndes Zustimmen und Schulterziehen, oder war sie gefangen von dem tiefen, unschuldigen Blick aus seinen blauen Augen. Jedenfalls brachte sie ihm mehr Beachtung entgegen, als sie es bei anderen Gästen tat. Ihre wundersame Fraulichkeit empfand er dabei in einer Weise, die ein nie gekanntes Schwingen in ihm auslöste. In dem Augenblick, als ein verwirrtes Schweigen zwischen ihnen aufkam, fasste sie rasch seine Hand und führte ihn in

ein angrenzendes Zimmer. Dort winkte sie ihm, sich zu ihr zu setzen. Was sie sich dort sagten, glitt über die Bereiche der Kunst und
der Malerei bald in das persönliche Leben Philipp Ottos, und sie
hätten sich sogar schon tief darin verloren, wäre Frau Brun nicht
durch die Stimme ihres Mannes abgerufen worden.
Philipp Otto trug in den nächsten Tagen das Bild der hohen Dame
mit einer Lebendigkeit in sich, dass er sich nur schwer davor bewahren konnte, sie nach dem Gedächtnis zu malen.
Der März des Jahres 1800 ging an, als er einen Brief seines Hamburger Meisters Herterich erhielt, der nach seinem Aufenthalt in Dresden wieder in Hamburg wohnte. Er schrieb von der Gelegenheit, an
einer Preisbewerbung für die Weimarer Akademie teilzunehmen,
und fügte mit Dringlichkeit hinzu, Philipp Otto solle sich auf jeden
Fall daran beteiligen. Weimar wäre nicht Dresden, und was Dresden
betraf, wolle er ihm nochmals und mit der gleichen Deutlichkeit jegliche Absicht, hiermit zu liebäugeln, aus dem Kopfe blasen. Herterich begründete das einmal damit, dass er sich noch im Ölmalen fir-
mieren lassen müsse, und das könne, nach seiner Meinung, in Kopenhagen gut geschehen. Zudem wäre, in Kopenhagen zu bleiben,
auch Vater Nicolaus Runges Wille, ließ er ihn wissen.
Philipp Otto überlegte. Das war allerdings ein interessanter Hinweis auf Weimar, auf den Wettbewerb. Aber in Kopenhagen bleiben? Nein! Was versteht Vater schon von alledem. Er soll hier bleiben, wo verstaubte Manieren in der Akademie herrschen, wo das
Morgen wird, wie das Gestern war? Nein. Hierzu hatte er sich bereits seine Antwort gegeben. Doch das andere, der Preisbewerb,
das Was, das Wie, das Wann, begann in seinem Kopfe zu rumoren,
und es brauchte nichts weiter als das freudige »Ich-mache-es«, das
im nächsten Brief zu Herterich flog.
Das Was war bald gefunden. Schon trug er es vor sich her, ging damit um und verlieh ihm die erste vorläufige Form, das Verbilden
eines kurzen herderschen Gedichtes. Tiefer und tiefer ließ er sich
in die Gedanken des Dichters ein, und langsam wurde in ihm das
Bild geboren, eine Komposition voller Leben und Geschehen: der
*Triumph des Amor,* eine Arbeit, für die er die Idee schon lange in

sich trug. Immer wieder flüsterte er die Zeilen vor sich hin, die er
so sehr liebte:

> *»Liebe, dich trägt ein Wagen, von Schmetterlingen gezogen,*
> *und du regierst sie sanft, spielend die Leier dazu.*
> *Gütiger Gott, laß nie, laß nie die Fessel sie fühlen.*
> *Unter melodischem Klang fliegen sie willig und froh.«*

Ja, es sollte eine Komposition werden, ein Bild ganz eigener Art,
das allem Herkömmlichen an Form, an Inhalt, an Aussage ent-
gegenstehen würde. Waren schon seine Scherenschnitte, mit
leichter Hand gefertigt, vollendete Kunstwerke, so sollte dieses
Bild alle Gesetze, alle Enge sprengen. Der Siegeszug des Liebes-
gottes, in einer Muschel, getragen von Kindern, nackt und reif.

*Er sank in eine Muschel zur segensreichen Stunde und ward zur Perle*
*selbst …*

Ich werde den Entwurf Juel vorlegen, nahm Philipp Otto sich vor,
nur Juel, niemandem sonst. Die anderen werden mich doch nur
auspfeifen in ihrem dummen Unverständnis. Und sollte auch Juel
es zerfetzen, nichts wird mich davon abbringen, es nach meinem
Bilde zu schaffen. Jedes Bild ist Schöpfung, gleichnishaft jener, in
der Gott den Menschen nach seinem Bilde schuf.
Eine wahnwitzige Sicherheit packte den Jungen. Hatte Herterich
eine Arbeit für Weimar nur empfohlen, er selber hatte sie sich nun
befohlen. Herterich hatte das große Zutrauen zu ihm, er würde einen Sieg davontragen. Was die Akademie von nun an über ihn
dachte, sollte ihm gleich sein. Er würde arbeiten.
Bald hatte er die Entwürfe zum *Triumph des Amor* so weit fertigge-
bracht, dass er sie Professor Juel vorlegen konnte. Der blickte, als
er sie in den Händen hatte, mal auf die Blätter, mal auf Philipp
Otto. Schließlich nickte er:
»Ihr Herterich musste Sie sehr gut kennen, Runge. Machen Sie's,
bewerben Sie sich. Lassen Sie sich aber von niemandem dreinre-

den. Tun Sie nur das, was Sie für richtig halten. Ich bin überzeugt, Sie werden etwas Gutes schaffen.«

Er gab ihm für die Fortführung der Arbeiten ein Anatomiebuch, das er seiner eigenen Bibliothek entnahm, weil er dessen Studium für unerlässlich hielt.

Philipp Otto ging wie auf Flügeln getragen. Und so flockenleicht, wie ihm zumute war, äußerte er sich über die Arbeit der Madame Brun gegenüber. Bewegt von der Leidenschaft und der stürmischen Gefühlswelt dieses jungen Freundes, hätte sie die Entwürfe gern einmal gesehen. Philipp Otto aber enthielt sie ihr vor.

An jenem Tage, als er ihr von seiner Arbeit erzählte, war es wohl nicht nur zufällig, dass ihre dreizehnjährige Tochter Charlotte anwesend war. Schweigend lauschte sie dem Gespräch und warf mit leicht geröteten Wangen hin und wieder einen verstohlenen Blick auf den Gast. Der nahm von dem Kind nur soweit Notiz, als es die Höflichkeit erwartete. Da erkannte Frau Brun in ihm einen noch so knabenhaften, großen, lieben Jungen, der erst einmal Mensch werden müsste. Und doch, sagte eine Stimme in ihr, ist er eine Persönlichkeit, die, wenn sie ausgereift ist, die Welt in Staunen versetzen wird. Und sie suchte ernsthaft nach einem Weg, diesen kommenden, noch nicht fertigen Genius zu fördern. So beabsichtigte sie, ihn dem Porträtmaler Friedrich August Tischbein in Leipzig zu vermitteln, dessen Schule sie außerordentlich achtete.

Tischbein? O ja, dieser Name sei ihm schon begegnet, erinnerte Philipp Otto sich. Wie ein Mühlrad begann es in seinem Kopf zu arbeiten. Heute Professor Juel in Kopenhagen, morgen Professor Tischbein in Leipzig. Er würde Kopenhagen mit einem großen Ziel verlassen, die Frau Brun würde dafür Sorge tragen. Von Freude angeheizt, trieb es ihn an die Staffelei, dem *Triumph des Amor* den Teil der Dichtung zuzufügen, wo es hieß:

*Knieend im Morgennebel und stimmend die Saiten der Leier ...*

Sein inneres Feuer brannte, er musste einen Brief schreiben, diesmal an seine Schwester Christine.

Wieder einmal war er bei der Frau Brun zu Gast, wieder sprachen sie über das Malen und über die namhaften Meister dieser Kunst. Dabei stellte sie Tischbeins besondere Fähigkeiten heraus, seine Schüler anzuleiten und zu unterrichten. Philipp Otto hörte ihre Stimme wie aus weiter Ferne. Dieser samtene Klang, dieses Wohltönende ihrer Worte, es war, als stiegen Visionen vor ihm auf. Seine Augen waren, während sie redete, auf die ihren gerichtet, versanken in ihrem schönen Antlitz, verloren sich in ihrem herabwallenden Haar, eine Schönheit erstrahlte vor ihm, die ihn für Augenblicke beherrschte. Er vergaß, wo er sich befand. Das frauliche Profil vom Halse an ein wenig abwärts, dahin sein Blick sich träumend verlor, wirkte auf ihn wie ein vollkommenes Gemälde aus Meisterhand. Frau Brun unterbrach ihre Rede, als sie ihres Gastes Blicke wahrnahm. Sie lächelte, griff nach seiner Hand und führte sie kurz an ihr Herz. Da gingen für eine kleine Weile ihrer beider Blicke ineinander. Sie flüsterte:
»Es ist gut, mein lieber Freund. Wenden wir uns unserem Thema zu, das ist besser, nicht wahr?«
In dem Augenblick wurde er sich bewusst, in welch fürchterlichem Feuer er plötzlich gestanden hatte. Er wollte aufspringen, sie aber hielt ihn mit ihren Augen zurück und fragte, als wäre nichts Absonderliches geschehen:
»Möchten Sie noch etwas von dem Cofie oder soll ich Tee holen lassen? Da ist auch das vorzügliche Schokoladengebäck.«
Ihm blieb nichts anderes, als seine augenblickliche Verwirrung hinunterzuspielen, und so, innerlich aufgestört, musste er verweilen, bis Frau Brun sich erhob und ihm das Geleit zur Tür gab.
Zwei Wochen nach dieser Begebenheit, die ihm eigentlich den Schritt in das Brun'sche Haus hätte verbieten müssen, folgte er ih-

rer herzlichen Einladung zu einem Musikabend. Werke eines Michael Haydn, eines Christian Cannabich und eines Wolfgang Theophilus Mozart sollten kammermusikalisch erklingen und »er möge sie nicht durch Fernbleiben kränken«, stand in dem Billet.

An diesem Abend bot sich der Hausdame wenig Gelegenheit, Philipp Otto für ein persönliches Plaudern zu gewinnen. Doch hielt sie es für angebracht, ihn als einen zukunftweisenden und hoch begabten Künstler vor aller Ohren herauszustellen, wobei sie nochmal auf ihre Bekanntschaft mit dem Maler Tischbein hinwies, dem sie Runge anbefehlen wolle. Die Gesellschaft nickte und spendete reichen Beifall.

An diesem Abend geschah noch etwas, eine Begebenheit, die Philipp Otto unvergesslich bleiben sollte. Frau Brun führte ihn wie auch die anderen Gäste an eine Vitrine, in welcher sie für diese abendliche Stunde zwei kostbare etruskische Vasen bereitgestellt hatte. Nicht ihr Reichtum an Kulturschätzen fremder Welten und Zeitalter sollte bestaunt werden, vielmehr die Kunst, die diese Gefäße zierte. Zwar waren diese Vasen nur Kopien, trotzdem war jeder überwältigt, der ein Auge für Form und Schönheit hatte. Diese Ausgewogenheit der Linien, die wunderbare Farbgebung. Es war einfach erstaunlich, und Philipp Otto zog vor der Kunst der Alten seinen Hut.

Der Ausstellung schlossen sich fachkundige Gespräche, Mutmaßungen über Alter und Entstehen, Abschätzen der Kostbarkeit und vieles andere an. Da gewahrte Philipp Otto, wie sich die zarte Gestalt der Jungfer Charlotte an seine Seite drückte, bemerkte auch nachher, wie sie sich, anscheinend auf Mutters heimlichen Wink, als das Streichquartett wieder zu spielen begann, auf einen der gepolsterten Stühle neben ihn setzte. Philipp Otto war von dem anmutigen Wesen als Mädchen angetan, aber auch nicht mehr. Jetzt kroch eine leise Angst in ihm auf und ein unsichtbarer Zeigefinger, aufrecht gestellt, sprach eine Warnung aus: »Hüt du dich!« Er beschränkte die Konversation mit dem Töchterchen aufs Äußerste und nahm sich sehr in Acht, kein Wörtlein fallen zu lassen, dem mehr entnommen werden könnte, als es aussagte.

Neben diesem hatte der Abend bei Frau Brun aber noch eine andere, nachhaltige Wirkung. Die Sache mit Tischbein. Er musste Herterich ins Vertrauen ziehen. Der würde ihm raten und helfen, den Weg zu gehen, von dem er meine, dass Philipp Otto ihn gehen müsse. Und er schrieb ihm deswegen.

Herterich antwortete postwendend. In sehr deutlichem Ton ließ er seine Verwunderung darüber aus, wie es nur möglich sein könne, dass sowohl die Frau Brun als auch die Akademie dem Irrtum verfallen sei, der jetzige Professor Tischbein in Leipzig wäre der in Neapel ansässige Lehrer und Maler Tischbein, der eigentlich nach Dresden gehöre. Es gäbe, das wisse man doch in Fachkreisen, drei Tischbeine, und das sei doch, recht besehen, keine so wacklige Angelegenheit, wie sie sich nun durch die Äußerungen der Brun darstellte. Der Leipziger wäre nicht der geeignete Lehrer, und er solle sich ja nicht einwickeln lassen. Die Kunstwelt in Kopenhagen möge sich, bittschön, befleißigen, die drei voneinander zu unterscheiden. Nach diesem zu Recht korrigierenden Hinweis Herterichs, den Philipp Otto der Frau Brun baldigst weiterreichte, war im Grunde dieses Thema beendet. Aber nur dieses.

Ein Abend im vorgeschrittenen Frühjahr war dem engeren Freundeskreis der Bruns für ein Fest gewidmet, das mit allem, was ein so großartiges Haus zu bieten wusste, vorbereitet war. Geist, Musik, Humor präsentierten die Gastgeber ebenso reichlich wie guten Wein und köstliches Konfekt. Die Dame des Hauses schwebte durch die hell erleuchteten Räume, verfolgt von den dankbaren Blicken ihrer Gönner. Auch Tochter Charlotte war anwesend, mal hier, mal da wohlgefällig beachtet und honoriert. Ein lustiges Spektakel hatte seinen Lauf genommen, der festlich illuminierte Salon spiegelte die Heiterkeit wider, die die Anwesenden bewegte, besonders bei dem beliebten Gesellschaftsspiel »Blinde Kuh«. Man lachte, klatschte und freute sich ungeniert über diesen oder jenen kindlichen Missgriff. Nur einmal wurde diese Lustbarkeit getrübt, als Philipp Otto, der die Blindekuh zu spielen hatte, einer der kichernden Damen mit dem Finger schmerzhaft in das Auge stieß. Diese wollte sich nicht trösten lassen, war pikiert und schmollte. Philipp Otto war außer sich vor Scham und erging sich

in dauernden, ungeschickten Entschuldigungsversuchen. Die
Fürsorge um die Weinende fand aber ein friedliches Ende durch
eine überraschende Begebenheit. Durch den Saal nämlich lief bellend ein kleines, graues, langbehaartes Hündchen, ein Moppel mit
bulbsigen, unschönen, runden Glotzaugen, den einzigen Merkmalen, mit denen sein Gesicht an die richtige Stelle seines Wollgewuschels zu setzen war. Mit hellem Gekläff wuselte es sich zwischen den Beinen der Umstehenden hindurch, als einer der Herren sich zu dem Ausruf hinreißen ließ: »Mein Gott, was sieht der
Hund meiner Schwester ähnlich!« Darauf folgte ein aufplatzendes
Gelächter, einer Explosion gleich, das aber nach wenigen Sekunden verstummte, ganz plötzlich, denn die eben benannte Schwester betrat nichts ahnend den Raum und wunderte sich nur über die
soeben eingetretene Stille, und dass man sie mit verwirrendem
Blick streifte. In dieses Schweigen hinein rief Philipp Otto, der die
Zusammenhänge nicht begriff, ganz unbekümmert:
»Was muss das doch für ein verfluchtes Gefühl sein, seine Angehörigen so in Hunden wiederzufinden«, und schlug sich, über seine Bemerkung selber entzückt, lachend auf die Schenkel.
Diese Worte hallten zitternd im Raum wider und jeder mochte sie
am liebsten überhört haben. An der Hausherrin lag es nun, die Situation zu retten. Sie tat es geschickt; mit ihrem sanften Lächeln
griff sie nach der Hand des ungeschickten, bubenhaften Jünglings
und rief, sich selber anspornend:
»Spielen wir weiter, meine Lieben«, und band das Tuch dem
Nächststehenden um die Augen. Ihrem großen Jungen, wie sie ihn
für sich gerne nannte, hatte sie sofort verziehen.
Neben den nur wenigen Abenden des Monats geltenden Lustbarkeiten arbeitete Philipp Otto emsig am Entwurf des *Triumph des
Amor*. Er hatte eine Unzahl von Skizzen seinem Lehrer Herterich
nach Hamburg zum Begutachten gesandt und wartete auf deren
Rückgabe. In dieser Zeit wandte er viel Kraft an die Fertigstellung
der *Heimkehr der Söhne*. Das Bild, das er so nannte, sollte an Größe
und eingefangenem Leben über alles Bisherige hinausgehen. Es
war für eine Wand im neuen Haus in Wolgast gedacht, das Jacob

sich an der wüsten Stelle neben der väterlichen Wohnung in der Burgstraße hatte bauen lassen. Auf diesem Bild sollte die Familie Runge in der Freude über Daniels und seine Ankunft nach längerer Zeit dargestellt werden; es sollte sozusagen ein Zeugnis sein für den Zusammenhalt, für die Liebe, die der ganzen Familie eigen war und die alle ihre Glieder fest zusammenband. Um dieses Bild zu malen, benötigte er nicht die Anwesenheit der Geschwister. Er trug sie alle für sich sichtbar in seinem Herzen und brauchte sie nur aufs Papier zu setzen, dann wären sie gegenwärtig, Carl Hermann, Gustav, Jacob, Stinchen, Marike, die lieben Eltern. Auch Ilsabe, die arme, die schon ihren lieben Mann hatte hingeben müssen, sollte mit ihren beiden Kindern nicht fehlen.

Über dieses Bild redete er mit niemandem. Er arbeitete es in seinem Zimmer aus und verbarg es stets, wenn ihn jemand besuchen kam, unter einem großen Leinentuch. Wie der *Triumph des Amor* sollte auch dieses Bild seine ureigene Komposition werden. Er war sich seiner gewiss, er benötigte nicht den Rat anderer. Vorschläge anderer würden nur seine Vorstellungen zerstören. Was er sah, was er wollte, das galt, an nichts anderes wollte er sich halten.

Indessen rückte die Zeit immer näher, da er Kopenhagen zu verlassen dachte. Frau Brun sprach nicht mehr von ihrem hochgelobten Tischbein, sie hatte sich mit ihren guten Vorschlägen korrigiert. Statt Leipzig spukte nun wieder Dresden, das große Dresden, in seinem Kopf herum. Dresden winkte, ein andersartiger Unterricht und sicher ertragreicher, als Kopenhagen ihn bot. Die Freundlichkeit des Brun'schen Hauses würde er sicherlich vermissen, auch die gute Art Juels, dessen Meinung ihm unbeschreiblich wertvoll war. Aber der Weg nach vorn war vorgezeichnet, umso deutlicher als Herterich wie auch Hardorff in Hamburg zu Dresden rieten, weil dem Vernehmen nach die Malschule dort eine zuverlässige Besetzung erhalten haben sollte.

Nun war der Akademiewechsel nicht der einzige Grund, Dänemark baldigst zu verlassen. Ein anderer, recht unfriedlicher Art, lag sozusagen vor der Tür. Das Land war von Kriegswirren bedroht, und er, als vorpommerscher Bürger, würde unversehens als

Fremder im Lande gelten. Die engländischen Korvetten lagen bereits im Öresund bei Helsingör in Schlachtordnung formiert, jeden Tag bereit, ihre feuerspeienden Kanonen auf die Stadt abzudonnern. Dazu bereitete sich, bedingt durch die neuerdings schwierigen Handelsverhältnisse, eine Teuerung aus, die schmerzhaft in die Börsen griff. Vater Nicolaus Runge hatte darum seinem Sohn dringend ans Herz gelegt, nach Wolgast zu kommen, bis der Spuk vorüber sei. Er war im guten Glauben, Otto könne seine Studien auch in Wolgast fortsetzen.
Sollte Philipp Otto nun bei solch einem irren Vorschlag lachen oder weinen? Wolgast würde nicht nur ein Stehenbleiben, sondern einen Rückschritt garantieren, und der wäre nicht mehr einzuholen. Hatte nicht Juel neulich gesagt, Philipp Otto hätte die besten Jahre eines Anfangs in seiner Kindheit versäumt, ja verloren? Nun durfte er nicht einen einzigen Tag mehr verschmeißen. Also, lieber Vater, Sie meinen es wohl herzlich gut, aber Wolgast bietet nicht das Pflaster, auf dem ich laufen kann.
Die erste Hälfte des Jahres 1800 war in der Tat spannungsgeladen. Die politische Lage ängstete, die Wirtschaft zitterte. Philipp Otto aber malte. Er arbeitete sowohl auf der Akademie unter Juel wie auch in seinem bescheidenen Zimmer an Jacobs schöner Staffelei, die er in einer Fensternische zu stehen hatte und auf die bei den anhaltenden Sommertagen bis in die Abendstunden hinein genügend Licht fallen konnte. Wohl versank er in seiner Arbeit wie in einem Strudel, der ständig sog und zog, und doch berührte ihn eine hintergründige Angst wie eine kalte Hand. Die Feindesnähe war unheimlich. Die Dänen hatten gerüstet, die Engländer warteten mit ihren Kanonen, Hamburg stöhnte unter schrecklicher Bedrängnis, die Preußen marschierten, die Franzosen stänkerten und wanderten wie Termitenschwärme durch Länder, die ihnen nicht gehörten. Wohin würde das alles führen, war die bange Frage, die niemand beantworten konnte. Wie sollten da Ruhe und Besinnung in einem leben können. Die *Heimkehr der Söhne* sollte fertig, die Skizzen zusammengefügt, das Malgebäude erbaut werden. Ruhelos ging der Stift über das Blatt, verwandelte, veränderte, ver-

besserte. Im Hintergrund die Gartenlaube mit ihren Staketen, der Hof des elterlichen Anwesens, der Tisch, wie er zu Hause stand, und alle, alle Lieben sollten auf dem Bilde erkennbar sein. Diese Arbeit verlangte allerinnerlichste Hingabe.

In diesen Tagen erfuhr er, Herterich habe den Entwurf für den *Triumph des Amor* nach Weimar eingesandt, man habe ihm den Empfang angezeigt und große Anerkennung ausgesprochen. Philipp Otto antwortete, er habe sich nun aber entschlossen, dieses Bild als Basrelief* zu arbeiten. Diese Art reize ihn ungeheuerlich, zumal ihn seine geometrischen Studien dazu ermunterten. Diese nämlich hätten alles Bisherige in ihm zusammenbrechen lassen. Er meinte, nun wieder völlig von vorn anfangen zu müssen. Manchmal, schrieb er, käme er sich vor, als plumpe er in einen Graben, nachdem er vom Hügel aus so herrliche Aussichten gehabt habe. Immer wieder tobe es schmerzlich in seinen Erkenntnissen hin und her, und er wüsste oft nicht, wo er in Wirklichkeit mit seiner Kunst stünde. So soll das Basrelief ihm seinen eigenen Beweis schenken. Aber, schrieb er weiter, das eine habe er nun gelernt, jeder Prozess, und wenn er noch so schmerzgeladen wäre, treibt voran, wie ja auch keine Geburt ohne Wehen und Schmerzen sei.

In dieser sich selbst in härtesten Zwang nehmenden Haltung malte er, verwarf wieder, besserte aus, und in dieser Weise entstand eine Komposition nach der anderen. Viele Details der ihn immer wieder verfolgenden *Odyssee* füllten die Blätter, die Antike lebte in ihm wie die romantische Schau des verinnerlichten Gefühls. Homer und Tieck wetteiferten miteinander. Mit dem klassischen Antlitz des alten Dichters im Kopf und dem unvergesslichen Roman Tiecks, *Franz Sternbalds Wanderungen,* im Herzen, durchlebte er die mit Arbeit über Arbeit voll gestopften Tage.

Darüber ging die Zeit hin wie im Fluge. Noch hielt ihn der Sommer fest, trotz aller Querelen, die der drohende Krieg brachte. Sein Freund Gottfried Eiffe aus Hamburg, mit dem er zusammen unter Hardorff gelernt hatte, war trotz der bösen Zeitzeichen nicht

* aus der Fläche flachgewölbt hervortretendes Bildwerk

davon abzubringen gewesen, in Kopenhagen seine Studien fortzusetzen, und der wohnte selbstverständlich bei ihm. Sie teilten sich den ohnehin beschränkten Raum, die Zimmerluft und die magere Speisekammer. Dazu nun hielt ihn die Freundschaft zu Eiffe am Ort wie auch das unüberhörbare Wort Professor Juels:
»Runge, Sie bleiben hier, bis ich Sie entlasse. Ich bereite Sie auf Dresden vor. Übereilen Sie nichts.«
Eiffe war ein unkomplizierter, lebensfroher Mensch; die Welt stand ihm in köstlichen Farben. Und wiegten sich auch draußen im Sund die englischen Kriegsschiffe, man hatte sich an deren Anblick gewöhnt, und Eiffe machte dumme Bemerkungen über sie. Als die Akademie zur Sommerpause aufrief, erlaubten sich die beiden Freunde eine Wanderung über die Insel Seeland, ihnen als Dritter zur Seite Freund Böhndel, der unter Wiedewelt arbeitete. Diese Reise wurde zu einem unauslöschlichen Erlebnis. Sie hatten mehr Spaß auf der Zunge als Nahrung und mehr Durst nach Lustbarkeiten als nach Bier. Und abends, bevor sie sich zum Schlafen niederlegten, überdachten sie den just vergangenen Tag und hielten ihn fest in Wort und Bild. Der Ertrag dieser illustrierten Poesie stellte sich am Ende in einem langen, teils in Versmaß, teils als Bericht gefassten Brief an die Schwester Christine in Wolgast dar, in dem auch das Plattdeutsch hier und dort nicht fehlte:

> *Laat my nu, Musa, verteilen un legen,*
> *wat wy hyr segen un uk nich segen.*
> *Ja, een ganß Rüsthuus von dem Törkschen Sultan*
> *Dat dröpen wy hyr in't Deensche an.*
> *Strytexten und Sweerter un Bagen un Pyl',*
> *Un Lanßen lang 'ne halwe Myl,*
> *Schillers un Panßers un de Worpspeet'*
> *Ja so veelerley, dat ik't nich to nömen weet.*
> *Wat segg' ik noch meer, myn lewe Stina?*
> *Een Ottomann un twee Stöhl ut China,*
> *allem gemaakt von Bambus.*
> *Dünn güngen wy wedder ut dat Hus …*

Als dann nach Sommerende die Akademie ihre Schüler rief, stellten sie sich wieder unter ihren Zwang. Die Besuche im Brun'schen Haus verloren nicht an Reiz, aber Philipp Otto übte sich der Dame gegenüber im Widersprechen, da sich ihre Auffassungen durchaus nicht immer mit den seinen deckten. So flüsterte sie einmal leise, fast vor ihm kapitulierend:

»Sie sind ein unumstößlicher Charakter, Runge. Gegen ihre Meinung kämpfen Götter selbst vergebens.«

Der Winter kam, das Jahr ging zur Neige. Trotz der Unbilden der Kriegsgefahr, derentwegen jegliches Feiern öffentlicher wie allgemeiner Art im ganzen Königreich verboten war, bereiteten die Kunstjünger der Akademie ein Silvesterfest: ein Feuerwerk mit einem einzigen Knall. Kaum gehört, schon verraucht, doch lang genug, ein Transparent lesen zu lassen:

*VIVAT 1801, leuchte freundlich, o Sonne,*
*der Kunst im neuen Jahrhundert*

Der strenge Winter hatte dem Abreisen aus der Stadt einen Riegel vorgeschoben. Eisbarrieren versperrten die Häfen, die Schiffe hatten winterfest gemacht, der Verkehr schlief. Was blieb, war das Warten. Als später im Frühjahr die Tage länger wurden, die Zeit der Äquinoktien kam und Stürme das Eis nach Norden wegschoben, meldete Philipp Otto seine Rückkehr nach Wolgast an. Es dränge ihn, seine Lieben in seine Arme zu nehmen, wie er es schon jetzt in Gedanken tue, warm und immerzu.

Am Ende des März waren alle Arbeiten, die er sich vorgenommen hatte, zu einem ungefähren Abschluss gekommen. Die Skizzen zu *Heimkehr der Söhne* lagen fertig vor ihm. Sorgsam verpackt, konnte er sie mit auf den Reiseweg nehmen. Der angedachte Tag der Einschiffung in das Paketboot, das ihn nach Kiel segeln sollte, war mit dem Schiffer abgesprochen. So ging er nun daran, von Freunden, wo immer sie sich in der Stadt befanden, auf gehörige Weise Abschied zu nehmen. Auch dem Hause der Friederike Brun wandte er sich ein letztes Mal zu. Frau Brun empfing ihn zu verabredeter Stunde und führte ihn an das gedeckte Tischlein ins Nebenzimmer des großen Saales. Eine Kerze wirkte sehr feierlich mit ihrem still im Raum stehenden Flämmchen, dessen Schein sich im Kristall des Leuchters tausendfach brach. Mit einladender Bewegung deutete Frau Brun auf das Kanapee und ermunterte ihren Gast, neben ihr Platz zu nehmen.

»Setzen wir uns, mein Freund«, sagte sie. »Wir sind uns doch nicht fremd, und ich weiß, Sie beißen nicht.«

Die Gespräche liefen, wie stets, über Vergangenes, Gegenwärtiges, Zukünftiges; das Hausmädchen trug den erbetenen Cofie herein und schenkte ihn in die aus chinesischem Porzellan zart und kunstvoll gearbeiteten Tassen. Frau Brun erwähnte noch einmal den Namen Tischbeins, erklärte aber sofort, dass sie, bitte, er möge es richtig verstehen, ihn nicht habe aus Kopenhagen verjagen wollen mit ihrem Hinweis auf Leipzig. Und nun wäre sie doch sehr dankbar, dass sie einem Irrtum unterlegen hätte, denn auf diese Weise sei sein Bleiben doch noch um ein wunderschönes Jahr verlängert worden. Ob er das verneine, fragte sie, und blickte ihn mit warmen Augen an.

Philipp Otto wusste darauf nichts Rechtes zu antworten. Er wollte gerade einem gütigen Schicksal mit wohl überlegten Worten die Schuld dafür zuschreiben, als sie ihren Arm hob, um ihm mit ihren feinen, langgliedrigen Fingern über das Haar zu fahren, einmal, zweimal, dabei seinen Kopf in den Nacken legte und ihn lange und mit bewegungslosen Augen anschaute, als blicke sie durch ihn hindurch, und er wich ihr nicht aus. Einige Atemzüge lang währte dieser Blick der Augen, dieser Augenblick. Dann ohne ein Wort zu sagen, legte sie ihm die Hände auf die Schultern, zog ihn an sich heran und hauchte einen Kuss auf seine Stirn, zart und märchenhaft süß. »Danke mein Freund«, sagte sie darauf nur, erhob sich mit rascher Bewegung, als wollte sie vor etwas fliehen, ging zum Fenster und sah hinaus.

Das war zu viel für ihn. Er hätte aufschreien mögen. Ihren Atem hatte er wahrgenommen, aufgesogen hatte er ihn, hatte den Duft genossen, der ihrem Kleid entwich, und nun brannte es in ihm auf mit heißer Flamme. Er sprang hoch, trat neben sie, griff nach ihren Händen, warf sein Gesicht hinein und, als sie sie ihm entzog, tropfte es warm durch ihre Finger.

Sie führte ihn dann zur Tür. Ihre letzten Worte waren:

»Ich bin gewiss, wir werden uns wiedersehen, mein Freund.«

Der arme Junge rannte nun, als säße ihm der Teufel selber im Nacken, durch die Straßen, rannte nach Hause und warf sich aufs Bett. Sollte er sich schämen, dieser hohen Dame, dieser unendlich schönen Frau seine Gefühle entgegengetragen und die ihren erwidert zu haben? Eines wusste er nun mit unwiderlegbarer Sicherheit, dass er ein Mann war.

Tags drauf begab er sich zum Schiff, um die Reise nach Kiel anzutreten. Doch das Schiff legte nicht ab. Die Durchfahrt durch den Öresund, hieß es, sei gesperrt. Die Engländer hätten gewarnt, sie würden auf jedes Schiff schießen, das vor ihre Kanonen käme.

So verschob sich die Ausfahrt der Schiffe von Tag zu Tag, eine zermürbende Zeit für die Wartenden. An Daniel, der ungeduldig auf ihn wartete, schrieb er einen verzweifelten Brief:

*Liebster Daniel, ich bin noch hier und werde vielleicht auch wohl bis nach der großen Entscheidung bleiben müssen. Das Paketboot hat wieder an den Baum gelegt, sogar auch das vom vorigen Sonnabend; mein Koffer ist am Bord und ich bin auf dem Trocknen, es ist unmenschlich verdrießlich. Ein Lübecker Schiffer, der das Gepäck des Englischen Ministers nach Lübeck bringen sollte, und einen englischen Freibrief an Bord hatte, wollte mich mitnehmen, hat aber, wie ich eben erfahre, auch königlichen Befehl, wie alle andern Schiffe, nicht auszugehen. Ich möchte wissen, was ich anfangen soll; zu Lande reisen oder nicht? Schreib's mir doch noch hierher, denn ich komme diese Woche wohl nicht weg. Die Engländer liegen bei Helsingör, daß man sie sehen kann, und es muß sich alles bald entscheiden, kann aber auch noch lange währen. Ich bin hier ganz fertig und habe schon so oft zu allen Adieu gesagt, so daß ich nachgerade anfangen kann, wieder Ankunftsvisiten zu machen.*

Über Land und mit kleinen Binnenfähren nahm er schließlich den Weg über Hamburg, wo er einige Tage verweilte, um dann nach Wolgast zu segeln.

Eine fruchtbringende Lehrzeit hatte ihr Ende gefunden. Die Entscheidung für die Kunst, und nur für die Kunst, war gefallen. Ein einsamer Weg im Kontrast zu dem, was die Malerei als leider vielfach billige Ware auf den Markt warf, winkte ihm. Und er wusste es.

In Wolgast fand er alle die Lieben vor, die gekommen, ihn wiederzusehen, Carl Hermann, Gustav, die beiden Schwestern, selbst Ilsabe hatte es sich nicht nehmen lassen und war hergereist, die beiden Töchter, die kleine Susanne und die wunderhübsche Wilhelmine, an der Hand. Mutter Runge war stark gealtert, dagegen hatte der Vater noch seine Würde bewahrt. Philipp Otto gedachte sie alle in Porträts festzuhalten, damit sie der Familie für alle Zeiten ansichtig blieben. Einen nach dem andern forderte er kurz zu einer Sitzung, das Komplettieren gelang ihm aus dem Gedächtnis.

In diesen Tagen hatte Vater Runge Geschäftliches in Greifswald zu erledigen. Philipp Otto begleitete ihn; damit bekam er Gelegenheit, sich dem Johann Gottfried Quistorp, einem vielgenannten Zeichenlehrer an der Universität, und dem Caspar David Friedrich vorzustellen, von dem er jüngst manches Interessante erfahren hatte. Auch der beabsichtigte, sich demnächst wieder nach dem ihm bereits vertrauten Dresden zu begeben, doch stände der Zeitpunkt noch nicht in seinem Plan. Otto lachte bei dem Gedanken hell auf, wie heiter es mit zwei plattsprechenden Pommern im Sächsischen werden könnte, für diese sprachverdrehte Umwelt, wie er sagte.

Friedrich kannte Dresden und kannte die Galerie. Mit seinem Erzählen heizte er eine unbändige Freude in Philipp Otto an, und die schob ihn nun mit sanftem Druck vorwärts. Kaum, dass er das letzte liebe Gesicht gemalt hatte, rollte ein Wagen vors Haus, um die Bagage nach Dresden zu schaffen, indessen er selbst auf Eiffe wartete, mit dem zusammen er den Weg in die sächsische Metropole unter die Füße nehmen wollte. Denn Eiffe war in Kopenhagen ausgerückt, war ihm nachgekommen und weilte nur wenige Kilometer von Wolgast entfernt im nahen Karlshagen, das allerdings im Preußischen lag und nicht wie Wolgast diesseits der Peene im schwedischen Pommern.

Einer der letzten Junitage sah dann die beiden jungen Maler, Gottfried Eiffe und Philipp Otto Runge, der Kunststadt entgegenwandern, an einem von Lerchensang und Kuckucksruf, von Roggenblühe und Blumendüften durchkomponierten Sommermorgen, der das Licht der Schöpfung in sich trug wie die Lilie ihre strahlend reine Helle.

# IV.

## Dresden
## (1801–1804)



*Lieber Daniel!*

*Ich bin mit Eiffe seit Sonntag den 20. d.M. hier. David brachte uns mit seinen Pferden am Sonntags vorher nach Berlin, wo wir Abends 7½ ankamen, und führte uns, da er schon einmal da gewesen, Montag dort herum, wo er uns Abends 12 Uhr verließ, Dienstag Morgen, nachdem wir unsere Koffer auf der Post voran befördert, ging ich zu dem alten Professor Meil, welcher dort Director der Kunstakademie und ein freundlicher Greis ist. Er war so gut mich durch seinen Neffen sogleich nach der Galerie führen zu lassen, wo verschiedene junge Leute copierten, meistens aber nur zeichneten, aber ohne alle Aufsicht, eben wie in Kopenhagen. Weil es schon spät war, konnte ich alles nur im Fluge ansehen; was mir am meisten auffiel, war ein erstaunlich ausgeführtes Gemählde von Rembrand, ich meyne: Christus als Knabe im Tempel; das schönste von ihm, dessen ich mich erinnere, die Figuren ungefähr 8 Zoll groß. Überhaupt war das meiste aus der Niederländischen Schule, besonders ein Bacchanal von Rubens, wovon eine sehr gute Copie in Kopenhagen ist; verschiedene Stücke von Teniers. Wir waren aufs Gehen so erpicht, daß wir geschwinde vier Meilen weiter nach Potsdam kamen; hier wurden wir zunächst in ein sehr schönes Haus gewiesen, wo sie uns aber ansinnen wollten, unsere Ränzel unter die Bank zu werfen und darauf zu schlafen; wir zogen es daher vor sie mit hinauszunehmen in ein anderes Wirthshaus, wo wir aber bei anderen Handwerksburschen im Bette schlafen sollten, das behagte uns auch nicht und so gelangten wir endlich in ein ganz stattliches Wirthshaus, die Stadt Berlin genannt, es war in der That recht schön, dicht hinter dem Schloß und fast ganz von Sandstein gebaut, doch versicherte uns der Wirth, daß es ihm so wie es da sey nicht mehr denn 6000 Thlr gekostet habe. Wir sahen hier überall in den elegantesten Häusern das lumpigste Volk, es ist dort gerade umgekehrt wie in Hamburg. Abends gingen wir noch in den Schloß-*

garten und sahen das Schloß von außen. Den andern Morgen gingen wir nach Sanssouci und ließen uns von dem Castellan die Bildergalerie zeigen, wo würklich sehr schöne Sachen waren, du erlaubst mir aber wohl, daß ich nicht mehr viel davon weiß, weil zu viel da war und wir uns nur zwey Stunden aufhielten. Es waren zwar göttliche Bilder, allein über dem Vielen, was hier ist, habe ich so vergessen, daß es der Mühe nicht lohnt, davon zu schreiben; der Saal aber war erstaunlich prächtig, so etwas war mir noch nicht vorgekommen, und doch haben wir das Marmor-Palais noch gesehen, das soll das Non plus ultra von Pracht seyn. Der Garten ist sehr schön und groß und eine ungeheure Orangerie darin, auch sind gewaltig viel Lorbeerbäume noch von Friedrich's des Großen Zeit her da, (wir sahen auch vor dem Schlosse den Platz, wo er, wie Chodowiecky es abgebildet, kurz vor seynem Tode in der Sonne gesessen. Ich glaube würklich, sie gebrauchen von den Blättern*) ordentlich an der Königl. Tafel. Auch eine Menge Statuen sind da. Wir gingen noch den Tag zwey Meilen nach Belitz, wo wir auf der Streu schlafen mußten, was uns eben nicht sehr erquickte. Donnerstag Morgen gingen wir schon um fünf Uhr weiter durch lauter Sand nach Treuenbriezen, wo wir uns Sächsich Geld einwechselten, dann weiter nach Wittenberg, wo wir im Schwarzen Bären einkehrten. Hier erhielten wir am Thor einen Zettel, daß wir uns sogleich auf die Herberge zu begeben hätten und, falls wir keine Arbeit kriegten, uns alles Bettelns zu enthalten, auch den andern Morgen gleich wieder die Stadt räumten. Es ist ein curioser Ort. Wir sahen hier schon ziemlich hohe Berge über der Elbe weg und glaubten den anderen Tag auch schon welche zu erreichen, aber mußten an demselben noch immer im Sand waten. Wir gingen an der Elbe hin nach Jessen, wo wir Mittag aßen, und von dort nach Annaburg, wo der Wirth sich über mein Chinesisch Rohr (Spatzierstock), in welches Blumen geschnitzt, verwunderte. Ich sagte ihm, ganz kaltblütig, ich hätte es im Herbst aus Ostindien mitgebracht, da sah er mich mit offenem Munde an und ging, als ich noch ein bischen geflunkert hatte, zur Thür hinaus, seine Frau zu holen, damit sie die Leute doch auch sähe, die schon so weit gewesen. Wir mußten ihnen allerlei aus Ostin-

* Kupferstiche Chodowieckys

dien erzählen und sie wurden am Ende so auf's Fragen erpicht, daß sie uns ordentlich baten, doch die Nacht dazubleiben. Wir merkten jedoch wohl, dass wir dieses auf die Dauer nicht gut machen würden, und gingen weiter. Nun kamen wir an einen Wald drey Stunden lang bis ins nächste Dorf, wo wir übernachten wollten; es waren unter anderen Eichen da von 29 Fuß Umfang am Stamm. Ein Fuhrmann brachte uns für 2 Groschen eine Meile vorwärts, aber etwas vom Wege ab, so dass wir uns hernach verirrten und erst um 10 Uhr im Dorf ankamen. Hier sprachen die Leute so kauderwälsch, daß weder sie uns noch wir sie verstehen konnten. Wir mußten in der Gesellschaft eines abgedankten Draconers, eines Stückknechtes und eines betrunkenen Handwerksburschen auf der Streu vorlieb nehmen, die so unbequem war, daß wir gar nicht schlafen konnten. Den andern Morgen verirrten wir uns wieder und gingen eine Meile um, so daß wir bis Großenhain sieben machten. Unterwegs an einem Ort hatten wir das Vergnügen, in eine Gesellschaft politischer Kannengießer zu kommen, die, wie sie hörten, daß wir aus America wären, uns so dringend um unsre Meynung fragten, daß wir gar nicht umhin konnten, ihnen diese zu sagen. Sie stießen sich immer wieder an und meynten, daß es doch gleich etwas anderes sey, wenn man so weit in der Welt gewesen. Der Schulmeister insonderheit versicherte uns, daß sich im Norden schwarze politische Gewitterwolken aufzögen, die aber durch die Staatsableiter gehörig würden entkräftet werden. Unter Umarmungen trennten wir uns, der Wirth brachte uns noch auf den Richtsteig, und um 10 Uhr kamen wir nach Großenhain, wo wir in der Schmiedeherberge abtraten. Den andern Tag fuhren wir mit einer Chaise nach Dresden bis ans Thor. Hier sahen wir die ersten Felsen u.s.w. Wir waren schon bey allen Professoren hier und erhielten Sonnabend den Erlaubnißschein für die Galerie vom Präsidenten, auch die Antiken, die Gypssammlung und die Akademie können wir benutzen ...

Er beendete diesen Brief mit den Worten:

*Ich drücke dich an mein Hertz, du Lieber. Dein Otto.*

So, das war geschrieben. Philipp Otto atmete tief durch, faltete die Blätter sorgsam zusammen, schob sie in einen Umschlag und versah diesen mit Daniels Adresse in Hamburg. Er hatte diesen Brief unbedingt schreiben müssen. Einmal hatte Daniel ein Recht darauf zu erfahren, was er erlebte und dachte, zum anderen aus lauter Freude am Nacherleben. Und Mühe kostete ihn das Schreiben nicht, das ging ihm von der Hand wie das Skizzieren oder das Schereschneiden. Die Finger folgten einfach dem Lauf der Gedanken, und die Gedanken waren die wortgewordenen Spiegel seiner inneren Bilder. So einfach war das.

Übrigens, über die Wohnung, die er mit Eiffe bezogen hatte, ließ er sich nicht aus. Er hätte damit womöglich Daniels fürsorgliches Bemühen eingefordert, und das wollte er auf keinen Fall. In Wahrheit war diese Wohnung wirklich kein empfehlenswertes, herrschaftliches Logis. Im fünften Stockwerk eines Mietshauses gelegen, stand sie zwar dem Himmel ein Stück näher, bot aber trotzdem keinen sonderlich angenehmen Ausblick, nur auf Ziegeldächer und auf einen hochumbauten Mauerhof, wie in Hamburg damals. Eine Stube, eine Kammer und ein bisschen Nebengelass, ein Fenster, das zum Norden schaute und auch jetzt, zur Sommerzeit, nur abgedecktes Tageslicht gönnte. Was im Winter sein würde, musste sich ergeben. Wollte ein Besucher zu ihm gelangen, konnte der schon durch den Anblick des verwohnten Hausflures mit den elend abgetretenen Treppenstufen die Nase rümpfen, wenn nicht gar durch die das ganze Haus durchziehenden Düfte von billig Gekochtem oder wildernden Katzen. Doch was konnte sich den armen Kunstjüngern mit immer leerem Geldbeutel anderes bieten? Immerhin war dieses Quartier, Wohnung mochten sie dazu nicht sagen, in nächster Nähe zur Akademie und zum Kunstzentrum, wo Philipp Otto und Gottfried Eiffe die längste Zeit des Tages zubrachten. Denn Dresden forderte sie, forderte jeden, dessen Leidenschaft ihn zum Künstlerstand trieb, und deren gab es unzählige unter Dresdens Dächern.

Unter diesen Unzähligen rangierten nun die beiden Pommern als die neuen Unbekannten, die Namenlosen, die man nicht weiter zu beachten brauchte. Besonders Philipp Otto empfand das als einen leise schmerzenden Tritt in sein erwachendes Selbstbewusstsein, das er sich in Kopenhagen erworben hatte. Doch arm kam er sich dabei nicht vor. Er setzte eben für sich andere Maßstäbe, und die galten ihm allein. Der geballte Reichtum der Kunstwelt Dresdens stand ihm zu Gebote, von dem er naschen konnte, Luft, die er atmen konnte wie erfrischenden Frühlingswind.

Was hatte Friedrich August alles angefahren, eingesammelt, zu sich auf den Weg gebracht, geramscht, gekauft oder auch mit einem Schein des Rechtes zu seinem Eigentum bestellt, Wunder über Wunder; und durch diese Wunderwelt schoben sie sich nun, Eiffe und er. Galerien, Paläste, Korridore, Ausstellungen, eine Pracht umhüllte sie, begeisterte sie und trug sie davon. Mit dieser Fülle konnte nur noch das Pilgerland Italien konkurrieren. Beeindruckt, ja mit tiefer Ehrerbietung betrachteten sie Porträts und Landschaften und die Darstellungen religiöser Szenen und Geschichten. In ganz besonderes Erstaunen versetzten ihn alle die goldenen Rokokorahmen, die die Insignien des Stifters trugen. Dem Antikensaal mit den kostbaren Skulpturen, den Akten unendlicher Schönheiten, war zu seinem eigenen Bedauern nur eine Nebenrolle zugewiesen.

Philipp Otto vergaß beinahe zu essen und sich zu pflegen, so riss ihn diese Welt mit. Dresden zeigte auch den Böttger, diesen genialen Apotheker, diesen armen, hintergangenen Mann. Seine Erfindung war, Porzellan herzustellen, und hier lagen die Früchte ausgebreitet, Werte, die mit den zierlichen Gebilden aus China und Japan wetteiferten, wo ein Stück immer schöner als das andere war; liebliche Blüten, Figürchen und Putten, ziseliert und fein. Und noch mehr bot diese wunderbare Stadt. Unsagbar schöne Schätze in jenen grüngestrichenen Kellerräumen, die als Grünes Gewölbe seit Langem bekannt waren, Schätze von unbezahlbarem Wert, Pretiosen aus Edelstein und Elefantenbein, Gold oder Bernstein; Straußeneier, Kokosnüsse, Korallen, und das alles war seit einigen Jahrzehnten zum Beschauen ausgestellt. Und Dresdens Gebäude? Permosers und Pöppelmanns Architekturen, die lagen außerhalb des Gewohnten. Philipp Otto deklamierte, was er dieser Tage gehört hatte:

> *»Das Auge sieht sich nimmer satt,*
> *sagt Salomo in seinen Sprüchen.*
> *Ach, dass er Dresden nicht gesehen hat.*
> *Vermutlich hätt er diesen Satz geändert,*
> *wenn nicht gar gestrichen.*
> *Hier, an dem königlichen Schatz,*
> *womit das Grüne pranget,*
> *sieht sich das Auge völlig satt,*
> *dass es nichts mehr zu sehn verlanget.«*

Dieses alles einmal bewundert zu haben, genügte ihm vorläufig. Die Galerie zog ihn an, die Lithografien Canalettos, von denen ihm Herterich geschrieben hatte, die niederländischen und italienischen Meister, auch Mengs Porträts sowie die Bilder der vielen anderen, die nicht zu nennen waren und die ihn nicht nur in Begeisterung versetzten, sondern ihn immer von Neuem ansogen, wie eine Blüte die Imme. Als riefen sie ihn, als sprächen sie mit ihm, so stand er vor den Gemälden und erlauschte ihre geheime Sprache. Er sah mit den Augen eines, der sich an den Tisch der Sehnsucht setzt, der nie leer wird.

Bald aber schwand der erste Rausch. Dem Überwältigtsein folgte das nüchterne Betrachten, das Abwägen der Werke untereinander, gegeneinander, und wie sich das eine oder das andere seinem Verstehen unterordnete oder – durchfiel. War er doch auf der einen Seite festgehalten von Correggios *Heiliger Nacht* oder Raffaels *Madonna,* der man, so empfand Philipp Otto, die vollendete Schönheit beim ersten Blick gar nicht ansehen konnte, weil sie sich erst nach und nach offenbarte, so fühlte er sich allein gelassen von vielen anderen Bildern. Und hierbei merkte er, wie in diesen großen Hallen die Kunst mit ihren eigenen Vokabeln sprach, ihre eigenen Weisen sang, die er erst noch zu erlernen hatte. Und in diesem ersten Akt des Lernens begann er bereits beiseitezupacken, was sich vergeblich bei ihm einzuschmeicheln suchte. Er setzte seine eigenen Maßstäbe und fand für sie erklärbare Worte. Ihm mangelte es in vielen Bildern am Gedankenreichtum. Lieber in der Ausführung mag es fehlen als am Gedanken, kam ihm in den Sinn. Ein Prozess hob in ihm an, in welchem ihm sein Freund Eiffe Korrektor sein sollte. In den Auseinandersetzungen zwang er sich zu formulieren, was er dachte, und Eiffe sollte ihm widersprechen, wobei er meinte, sich im Disputieren üben zu können. Doch Eiffe kniff, Eiffe mochte nicht. Gespräche in solch leidenschaftlicher Art, wie Philipp Otto sie von ihm erwartete, fand er lächerlich. Er wehrte sie ab. Ihm genügte es, an der Oberfläche zu plätschern, die ermöglichte ihm ein müheloseres Schwimmen als die lichtlose Tiefe, in die Philipp Otto hinabstieg, um über den Begriff wahrer, echter Kunst zu streiten.

»Lichtlose Tiefe?«, fragte Philipp Otto erregt. »Gerade in der Tiefe wohnt das Licht, denn oben ist nur Geflunker und eitel Geflimmer. Das, lieber Gottfried, was mir hier zu fehlen scheint, wird mich besser lehren als das, was da ist.«

Eiffe blickte spöttisch und hielt ihn für überspannt. Sie kamen nicht überein. Das Unabdingliche in seinen Gedanken erwuchs zu einem spürbaren Keil, der die vor Jahren in Hamburg geborene Freundschaft auseinanderzutreiben drohte. Philipp Otto erwartete eben von einem Kunstwerk ein Höchstmaß, das sichtbar, das spürbar zu sein hatte: das Einssein des Werkes mit seinem Schöpfer. Wie ein Dogma, dem nicht zu widersprechen war, stand dieser Satz in ihm verwachsen, immer fordernd. Er war das Resultat aller in Kopenhagen empfangenen Lehren. Der Leichtsinn Eiffes dagegen, mit der er Kunst bewertete und in gleicher Weise sie auch so oberflächlich trieb, konnte ihn zur Raserei bringen.

»Stelle sie doch nebeneinander, Gottfried«, bollerte er los, »den Raffael und meinetwegen den Carracci neben die Restaurationen aus dem vergangenen Jahrhundert. Diese sind doch wie zusammengefrumste Figuren, so man ulkige Puppen baut. Das untere Gewand in sehr schöner Farbe gehalten, darunter schöne Knie. Dann ein neues Stück bis über den Nabel, dann die sehr schön geformte Brust einer alten Frau, zwei neue Arme, endlich ein lustiger Kopf einer Bacchantin und so weiter und so weiter. Und das, Deubelnichnochmal, das rechnest du der Kunst zu. Gutes Handwerk, das ist alles. Ich sage dir, es wird nicht lange dauern, dann setzt irgendein Hannefatzke ein Wagenrad auf einen Schornstein und überschreibt das Ganze mit »Jungfer im Grünen«, wenn er saftig Grün dabei verschmiert hat. O Himmel. Ich weiß, ich weiß, Gottfried, ich überziehe das Maß mit diesen Worten. Du aber wirst in diese armselige Richtung treiben, wirst dich an der Oberfläche wohlig baden und doch auf ihr ertrinken, weil du das wahre Wesen der Kunst durch deine Faulheit aus deiner Begriffswelt herausjagst.«

Von Jugend an hatte er sich immer danach gesehnt, Worte oder Zeichen zu finden, mit denen er deutlich machen konnte, was sich in ihm auf und ab bewegte. Bisher hatte es nur wenige Menschen gegeben, die ihn verstanden. Nun gut, Verstehen hin, Verstehen her, in der Bewertung dessen, was wahre Kunst bedeutete, konnte er für sich nur »kategorische Imperative« setzen, an denen die allgemeinen Sentenzen zerschellten, die man allenthalben zu hören bekam. Was für ein Unsinn wurde da gedroschen: Ein Kunstwerk ist ewig, sagten die einen. Quatsch! Ein Kunstwerk fordert den ganzen Menschen, die Kunst die ganze Menschheit, sagten die andern! Unsinn! Oder: Man soll sein Leben wie ein Kunstwerk betrachten. Wortschleimerei! Diese und viele andere Pseudoweisheiten ruhten sich aus auf widerlich weichem Ruhekissen falscher Gefühle und ließen sich sehr leicht auf den Müllhaufen hinaustragen. Sie waren nichts und führten gradwegs zum Verfall der Kunst. Für ihn stand fest, dass nicht von außen nach innen gewirkt werden konnte, wie Eiffe es mochte. Kunst ist Bewegung von innen nach außen, ist Veräußerung des Gefühles, des Gemütes. Und er sann weiteren Antworten nach, Antworten, die Gültigkeit in sich trugen. Diese aber konnte er nur in sich selber suchen. Immer wieder geriet er beim Betrachten einiger Bilder, die als große Meisterwerke präsentiert wurden, in brennende Konflikte. Diese Konflikte waren nötig, um sein eigenes Verstehen als das für ihn einzig

Richtige glasklar herauszufiltern. Wiederholt begab er sich darum in die katholische Hofkirche, wegen der herrlichen Musiken, aber auch um des dortigen Altarbildes willen. Der große Anton Raphael Mengs, der vor wenigen Jahren verstorbene sächsische Hofmaler, der Schöpfer viel gepriesener Deckengemälde und unzähliger Porträts derer am Hof, hatte die *Himmelfahrt Christi* als großes Ölbild, dem Vernehmen nach das beste Werk seiner Hand, in den Altar gesetzt. Philipp Otto prüfte es immer wieder und musste doch zuletzt gestehen, es rühre ihn nicht an, es ließe ihn kalt, wie auch Mengs' Porträts ihn letztlich nicht erwärmen wollten. Sie trugen überkommene Konventionen, und er hielt sie für Werkeleien, die in ihm kein Interesse weckten. In gleicher Weise empfand er auch die Arbeiten Giovanni Casanovas, eines Mannes, der zu seinen Lebzeiten eng mit Mengs befreundet war. Auch dessen Weg führte, so empfand Philipp Otto, an der Kunst, wie er sie verstand, vorbei, er streifte sie nur. Für ihn galt allein das rechte Zusammensetzen der Figuren durch gesuchte Formgebung, eine für Casanova typische Kompositionsweise, und an ihr erstickten seine Werke. Und so kam er zu dem Schluss: Ein jedes vermeintliche Kunstwerk, in welches sich das eitle Wollen mischt, trägt den Tod in seinem Leib.

Philipp Otto arbeitete selber mit beispielloser Unerbittlichkeit gegen sich. Nichts war gut und fertig, ihm selber zur Genüge. Immer wieder zwang es ihn zu neuen Fassungen. Der *Triumph des Amor* bekam neue, veränderte Fassungen, der *Ossian*, dieser verführerische nordische Skalde, ließ ihn nicht in Ruhe; *Achill und Skamandros*, eine Aufgabe, die der Weimarer Goethe zum Preisbewerb ausgesetzt hatte, an dem Philipp Otto sich beteiligte, war in seiner Letztfassung noch immer nicht fertig, und zu allem lag auf der Staffelei die Arbeit an einem Selbstporträt, wie es ihn im Rock mit braunem Kragen darstellte. Philipp Otto arbeitete ununterbrochen, er versetzte den Schlaf, er nutzte das Tageslicht bis zum allerletzten Verblaken, er achtete nicht der Kälte in den unterkühlten Räumen, er hauchte die Finger warm und zog das Schnupftuch, wenn die Nase tropfte; und wurden ihm vom Stehen die Beine müde, setzte er sich und malte weiter. Und malte er nicht, dann schrieb er und schrieb, schrieb seine langen mitteilsamen Briefe an jene, mit denen er innig verbunden war.

In diesen Briefen war Daniel sein innigster Vertrauter. Er wurde Partner in seiner Auseinandersetzung mit der Kunst. Und wenn auch Daniel kein Maler war und seine mangelnden Kenntnisse offen gestand, war er doch philosophisch interessiert und aufnahmefähig für des Bruders Gedanken, die oftmals ins Abstrakte führten, aber immer fassbar blieben.

Den Gleichlauf der täglichen Arbeit, wie Akademiebetrieb und eigener Fleiß sie vorschrieben, unterbrach manch eine Wanderung mit Gesinnungsfreunden in die nähere Umgebung; auch mal ein Tänzchen in einer Gartengaststätte mit dunkeläugigen, rundköpfigen und in entsetzlich sächsisch-babylonischer Sprachverwirrung steckengebliebenen Mägdelein vom Lande. Es fehlte auch nicht an liebenswürdigen Ereignissen, die den Alltag übersonnten. So geschah es eines Tages beim Durchwandern der Galerie im Stallhof, jenes großartigen Gebäudes am Jüdenhof, dass Philipp Otto sich in einen ereifernden Disput zwischen seinen Zunftgenossen und einigen namhaften Lehrern der Akademie einmischte. Zwei zarte und berauschend schön duftende Hände legten sich von hinten über seine Augen und die Stimme sprach in leicht singendem Ton:

»Blinde Kuh, wer bin ich wohl?«

Für Sekunden entstand eine Stille im Kreis der Umstehenden, dass man hätte eine Stecknadel fallen hören können. Philipp Otto durchfuhr es heiß. Hatte ihn eine Stimme genarrt? Er fasste nach den Händen, zog sie von den Augen und wandte sich um. Und da stand sie mit einem ihn völlig verwirrenden Lächeln, die Friederike Brun, die fast vergessene Angebetete aus Kopenhagen. »Sie sind hier, gnädige Frau«, wollte er fragen, aber er brachte kein Wort heraus. Da schien sie zu begreifen, was sie mit diesem Überfall angerichtet hatte. Um den jungen Mann wieder auf die Beine zu stellen, sagte sie rasch und deutete auf die neben ihr stehende Tochter Charlotte:

»Wir sind gekommen, mein junger Freund, um meinen Sohn Karl
zu besuchen. Und da finde ich Sie hier. Wie schön. Doch seien Sie
mir nicht böse, Sie in dieser Weise überrascht zu haben, es gefiel
mir eben so. Ich bin sehr erfreut, Sie gefunden zu haben, ohne lange nach Ihnen fahnden zu müssen, und dann noch in solch vereh-
rungswürdiger Gesellschaft.«

Sie verneigte sich lächelnd, legte die Hände aneinander und blickte die Anwesenden, wie um Verzeihung für die Störung bittend,
voller Anmut an. Dann zog sie aus ihrem Täschchen ein Billett
und überreichte es vor den Augen der Professoren dem Malstu-
denten Runge mit der ausdrücklichen Bitte, er möge auf keinen
Fall verneinen, Straße und Kennzeichen des Hauses wären überdies dem Papierchen zu entnehmen.

Den Gedanken, einen Abend im Hause der Frau Brun verbringen
zu dürfen, musste er innerlich verarbeiten. Anfangs fühlte er sich
zwar bedrängt, doch dann wich dieses dunkle Gefühl bald dem einer leise wachsenden Freude. Und als er zur gesetzten Zeit durch
die nur matt erleuchteten Straßen der Stadt ging, war sein Schritt
leicht und beschwingt. Er fand das Haus und bediente die Schelle.
Jungfer Charlotte, das Feuer herrlich geröteter Wangen im Antlitz, öffnete und geleitete ihn in das hell erleuchtete Zimmer. Alles
war hier ein wenig eingeschränkter als in Kopenhagen, doch nicht
ohne Geschmack für das Schöne. Philipp Otto fühlte sich wie ein
Sohn aufgenommen unter Frau Bruns freundlicher Regie. Mit
Blumengirlanden hatte sie den Tisch eindecken lassen, hatte die
Stühle so gerückt, dass sie einander anblicken konnten. Charlotte
saß ihm zur Seite, und Karl, der erwachsene Sohn, neben der Mutter. Warm fiel der Kerzenschein über das kostbare Geschirr, spiegelte sich zitternd im Silber der Bestecke und spendete einen
Hauch angenehmer Traulichkeit. Und leise stand der Pendel-
schlag der Uhr im Raum.

An diesem Abend stand, als dürfte es einfach nicht anders sein, die
Malerei im Mittelpunkt ihrer Gespräche und noch einmal fiel der
Name Tischbeins, eines der hessischen Malersippe entstammen-
den Künstlers. Frau Brun amüsierte sich, als sie sich des Verwirr-

spiels um diesen Namen erinnerten, blieb aber dabei, dass er, war es nun dieser oder jener dieses Namens, in Künstlerkreisen ein hochangesehener Mensch war.

Groß war auch ihr Interesse zu erfahren, wie der Fortgang seiner Studien verlaufe. Er berichtete von seinen Mühen um die Weimarer Preisaufgabe, an der er sich fast krank gearbeitet habe. Die Blätter seien mittlerweile nach Weimar abgegangen, und er könne sie ihr bedauerlicherweise nicht vorlegen. Nun erwarte er das Urteil. Er erzählte auch von seinem endgültigen Entschluss, den *Triumph des Amor* als Basrelief in Öl auf Leinwand auszuführen. Frau Brun vernahm dies mit großem Verwundern, denn sie war der Meinung, dieses Bild sei lange fertig. So genierte sie sich nicht zu fragen, ob er an allen Bildern so impertinent lange arbeite und ob er niemals mit sich zufrieden sein könne.

Diese Frage verstand er nicht.

»Zufrieden? Ich kann doch erst dann zufrieden sein«, erwiderte er, »wenn ein Werk vollkommen ist. Was aber ist vollkommen. Gott allein ist vollkommen. Gott selbst ruhte nach dem sechsten Schöpfungstage mit dem Bekenntnis ›und siehe, es war alles sehr gut‹.

Wer aber ist solch ein Schöpfer wie Gott? Der Himmel bewahre mich davor, gnädige Frau, über eines meiner Bilder zu urteilen, es mache mich zufrieden. Erwarten Sie das nie, niemals von mir.«

Nach dieser Äußerung breitete er seine Grundsätze über wahre Kunst, wie er sie forderte, in langer, von tiefem Ernst getragener Rede vor ihr aus, und sie hörte ihm schweigend zu und wog seine Worte wie edles Metall.

Als er sich dann doch einmal unterbrach und mit fahriger Bewegung über die müden Augen strich, sagte sie, ohne auf seine Worte zurückzugreifen:

»Ihr seht bleich aus, mein Freund. Ich möchte gerne wissen, ob Ihr über die Maße, die die Vernunft Euch gebietet, hinwegarbeitet. Ich befürchte, Ihr tut es. Ich meine, Euch zu kennen. Was soll werden, wenn Euch eine Krankheit überfällt, die Euch den Pinsel aus der Hand nimmt? Ihr dürft es nicht bis zur Erschöpfung treiben, dürft Euch nicht kasteien, auch nicht im Namen der Kunst. Sagt mir ehrlich, muss ich mich um Euch sorgen?«

Philipp Otto lächelte gequält und wiegte den Kopf:

»Ach, gnädige Frau Brun, die schreckliche Ehrlichkeit einer Antwort ist ehrlich gesagt schrecklich. Gestern habe ich von morgens um sieben bis abends um sieben in einer Folge gemalt, danach die Pinsel gewaschen und mich dann umgeschaut, ob ich noch etwas zum Essen fände, aber …«

»Und?«

»Es war einfach nichts Rechtes mehr da gewesen.«

»Mein guter Runge«, sagte sie, hob mit ernstem Blick den Finger und wackelte vor seinen Augen damit hin und her. Plötzlich stand sie auf und langte in tiefer Gemütsbewegung über den Tisch und fuhr ihm über das Haar, eine wohl mehr als nur mütterliche Geste. Philipp Otto schloss die Augen und hielt still. Eine Hand, fühlte er, die streichelte wie die einer herzensguten Freundin. Karl Brun saß peinlich berührt da, stopfte sich eine Pfeife und blickte weg. Jungfer Charlotte starrte die Mutter an und griff, um sich abzulenken, eine Nascherei aus der Schale und schob sie sich in den Mund.

Philipp Otto dankte mit artigem Blick und sagte, dass er in keiner Weise Not litte, wie sie vielleicht annehmen könnte; Mitleid wäre nicht angebracht, denn Freude sei der Antrieb der Arbeit, und Mühe würde dann nicht zur Mühe.

»Nun hätte ich«, fuhr sie nach einer kleinen Weile fort, »zu gern erfahren, wie die Herren Professoren über Ihre Arbeiten denken, und wenn es nicht zu unverschämt ist, möchte ich auch gerne wissen, wie Ihre persönliche Meinung, nicht die anderer, bitte, über diese Herren ist.«

Philipp Otto zwirbelte an seinen wolligen Koteletten und suchte nach Worten, die er vertreten konnte, die weder verletzten noch lobhudelten. Er meinte, ihm sei eigentlich eine kritische Äußerung über die Herren während ihrer Abwesenheit nicht gestattet.

»Mein Hiersein ist von ihrem Verhältnis zu mir abhängig und zugegeben, ich kann hier noch sehr vieles lernen, und ich brauche Rat und Lehre, denn ich bin nur ein geringer Schüler. Doch eines

erlauben Sie mir, gnädige Frau Brun, zu sagen, da mich Ihre Frage zur Offenheit auffordert: Mit den hiesigen Professoren ist meines Erachtens nicht viel anzufangen. Der eine, der als ein Mann mit außerordentlichen Kenntnissen genannt wird, gilt mir nichts weiter als ein Lexikon. Mir fällt dieser Vergleich ein, wenn ich mit ihm rede. Mit derselben Wichtigkeit spricht er von den größten Kunstwerken, von den feinsten Nuancen des Geistes darin, genau wie vom Paletteputzen, von Pinselstielen und Wischlappen. Ich will seinen Namen nicht nennen. Schlimmer noch ist der Grassi, der Akademiedirektor und hochgelobte Professor. Ihm mangelt es einfach an Seele. Ach, gnädige Frau, hier fehlt unser guter Juel. Denkt bitte nicht böse über mich und dass ich voller Einbildung sei. Ich sage es nur so: Die Galerie ist, auch wenn mir die Niederländer und einige der Italiener nicht den gewünschten Wohlgeschmack verschaffen, für mich eine Oase, an der ich saufen könnte, saufen wie ein leeres Fass und nie voll würde, nur betrunken. Diese Stadt findet ihresgleichen nicht; Kopenhagen konnte das nicht bieten, was einem hier vor Augen kommt: der Antikensaal, das Kupferstichkabinett, die Sammlungen von Mengs; auch die, obwohl ich mich ein bisschen gegen sein Himmelfahrtsbild in der Hofkirche ausspreche. Nur, gnädige Belehrungen von einigen der Professoren – ersparen Sie mir bitte härtere Worte.«
»Ja ja«, nickte sie vergnüglich über sein Engagement. »Ich weiß, Dresden ist nicht Kopenhagen und Kopenhagen ist nicht Dresden. So oder so, irgendwo ist die Decke immer zu kurz.«
»Oder? Spricht man nicht besser von dem berühmten Haar in der Suppe?«, schmunzelte er. »Ich beiße mir noch mal daran die Zähne aus.« Plötzlich aber überzog sein Gesicht ein tiefer Ernst: »Ich weiß doch, was ich will, und ich werde mit festem Schritt meinen Weg gehen, mag er anderen gefallen oder nicht. Falscher Glanz, der an der Oberfläche klebt, wird mich niemals verleiten. Und sollte ich jemals in meinem Leben Künstler genannt werden, dann nur mit dem Recht, das ich allein gutheißen kann.«
Frau Brun dachte bei sich: mein grässlicher, guter, herzlieber Starrschädel.

Karl Brun saß ein wenig gelangweilt in dieser Runde, sog an seiner Tabakspfeife und verbarg sich hinter ihrem Qualm. Indessen hörte Jungfer Charlotte zu in einer Art, als sei sie abwesend, doch ihren Ohren entging nicht ein einziges Wort. Leise fühlten ihre Finger an den goldenen Kügelchen ihrer Kette entlang, die von ihrem Hals herabhing und sich in den Rüschen ihrer Bluse verfing. Und die Finger taten, als zählten sie spielend die Blätter der Robinie: Er liebt mich, liebt mich nicht, liebt, liebt nicht … Aber die erhoffte Antwort wurde ihr nicht, die Antwort, die wohl auch Frau Brun gern für ihre Tochter gehört hätte.

Die Damen Brun verbrachten einige Wochen in der Stadt. Dank ihrer großzügigen Vermittlungen machte Philipp Otto manch wertvolle Bekanntschaft mit hervorragenden Persönlichkeiten Dresdens, unter denen sich auch Ludwig Berger, ein Schüler Muzio Clementis und ein begabter Musiker, befand. Diese Bekanntschaft erwuchs sehr bald zu einer sie beide mitreißenden Freundschaft. Verstehen verband sie, einer nahm vom anderen, einer gab dem anderen, wie Freunde es tun, die einander achten. Berger wusste glänzend zu erzählen, heitere Schnurren und Schnacken, wobei sein Brandenburger Akzent seine Herkunft aus Templin oder dem an der Oder gelegenen Frankfurt verriet. Sein Spiel auf der Traversflöte rief Bewunderung hervor, mehr aber noch das auf dem Klavier. Um sich auf dem Klaviere zu vervollkommnen, hatte er kürzlich Berlin verlassen und sich nach Dresden begeben. Er wollte bei dem Oberkapellmeister und kurfürstlichen Komponisten Johann Naumann Komposition und Kontrapunkt studieren. Naumann, bei Tartini und Hasse zu hervorragender Größe herangebildet, war so gut wie der einzige helle Stern am Dresdener Musikhimmel, sowohl an dem der Oper als auch an dem der Kirchenmusik. Die meisten neben ihm flimmerten als unbedeutende Tastenschläger und Zippzippgeiger, wie Berger sie vorstellte. Dresdens Musikleben sei ohne den guten Naumann armselig und ausgezehrt und begnüge sich mit Dreigroschenfabrikaten bei Kompositionen und Aufführungen. Berger war ein Mann, der ganz in der Musik aufging und für die Musik lebte, ganz, mit Haut und Haar. Er nahm sich ernsthaft vor,

Philipp Otto mit den Schätzen seiner Kunst bekannt zu machen, ihm zu zeigen, wo sie liegen und wie man sich ihrer erfreuen kann. Bis tief in die Nächte hinein ging es. Bildnern und Malen wurden der Musik gegenübergestellt, ihre Berührungen, ihre Gemeinsamkeiten entdeckt, ertastet und ergriffen. Auch für Berger stand unverrückbar fest: Die Quelle der Kunst ruhe in dem Gott der Dreieinigkeit, und ohne Gott und Gottes Geist sei keine wahre Kunst denkbar.

Bergers Meinung fuhr wie ein Saatwurf auf vorbereitetes Feld in Philipp Ottos Herz. Er setzte seinerseits dazu, was er von sich aus erkannt hatte, dass alle Kunst von innen nach außen führe und Gott selber schöpferisch in dem Menschen handle. In dieser Bewegung träfen sich Musik und Malerei, und das gälte, sagte er. Berger pflichtete ihm bei, das gälte auch für Werke, die alles andere als geistlich sind. Gott, sagte Berger, habe ja nicht nur Engel geschaffen, sondern auch Regenwürmer und Tümpelkröten.

»Der Geist ist, der lebendig macht«, zitierte Philipp Otto den Evangelisten Johannes. »Er ist die Quelle, und nur, was dieser Quelle entspringt, darf Kunst genannt werden. Summa summarum, Kunst von innen, niemals von außen, gewollt und angeklatscht.«

Dieses alles schrieb er auch, in ähnliche Worte gefasst, seinem Bruder Daniel als Fazit seiner Gedanken. Der verstand ihn wohl, vermahnte ihn aber in brüderlicher Weise, über dem Theoretisieren das Praktische nicht zu vergessen.

In Ludwig Berger hatte Philipp Otto einen Freund gefunden, der ganz anders geartet war als Gottfried Eiffe. Diesen auffallend scheuen Musikus trieb ein ständiges Fragen nach Vollkommenheit. Und nur so ein Sucher war in der Lage, Philipp Otto auf seinen durchaus nicht jedem einsichtigen Gedankenwegen zu begleiten. Sie verstanden sich, was die Kunstdarstellung betraf, in jeder Hinsicht, ob sie nun die der Töne oder die des Bildes sei. Hier wie dort, in beiden, verlöre sie an Gültigkeit, wenn ihrem Schöpfer die Kraft der Empfindung fehle, sagte Berger, und das gälte für die Komposition ebenso wie für die Interpretation. Er nannte das

Aufrichtigkeit, die in der Musik sein müsse wie in der Liebe. Und lachend fügte er hinzu: Was die Galerie der Maler beträfe, auch in der Musik ließen sich Galerien füllen mit tausenderlei Werken, aber man würde bald spitz kriegen, was da tauge, und würde die bösen Notenkleckser bald entlarvt haben.

Auf Bergers Anraten besuchte Philipp Otto nun regelmäßig die schönen Musiken in der Hofkirche. Hier ging ihm die Wahrheit der Worte Bergers auf wie ein heller Morgenschein. Er gewann ein tiefes Verständnis für die ihm, als Evangelischem, bisher unbekannte Messliturgie, wie überhaupt für das Sakrale in der Musik. Das Bild Mengs vor Augen, die *Himmelfahrt Christi*, verband sich jetzt mit dem Klang von Orgel und Chören zu einer geheimnisvollen Harmonie und erwuchs zu einem Gewebe von unendlich tiefer Ordnung.

Nach einem Kirchenbesuch äußerte er Berger gegenüber: »Dieses Ineinander, die Kongruenz, diese heilige Unantastbarkeit im Gesetzmäßigen! Ich will es meinen Werken einprägen, nichts Größeres gibt es unter den Pflichten, denen ich mich unterwerfen will.« Und in der Tiefe seines Herzens war er glücklich.

Berger empfahl ihm, mit ihm gelegentlich das Italienisch zu betreiben, meinte er doch, mit der Sprache des Landes auch dessen Künste eher verstehen zu können. Aber bereits beim ersten Eintauchen in die Sprache und im Beschäftigen mit der Historie geriet Philipp Otto mit sich in Konflikte, denen er nicht ausweichen konnte. Sein kritisches Kunstbetrachten ließ ihn in jüngster Zeit gegenüber billigen und allzu billigen Einflüssen wachsam sein, Einflüssen, die, wie er beobachtete, von Italien die Kunstmärkte überschwemmten und sich in Schaufenstern der Kunsthandlungen und sogar in den Galerien fett und feist breit machten und den Geschmack verdarben. Nein, Italien schmeckte ihm nicht.

»Mein Gott«, entfuhr es ihm einmal, »die Kerls bleiben ja im Abgedroschenen kleben wie der Wanderschuh im Kuhdreck. Die deutschen Märkte sterben, die Kunst verarmt. Mit denen müsste man Schlittschuh laufen auf brüchigem Eis, damit sie sich ihr Lüstlein abkühlen, wenn sie einbrechen.«

Berger sagte nur dazu: »Hast Recht, Otto, ich denke nur an meinen lieben Mozart. Der hat diesem italienischen Übel anfangs auch gefrönt, aber zuletzt doch seinen eigenen und viel, viel kostbareren Bogenstrich gefunden. Salieri in Wien war nicht schlecht, beileibe nicht. Aber der Mozart hat ihn ausgestochen.«
Ludwig Berger konnte sich höllisch ereifern im Gerangel um Wert und Unwert der Kunst. Philipp Otto wurde lebhaft an die Gespräche im Literarischen Kreis erinnert. Immer hatten sie dort um das Finden der letzten Wahrheit gerungen. Nun fand auch hier ein ähnliches Schlachten statt, wenn sie beieinander hockten, die Bewunderer Graffs und Grassis und deren Widerparte. Eiffe, wenn er sich überhaupt daran beteiligte, hielt sich für fehl am Platz, zumal dann, wenn der Professor Ferdinand Hartmann aus Stuttgart in der Runde saß, der, obwohl nur wenige Jahre älter als seine Schüler, ein gereiftes Wort zu sprechen wusste. Dieser folgte nicht nur willig den Gedanken der sich nie Zufriedengebenden, er bejahte auch jede Gratwanderung der Geister, soweit sie ernsthaft vertretbar war. Ebenso aber bewahrte er sie vor Spinnerei und Himmelssturm, wie er sich ausdrückte. Dagegen konnte er sich köstlich erheitern, wenn beispielsweise Philipp Otto dem fast unverständlichen Schwäbeln des Württembergers sein noch unverständlicheres Platt entgegensetzte und ihm wie ein wilder Gaul in die Parade fuhr, wenn sie gegeneinander standen.
Dieser Kreis wetteifernder junger Kunstschüler war Philipp Otto zu einem unentbehrlichen Raum geworden, den er zum Atmen, zum Leben, zum geistigen wie zum praktischen, brauchte. Arbeiteten diese Leute nicht, weil Wetter und Lebenslust sie nach draußen riefen, dann kosteten sie die Weite der Natur, dann zog es sie die Elbwege hinab nach Kötzschenbroda oder hinauf nach Pirna. Beiderseits der Uferwiesen gab es so herrliche Wälder oder Weingärten an den Hängen. Unterwegs dann sangen sie, was ihre Lungen hergaben. Eiffe hüstelte mit heiserer Stimme, Hartmann röhrte wie ein Hirsch, Berger übte sich im Belcanto und Philipp Otto suchte nach Tönen, die möglichst in die Figurationen der anderen hineinpassten. Wenn sie rasteten, trabte Philipp Otto in der

Natur umher, botanisierte und suchte Anregungen für seine Scherenschnitte, und Berger schrieb Noten.

Mitten in dieses freimütige Leben hinein platzte die Nachricht vom Tod Johann Gottlieb Naumanns, des kurfürstlichen Hofmusikmeisters. Berger kam zu Philipp Otto gelaufen, erschüttert und verweint:

»Ich bin wie vom Donner gerührt«, rief er und ließ sich mit Krachen in Philipp Ottos wurmstichigen Sessel fallen. »Naumann, der Gute, ist in seinem Garten spaziert, als ihn der Schlag getroffen hat. Die ganze Nacht über hat der Arme da gelegen. Erst morgens haben sie ihn gefunden. Seine Füße haben in Verzweiflung ein tiefes Loch in die Erde gescharrt. Sie haben ihn ins Haus getragen, um Mitternacht ist er dann gestorben.«

Nicht allein die Art, wie Naumann aus dem Leben geschieden war, hatte ihn so getroffen. Von diesem Tag an sollte auch dessen Musik schweigen, wenn ein anderer sie nicht aufführte, was wohl kaum der Fall sein dürfte. Doch nicht nur der Verlust dieser Musik war es, worüber Berger weinte. Schlimmeres folgte für ihn persönlich. Denn war er nicht eigens nach Dresden heruntergezogen, hatte er nicht Berlin aufgegeben allein um des Studiums bei Naumann willen? Nun bräche, klagte er, sein Lebensplan wie ein Haus aus Karten zusammen. Er müsste nach Berlin zurückkehren, aber dann verlöre er wieder den Kreis der Freunde, und vor allem ihn, Philipp Otto. Und bei dem Aussprechen dieser Worte sprang er auf und fiel Philipp Otto um den Hals, weinte und küsste ihn. Als er sich von ihm wieder gelöst hatte, zitterte seine Stimme:

»Verzeih mir, Otto, aber der Boden unter meinen Füßen hat keine Tragkraft mehr. Um ihn zu festigen, brauche ich Zeit. Ich will eine Trauerkantate schreiben auf Naumanns Tod. Und bis sie geschrieben ist, will ich bei Euch verweilen. Wann ich dann losziehe, wird sich finden.«

Berger ging in Klausur und war lange Zeit nicht ansprechbar.

Zum ersten Mal wurde Philipp Otto durch die Nähe des Todes besonders berührt. Nicht, dass ihm das Wissen um das Unabänderliche verloren gegangen war. Er selber war durch das Sterben hindurchgeschritten, Reginchen hatte er auf der Bahre gesehen, das *Media vita in morte sumus** war keine leere Wortfolge für ihn. Bergers Trauer aber schnitt ihm zu tief ins Herz. Er ging zu ihm, um ihn zu trösten. Das Schriftwort »Ich will euch trösten, wie einen seine Mutter tröstet« setzte er neben das des Neuen Bundes »Ich will euch zu mir nehmen, damit ihr seid, wo ich bin«. Und wundersam weich und gut fand er das Wort von Papa Claudius, der in seinem *Wandsbecker Boten* vom Tod als dem Freund Hein sprach. Es gab kaum ein liebenswürdigeres Wort als dieses.

Die Trauer aber fand keinen Niederschlag in seiner Arbeit.

Fleißig ging er weiter an seinen Bildern zu Werke, er ersann Neues, verwarf, was er gedacht, verbesserte und strebte nach dem, was er die Vorstufe der Vollkommenheit nannte.

Und die Geselligkeit kam dabei nicht zu kurz. Freunde luden ihn eines Tages zu einem von der sogenannten besseren Gesellschaft arrangierten Fest in das Dresdener Ballhaus ein. Eine kleine Kapelle spielte dort ihre lustige und gut gemeinte Musik zu Reigen und Tänzchen. Tische, geschmackvoll eingedeckt, standen im großen Rund des Raumes, der, hell erleuchtet, das Wohlanständige der Feier mit freundlichem Glanz unterstrich. Die Freunde hatten Philipp Otto allein schon seiner Witzeleien wegen mitgenommen, denn er verstand es vorzüglich, ganze Gesellschaften mit pommerschen Kaspereien zu unterhalten. Gern tat er das zwar nicht, wenn aber ein Gläschen Wein seine Zunge gelöst hatte, dann sprudelte es reichlich, Unsinn und Spaß fanden dann kein Ende.

An diesem Abend hatte er nur seine Freunde und Bekannten unter den Anwesenden. Mit gleichgültiger Miene gingen seine Augen über die jungen und alten Gesichter der Menschen, die da saßen und sich unterhielten. Er verfolgte gelegentlich das eifrige Umherdienern des Hauskellners und gab, wie man von ihm erwartet hatte, mit hingeworfenen Bemerkungen einen lustigen Dezem zu dem Gefasel an seinem Tisch. Plötzlich durchschoss es ihn wie ein Blitz. Ein Mädchen saß da, nein, eine junge Dame, oder nein

---

* Mitten im Leben sind wir im Tode

doch, ein Mädchen – gleichwohl, die war von einer so unglaublichen Schönheit, wie ihm noch keine begegnet war. All das, was ihn im Augenblick umrauschte, die Musik, das Raunen der vielen Stimmen, das Gewirre der Bewegungen – er sah nichts mehr, er hörte nichts mehr, es gab nur sie, die Unbekannte dort hinten am Tisch. Ihr Profil, ihre Gesten, wenn sie redete – und wie züchtig redete sie! – ihre Jugend! Wer war sie? Die, bei denen sie am Tisch saß, könnten ihre Eltern sein, der Vater, groß gestaltet in bunt besäumtem Rock, ein Mann, dem mancherlei Aufmerksamkeit erwiesen wurde. Ihm zur Seite sicherlich die Mutter, der Ähnlichkeit nach. Und der junge Herr am Tisch? Mit wohltuender Erleichterung bemerkte Philipp Otto, dass dieser sich nur mit gelassener Oberflächlichkeit der Holden zuwendete, sodass er nur der Bruder sein konnte, war seine Vermutung. Wer aber war sie? Ihre braunen, unter formschönen Brauen leuchtenden Augen, ihre ausdrucksvolle, leicht abwärts gezogene, hübsche, spitze Nase, die sonderbar kurz gehaltenen Haare, eine Frisur, die keine war und ihr unvergleichlich gut stand. Wer war sie nur! Sie war ihm, Donnerwetternichtnochmal, doch schon irgendwo begegnet? Wo nur, wo nur? War es nicht im Graff'schen Hause gewesen, zwei Wochen nach seiner Ankunft in dieser Stadt? Hatte er nicht mit ihr geredet? War sie's oder war sie's nicht? Wie sie da saß, den Kopf unmerklich geneigt, das rote Lippenpaar, der zartgeformte Mund, der voll entwickelte Busen – wer war dieses engelhafte Wesen? Schönheit, nannte Philipp Otto sie, einfach Schönheit. Und die hatte ihn in der Mitte seines Herzens angerührt.

Sie ahnte nichts von dem, sie warf ihren Blick nicht zu ihm herüber, sie erzählte oder schwieg, sie ging beim Schreittanz ihre Runde mit gesenkter Miene an seinem Tisch vorüber, trank oder speiste und ließ es sich artig gefallen, wenn sich jemand achtungsvoll vor ihr verneigte.

Philipp Otto winkte den Diener des Hauses zu sich heran, drückte ihm ein Münzlein zwischen die Finger und flüsterte:

»Sie hatten vorhin an jenem Tisch zu schaffen. Wer sind der Herr und die Dame dort, und wer vor allem ist das junge Fräulein?«

Der Diener schaute sich prüfend um und antwortete leise, die Hand an den Mund gelegt: »Es sind der Herr Handschuhfabrikant Bassenge und die Frau Gemahlin, und die junge Dame«, jetzt schob er sich dicht an Philipp Ottos Ohr, »ist das Fräulein Pauline. Sie ist aber noch sehr jung, mein Herr.«
Philipp Otto biss sich auf die Lippen. Pauline, welch ein Name! Wie Musik ging es durch ihn hindurch, ein Klang, wie wenn zwei kristallene Gläser aneinanderstoßen.
»War etwas?«, fragten seine Freunde, nachdem der Diener gegangen war.
»Nichts war. Ich wollte nur etwas wissen«, sagte er und blickte zur Seite, damit ihm niemand seine Erregung ansähe. Doch weil sie seinen Augen folgten, die unablässig zu ihr hinüberflogen, sagte einer und hob drohend den Finger:
»Otto, du lügst!«
Ihm schoss das Blut ins Gesicht. Er stand auf und eilte nach Hause, wie einer, der vor sich selbst flieht. Er fuhr sich über die Augen, er vermochte das Bild Paulines nicht wegzuwischen, er hatte es gestohlen, hatte es mitgenommen, und es ließ sich in ihm nicht mehr ausradieren. Eingebohrt hatte es sich mit einer Süße, tiefer und tiefer fiel es in ihn hinab und wurde zum unauslöschlichen Besitz seiner Seele. Er griff zu Stift und Papier, er zeichnete sie, und was er gezeichnet hatte, küsste er, küsste es wohl hundertmal, denn es war sie, die Holdeste, die Pauline, seine Pauline. Heimlich sollte sie ihm zuwachsen, die Rose seines Herzens, die Lilie, die Lichtnelke, die … Er fand Namen über Namen. Er liebte.
*Triumph des Amor*, nie hatte ihn seine Gestalt so ergriffen wie jetzt, von einer neuen Wahrheit durchstrahlt. Deutlich spürte er, wie Amor auf der Leier des menschlichen Herzens zu spielen versteht, und noch einmal ließ er durch die Erinnerung die Verse ziehen, die er dem Bilde bereits eingedrückt hatte:

*Liebe, dich trägt ein Wagen, von Schmetterlingen gezogen, und du regierst sie sanft, spielend die Leier dazu.*

»Kinder müssen es sein, die den Zug der Liebe bewegen, wenn der
Jüngling der Jungfrau entgegenfliegt!«, rief er begeistert aus. »Kinder, rein und gut. Jetzt erst weiß ich es: Meine Liebe erschließt mir
die ganze Größe des herderschen Poems. Ich will das Bild neu malen, ganz neu. Ich werde mich dem nicht entziehen können.«
Taumeln gemacht von den Gegensätzen, wie sie das Leben jedem
Fühlenden reicht, umhergeworfen vom Geheimniswahren und
Bekennenmüssen, dann wieder von der Feste des Überglücks in
das Ungewisse hinausgespült, schrieb er an Daniel, wie es um ihn
stand. Er brauchte seinen brüderlichen Rat. Er nannte Pauline
eine junge Weibsgestalt, die sein Herz mit tiefster Wirkung eingenommen habe, er könne sie aber nur sehr selten sehen und dann
nur in Gesellschaft anderer. Er besuche jetzt öfters die Gesellschaften, um ihrer gewärtig zu werden, aber sie wisse das nicht.
Darum bat er Daniel inständig, es doch so zu arrangieren, dass sich
die Firma Hülsenbeck und Runge um eine Geschäftsverbindung
mit der Firma Bassenge mühe, in der er selber mitwirken könne.
Die Hamburger Firma, schlug er vor, könne sich doch eines Bal-
lens lederner Handschuhe annehmen und somit den Vater Bassenge bewegen, Kontakte zu schließen. Er selber würde sich dann
als Vermittler stellen, denn damit fände er Gelegenheit, sich dem
Mädchen, wenn auch quasi auf geschäftlichem Weg, zu nähern. In
Konzerten sähe er die liebe Gestalt zwar, käme aber nicht an sie
heran, ihr ein gutes Wort zuzueignen. Wie also, fragte er Daniel,
könne er ihr zu erkennen geben, was in ihm vorgehe.
Philipp Otto musste sich, auch wenn er seinen Vorschlag für einen
krummen Weg hielt, Daniel gegenüber ausschreiben, mochte der
nun denken, was er wolle. Otto fügte in jenem Brief auch endlich
das bei, was ihm damals achtzehnjährig in Hamburg widerfahren
war und wie er im Haus einer Unbekannten einen Fehltritt getan,
was er dem Bruder nicht verschweigen wolle. Er bat darum, ihn
deswegen in Gottes Namen nicht zu verdammen. Pauline sei ein
vollkommen anderer Mensch und er könne sie nicht genug preisen. Bei allem, schrieb er, was immer gewesen sein mag, habe er
doch stets nach dem Guten gestrebt und sich nicht von Gott ent-

fernt. Nun sage er aber mit aller Klarheit in seinem Gewissen, dass er liebe und dass niemand ihn davon abhalten könne, eine Liebe zu suchen, die ihm teurer wäre als alles andere. Er habe dieses Mädchen gesehen und denke nicht daran, es je zu lassen. Ach, dass Pauline ihm für ewig gehören dürfte.

Da tat er etwas, für das er sich wohl schämte, weil es im Grund unrühmlich war und gegen jeden Anstand verstieß. Auf heimlichem Wege suchte er zu erfahren, was es mit der Familie Bassenge auf sich hatte, wandte sich aber, um kein unnötiges Aufsehen wachzurufen, nicht an dem Hause nahestehende Personen. Herkunft, Stand und Ansehen dieses Namens verboten neugieriges Geschwätz. Der Name Bassenge hatte in Dresden einen bedeutsamen Klang, erfuhr er, und nicht nur in dieser Stadt. Diese Familie durfte sich eines Wappens rühmen, bekam er durch einen zugereisten holländischen Malschüler zu wissen. Die Farbgebung dieses Wappens würde gewiss des Herrn Runges Interesse finden, sagte er. In einer Maastrichter Kirche hätte er es zufällig gesehen, aber er erinnere sich genau daran, weil die Farben Blau und Silber in wunderbarer Übereinstimmung dominierten. Ein Balken ziere die Platte, silber auf golden gemalt, ein rotzüngiger, silberner Löwe, nach rechts gewandt, auf dessen Helm drei blausilberne Straußenfedern prangen, sei zu sehen. Als Devise darüber gesetzt LUCTOR ET EMERGO, und der junge Student betonte selbstbewusst, er wüsste auch die Übersetzung der lateinischen Wörter: Ich ringe und ich stehe auf.

Diese Losung kam einem Lebensprogramm gleich und wirkte auf ihn wie ein Ausrufezeichen, das ihn ergriff. Wenn Pauline sich, wie dieses Wort vorgab, auf dieses Programm einließ, wie er es selber wollte, dann würden ihrer beider Lebenslinien wie in dem Schnittpunkt zweier Geraden zusammenlaufen und sich unweigerlich berühren. Ringen und kämpfen, das wollte er, und nach jeder Niederlage hieß es aufstehen und weiter ringen!

»Oh, Pauline«, rief er aus, »welch wunderbares Wort, das uns vereinigen soll. Der Gegner sind viele. Unser Weg aber ist der der Liebe. Ich sehe hinter dem Horizont den Himmel tagen.«

Der Wunsch, mehr über Paulines Familie zu erfahren, trieb ihn noch einmal ins Ballhaus, wo er den Diener um eine weitere Gefälligkeit bat. Der sagte, viel wisse er nicht, und es widerstehe ihm auch, in anderer Leute Familie herumzuschnüffeln, aber eines sei gewiss und eben auch rühmlich, und deshalb dürfe er es auch ruhig weitersagen. Der Herr sei Kirchenvorsteher der reformierten Gemeinde, und der Bau der neuen Kirche mit der Orgel könne durchaus dem gnädigen Herrn gutgeschrieben werden. Wenn aber der Herr Runge so hartnäckig frage, dürfe er wohl annehmen, dass noch anderes hinter seinen Erkundungen stünde, und so wolle er ihn nur wissen lassen, soweit er informiert sei, heiraten die Reformchristen schwerlich andere als ihre Glaubensgenossen, und ihm sei bekannt, die Bassenges hätten sich zuletzt nur mit ihren Kusinen und Cousins vermählt. Er wolle ja nicht dreinreden, er meine nur.

Es war in der Tat so. Die Hugenotten, und nicht nur die hier ansässigen, ob sie nun Bassenge, Malvieux, Tierot, Mélizet oder sonst wie hießen, waren wegen ihrer charakterfesten, hochstehenden und glaubensstarken Wesensart angesehene Menschen, deren Ethik ihnen im Gesicht geschrieben stand. Philipp Otto hatte wohl augenblicks erfasst, aus welchen Kreisen sein Mädchen kam. Er liebte Pauline, doch ihre Liebe musste er sich erst verdienen. Das nahm ihn in strenge Pflicht. Kein Schauspielern gab es, kein falsches Begehren. Doch wie nur konnte er sich ihr bemerkbar machen? Er müsste vor sie hintreten, müsste ihre Hand ergreifen und ihr sagen, wie es um ihn stand. Es konnte ihm auf die Dauer nicht genügen, das Bildchen zu küssen, das er in einer Lade verwahrt hielt. Er wünschte sich einen freien Umgang mit ihr, um zu promenieren, um zu plaudern und sich zu offenbaren. Es gäbe doch so unendlich viel zu sagen, über seine Kunstauffassung, seine Bilder, die Farben, sein Leben, über Vergangenheit und Zukunft. Von ihr wollte er alles erfahren, alles, alles. Doch immer stand der Vater Abstand gebietend vor ihr, ein Mann, der so grenzenlosen Respekt einflößte, dass Philipp Otto sich nicht getraute, ihm die Liebe zur Tochter zu gestehen. Der würde das für einen dummen Streich halten, und das wollte der Verliebte auf jeden Fall vermeiden.

Ludwig Berger war der Einzige in der Stadt, dem er sich öffnete; Berger aber goss einen tüchtigen Schwall Wasser in die Glut seiner Schwärmerei:

»Beruhige dich, mein lieber Freund«, riet er dringend, »und warte ab. Lasse sie dir schenken. Jeder Mensch, den man liebt, wird zum Geschenk. Zu deinem LUCTOR ET EMERGO gehört auch das Warten. Warten kann höchste Aktivität sein, musst du wissen. Ich rate dir, komme ein paar Tage mit mir nach Leipzig. Ich habe dort zu tun. Distance ist eine erprobte Medizin gegen angebrannte Herzen.«

Philipp Otto brauchte sich nicht lange überreden zu lassen. Der Oktober zeigte sich sonnendurchwärmt, goldgelb prangte die Natur in Wäldern und Gärten. Dazu die heiteren Gespräche mit dem verstehenden Freund in dem wackligen Postwagen, er empfand es als eine sehr erquickliche Reise, Leipzig selbst dagegen, im Vergleich zu Dresden, als ein gräuliches Ungeheuer. Die Verkaufsmesse, die gerade in jenen Tagen ihre Pforten geöffnet hatte, interessierte ihn nicht. Die Häuser wirkten wie hochgezogene Kolosse und erinnerten an Hamburg, obwohl manche von ihnen prächtig waren und von kunstvoller Architektur. Weil er niemanden in der Stadt kannte, traf ihn die Langeweile von ihrer unangenehmen Seite. Eine Überraschung erlebte er in einem Konzert, das in dem Gewandhause gegeben wurde, ein mehrstündiges Musikprogramm mit auserlesenen Stücken von Komponisten, deren Namen ihm unbekannt waren und deren Werke sich so unterschiedlich zeigten, wie Bilder es sein können, wenn ungeschickte Hände sie wahllos nebeneinander stellen. Die einen kräftig in der Aussage, die anderen dafür umso leerer. Die einen wie eine Elegie anmutend, die anderen voll spritziger Heiterkeit. Musik ist doch Malerei, fand er sich bestätigt. Wie gern hätte er über seine Empfindungen mit Pauline gesprochen. Aber noch nicht einmal schreiben durfte er ihr. Pauline, ach, Paulineken!

Als dieser liebliche Name wieder in ihm aufklang, war ihm zumute, als ob er aus einer kühlen Berggegend in ein blumiges Tal gelangte, in dem er immer wohnen wollte. Das, was er beim Hören empfand, konnte er ihr ja nicht schreiben; und so schrieb er an die ihm sehr zugetane Frau Caroline Perthes in Hamburg:

*Ich war in einem Concert, wo eine Symphonie aufgeführt wurde, worin es immer mit einem Flötenton anfing, und wenn der sich mausig machen wollte, fingen alle Instrumente an und schlugen ihn breit, und da fing er wieder an, und die Violinen antworteten ihm, und führten Gespräche, dann kamen aber die Posaunen und Pauken und rissen wieder alles durcheinander, und doch, wenn's wieder stille ward, ließen jene sich doch nicht trennen, fingen an zu klagen, und dann wurde es fröhlicher und die Instrumente übertäubten sie wieder, aber sie jauchzten laut dazwischen durch, bis zuletzt selbst dann die lauten Instrumente sie im Triumph herauf brachten und gar des Lobens nicht satt werden konnten. Ich dachte, wer nur recht aushält, dringt doch zuletzt durch, und die Kraft selbst läßt sich doch mit uns verbinden. Aushalten will auch ich, ich wüßte nichts besseres.*

In diesen Tagen machte Ludwig Berger ihn mit dem alten Johann Adam Hiller bekannt, den er als den Kantor an der Thomaskirche vorstellte. Der stand in der Nachfolge eines der bemerkenswertesten Kompositeure Leipzigs, eines Johann Sebastian Bach, der ein Meister des Kontrapunktes gewesen sein sollte und den sogar der Salzburger Mozart hoch geachtet hatte, wie man sich erzählte. »Und ich denke, mein lieber Otto«, sagte Berger, »es könnte dir nicht schaden, wenn du ein bisschen Kontrapunktik in deine Bilder hineintragen würdest. Ich verstehe zwar vom Malen nicht so viel wie du, aber Form, Ernst und allerherrlichste Gesetzmäßigkeit ist das nämlich. Sie, verbunden mit Geist und in Leben getaucht, ist der Grundstein eines Meisterwerkes. Wenn wir wieder in Dresden sind, werde ich dich darin unterweisen. Die Form und die Logik im Einklang mit dem innewohnenden Gefühl deines Ichs … Kontrapunktik ist die Mathematik der Seele.«
Nach ihrer Rückkehr führte Berger ihn in das Vokabular ein, mit dem Musiker umzugehen pflegen, sodass es Philipp Otto mit Erstaunen aufging, wie vielmals, ja wie seltsam sich Begriffe der Mu-

sik und des Tonsatzes mit seinem Leben verknüpften. So schuf Pauline ihm das Ostinato, das immer wiederkehrende Grundthema, über dem sich in vollendeter Weise alle anderen Melodien, vornehmlich die des Alltags, hinziehen konnten, ohne Disharmonien hervorzurufen. Pauline war, um mit Bergers Worten zu sprechen, der Orgelpunkt.

»Stelle deinen Fuß aufs Orgelpedal«, sagte er, »meinetwegen auf das Subcontra-C, und setze drüber, was du willst, Arpeggien, melodiöse Bögen, Skalen oder verminderte Akkorde, und du wirst hören, wie sie von diesem Grundton, diesem Orgelpunkt zum Tragen kommen. Sie werden ineinander verwoben, denn sie ruhen auf einem fundamentalen Geschehen, ausgelöst durch einen einzigen Faktor, durch einen einzigen Ton: die Liebe deiner Pauline. Sie wird, wenn sie's nicht bereits ist, der Orgelpunkt deines Lebens werden und all dessen, was du malen wirst. Dies ist die musikalische Umsetzung im dreizehnten Kapitel des Korintherbriefes, wo es heißt, dass die Liebe alles trägt, alles hofft, alles glaubt.«

Philipp Otto fühlte sich wunderbar verstanden.

In jenen Tagen erhielt er von Daniel einen Brief mit einem wichtigen Gedanken. Es ging um des Bruders Kunstverständnis, das er geschäftlich nutzbar machen wollte. Das Stichwort hieß Kunsthandel, und die Absicht war, Philipp Otto mit seinen kritischen, fachmännischen Kenntnissen zum Begutachten zu gewinnen. Schon vor längerer Zeit war Daniel dieser Gedanke gekommen, schwelte aber im Unbestimmten und drang nicht ans Licht. Nun, infolge einer Veränderung der allgemeinen Wirtschaftslage, der sich auch die Hamburger Firma stellen musste, bekam dieser Gedanke Gestalt.

Der Handel mit Kunstwerken, schrieb Daniel, könnte gerade in den kommenden Jahren einkunftsträchtig werden. Die Situation in Deutschland unterliege auf dem Gebiet der Wirtschaft einer Rezession, wie sie vor Jahren nicht abzusehen war. Die Kunst verliere zwar nicht an Wert, aber ihre Gegenstände wandern freimütiger als bisher auf die Auktionen, eine Besonderheit, die er sich zu Nutze machen wolle.

Hatte Philipp Otto ihm schon von Kopenhagen aus mancherlei gute Lithografien in die Hände gespielt, könnte er doch jetzt ein Ähnliches tun. Die Firma Hülsenbeck, Runge und Co. klagte über mangelnde Handelseinkünfte, und so war es dringend geraten, sich neuen Absatzmöglichkeiten durch Veränderung der Angebote zuzuwenden. Philipp Otto könnte dazu seine Fachkenntnisse und Erfahrungen zugunsten des Ganzen beisteuern. Daniel bat ihn überdies, preiswerte Bilder oder Gegenstände anderer Künste, Skulpturen oder Ähnliches, aufzukaufen und ihm nach Hamburg zu liefern. Und ganz leise im Hintergrund erinnerte er ihn daran, er sei ja einmal bei ihnen in die Kaufmannslehre getreten, und ein paar Schlacken wären von diesem Brande sicherlich noch am Glimmen.

Philipp Otto lachte hellauf: »Kurios, wie das Leben mit einem spielen will. Daniel bittet mich um den Ankauf von Bildern, und ich bitte ihn um den Ankauf von ledernen Handschuhen und Manschetten. Wie ist das Leben doch verrückt.«

Doch aus dieser Geschichte wurde nichts, was der Firma in Hamburg aufhelfen konnte. Einige Exemplare, die zum billigen Verkauf anstanden, konnte Philipp Otto wohl erwerben, wobei er sehr darauf achtete, keinen Schund anzuschleppen. Seine Gedanken standen auch wirklich nicht danach, auf Handel auszugehen. Etwas anderes lag ihm am Herzen, nämlich ein Bild zu malen, dessen Skizzen schon einen grandiosen Vorlauf ergeben hatten. Angeregt durch Bergers Unterrichtungen im Kontrapunkt, in der unentbehrlichen Symmetrie der Formen und Linien, im Hinweis auf Freiheit und Gebundenheit im Feld der Komposition, bildete Philipp Otto, was ihm Klopstock in seiner herrlichen Ode mit Wort und Versmaß geschenkt hatte: die *Lehrstunde der Nachtigall*. Diese Ode zu gestalten, zog sich durch sein Denken. Er griff schon jetzt nach diesem Bild, das noch nicht entstanden war, von dem es auf der Staffelei nur ein paar Kritzelstriche gab. Zuerst mussten alle Gestalten, die in dieses Bild hineingeschenkt werden sollten, im Kopf und Herzen geboren werden. Doch es war schlimm mit ihm. Gerade wollte er zu Werke gehen und sich dieser neuen Ge-

dankenwelt mit Hingabe zuwenden, als der *Triumph des Amor* ihn
noch einmal ganz gefangen nehmen sollte. Er hatte dieses Bild einer Ausstellung übergeben. Nun kam ein erstes Echo herüber.
Man sagte, es sei eigentlich ganz hübsch, es sei vor allem mal etwas
anderes, aber es breche den Stil des Herkömmlichen und zeige einen Inhalt, zu dem man keinen Weg fand, ihn zu verstehen, und
das Wesen des Ganzen schien doch recht fraglich. Immerhin sei
die Handwerkskunst des Malers Runge auffallend gut, die Schat-
tierungen und der Lichteinfall hätten ihre überraschenden Wir-
kungen nicht verfehlt. Das als Basrelief geschaffene Bild sei so täu-
schend, als sähe man wirklich das Erhabene der Konturen, wo
doch eben alles nur gemalt war. Ja, das wäre vorzüglich geraten.
Letzteres hörte Philipp Otto aus berufenem Munde.
Erhebend war dieses Urteil nicht gerade. Anton Graff, der bedeutende Dresdener Portraiteur, in dessen Haus er Pauline zum ersten
Mal erblickt hatte und wo er oft malen durfte, war von dieser Arbeit sogar sehr angetan gewesen. Was also kümmerte ihn der unreife Mund derer, die nicht in die Tiefe zu blicken verstanden.
Dieses Bild sollte sowieso nicht in Dresden bleiben, und zum Verkauf stellte er es ohnehin nicht aus. Für das neue Haus des Bruders
Jacob, in der Burgstraße in Wolgast, vorn im Flur oder als Supra-
porte, als Schmuckstück über der Haustür war es gedacht. Und,
das stand bei ihm fest, fertig war es noch lange nicht, auch wenn es
schon eine Ausstellung passiert hatte. Immer wieder gab es etwas
daran zu übermalen, zu verbessern, umzugestalten. Hierdurch gelangte die Arbeit an der *Nachtigall* nun wieder in die zweite Reihe.
Und schnell verrannen darüber die Wochen.
Wie es aber nicht anders sein konnte, dann und wann musste er
seine Arbeit unterbrechen. Gründe gab es genug. So hatte ihn
neulich ein Brief des Herrn Veith, eines ihm gut bekannten Kup-
ferstechers, sonntags ins Konzert gerufen, wo dann auch, wie er in
dem Brief bemerkte, »gewisse Leute« wären. Nun scherten Philipp
Otto ja nicht »gewisse Leute«, sondern nur eine »gewisse Leutin«!
Um sich wiedermal etwas von der Seele zu reden, schrieb er Daniel
darüber, und der dürfte ja am besten wissen, wer diese »gewissen

Leute« seien. Mit Klugheit wolle er jetzt vorgehen, diese »gewisse Leutin« zu gewinnen, und dazu brauchte er dieses und jenes Überlegen. So habe er die Absicht, ein anderes Zimmer zu beziehen. Er habe es sogar schon gemietet, er musste das tun, und Daniel möge das bitte einsehen. Er schrieb:

*Wenn sie sich nach mir hier erkundigen sollten und es hieße: ja, ein junger Mensch ist er, aber man weiß nicht von ihm zu sagen, er wohnt da oben im Dach fünf Treppen hoch, nein, das quadrierte nicht. Eiffe bleibt hier und das ist auch besser. Gutes Licht habe ich hier überdies nicht. – Morgen werde ich meine Stiefel nicht brauchen, denn ich muß ja Schuhe anziehen, mich propre machen u.s.w. Mit ihr ist die Musik nun noch ganz was anderes. Was mich sonst nur hin und her bewegte und sich selbst bewegt, so wie Wolken hin und her, diese Wolken gestalten sich jetzt, und die lebendigsten Bilder schweben vor meiner Seele. Es kommt mir manchmal ein, daß ich nichts als Liebesgeschichten malen würde, aber das Schicksal kann mich ja nur ein bißchen unglücklich machen, so wird es sich schon geben. Morgen werde ich die »gewisse Leutin« im Konzert sehen.*

Der Umzug ging vonstatten. Philipp Otto wohnte nun bei dem in der Stadt bekannten Löwenapotheker in der Willschen Gasse. Er hatte zwei große Zimmer genommen und eine Kammer dazu, eine Treppe hoch, und er war von Eiffe getrennt. Dies war ihm umso lieber, als sie nicht für immer zueinander passten. Eiffes Genügen, nur eine halbe Stufe in der Kunst erreichen zu wollen, konnte er nicht mehr ertragen. Nun, eigenständig in seinem Haushalt, pflegte er auch seine äußere Ordnung besser. Denn die Notwendigkeit bestand, da er sich von Stund an auf einen Besuch einzurichten hatte, von dem er sich wünschte, dass er bald käme.

Der Wohnungswechsel diente außerdem der Harmonie in seinem Inneren, die er zum Arbeiten so dringend benötigte. Zu dieser verhalf zudem noch der regelmäßige Besuch der katholischen Gottesdienste, die ihn allein schon durch ihre wunderbare Musik beeindruckten. Da vergaß er dann Sänger, Spieler und Kirche, er schwebte davon auf den Flügeln der Töne. Nachmittags zwischen vier und fünf Uhr, wo es schon mächtig dunkelte in der Zeit vor Weihnachten, stieg er gern in das große Schweigen ein, in die Tiefe, nur um zu hören, zu empfinden, zu schauen. Auf dem Altar die drei großen Leuchter, von blankem Silber waren sie, auf denen der Schimmer der Kerzen sich brach und die ihren Schein auf das Mengs'sche Altarbild warfen, wo sich alles Licht wie verzaubert spiegelte. Dazu das geheimnisvolle Wesen der Patres. Mit unwiderstehlicher Gewalt ergriff ihn diese eigentümliche Herrlichkeit, und dort konnte er sogar alle »Affanzereyen des Katholicismus«, wie er sich einmal audrückte, vergessen. Dass die Gemeinde dort nie sang, empfand er als wohltuend. Es blieb damit die vollkommene Harmonie erhalten, zumal wenn der Pater absang, der einen so prächtigen Bass hatte, der das ganze Gebäude zum Erschüttern brachte, schrieb er Daniel.

Neben den Musiken, die er besuchte, präsentierten sich ihm andere, unerwartet schöne Freuden. Nicht allein die, seiner Pauline hier und da gewahr zu werden, wenn sie in Begleitung ihres Vaters ausging, nein, er kam mit seinen Arbeiten gut voran. Zwar hatte er von Weimar noch nicht einen einzigen Federstrich als Antwort oder Kritik erhalten, dabei war es schon Monate her, dass seine Arbeit *Achill und Skamandros* dorthin abgegangen war. Nun aber ist der Amor, auf Leinwand gemalt, fast fertig. Ludwig Tieck, der große Literat, der sich seit Kurzem in Dresden aufhielt, nahm Gelegenheit, den *Triumph des Amor* anzusehen, und fand, wie er sich ausdrückte, recht feine Gedanken darin.

Philipp Otto war an Tiecks Urteil viel gelegen. Die ärgerliche Frage aber blieb unbeantwortet, warum dieser kluge Mann statt »recht fein« nicht hätte sagen können »ganz gut«. Habe ich denn nur Halbes gemacht?, fragte er sich. Hätte ich es doch besser als Planbild statt als Basrelief arbeiten sollen? Zum Teufel mit der Unentschlossenheit in meiner Haut, ich könnte mich selbst verprügeln.

Bald darauf gab er das Kunstwerk, sorgsam verpackt und versichert, an Jacob Runge in Wolgast auf die Reise.

Könnte er doch nur ein einziges Mal mit Pauline über seine Arbeiten sprechen. Ihr könnte er sich erklären, ihr wollte er sein Herz aufreißen und zu wissen geben, wie er sich wahre, echte, gottgewollte Kunst dachte, die er zu malen sich wünschte. Pauline Bassenge, ihr Dasein, ihre Bedeutung für Philipp Otto sprach sich, schrieb sich herum, und die Geschwister nahmen, je nach dem Maß ihrer eigenen Empfindungen, an diesem Familienereignis teil. Maria, obwohl sie nie geliebt hatte, verstand den Bruder mit allen seinen Gefühlen und schrieb, wie sehr sie sich sehne, dieses liebe Geschöpf ansehen zu können. Ilsabe Helwig dagegen fand Worte, wie eine gereifte Wittfrau sie findet, voll rührenden Ernstes und tiefem Mitempfinden. Jacob in Wolgast liebte selbst und wusste daher, wie Sehnsucht schmerzen konnte, lachte sich aber eins im Stillen und dachte bei sich: Dat geiht dem Minschen wie dat Veih. David und Gustav erfuhren natürlich auch von dem lieben Mädchen, das dem Bruder das Herz so verrückt verdreht hatte. Nur die Eltern wurden aus gutem Grund aus diesem Schreibe- und Flüsterreigen ausgeklammert. So hatten es die Geschwister untereinander abgesprochen, gewissermaßen in die Hand geschworen. Denn darin waren sie sich vollkommen einig, Vater würde mit Unverständnis aufwarten, losbollern und mit Vorwürfen nicht sparen, die etwa lauten würden: Philipp Otto habe es bisher noch zu nichts gebracht. Wie wolle er wohl Weib und Kind ernähren. In diesen notvollen Zeiten solle er sich besser nach Hause scheren und Geld herbeischaffen, statt dass sie ihn durchziehen durch dieses Hungerdasein eines vermeintlichen Künstlers, währenddessen er auf Brautschau geht!

Eben darum hatten die Geschwister sich geeinigt, kein unbedachtes Wort zu sagen oder zu schreiben bis an den Tag, an dem Philipp Otto selber das Schweigen brechen würde. Weil nun aber noch über allem solche schmerzliche Ungewissheit lag, hielt sich Philipp Otto bewusst zurück, schrieb auch in seinem an den lieben Vater gerichteten Weihnachtsbrief nicht ein einziges Sterbenswörtchen von der geliebten Pauline. Dagegen berichtete er mit fröhlichem Sinn von dem, was er sonst trieb. Dass er zum Beispiel des hier sehr bekannten Dichters Ludwig Tiecks Frau mit dem Anerbieten in ihrem Haus aufgesucht habe, bei ihr und den Kindern den Weihnachtsmeister zu spielen. Sie wären sehr froh gewesen, in ihm ein taugliches Subjekt für diesen Posten zu finden. Also habe er aus dem Apothekergarten einen großen Baum ausgewuchtet, rasch Leuchtermanschetten ausgeschnitten und sie mit Schaumgold und Wachsstäben versehen, wie sie an den Baum gehörten. Er habe auch Männlein aus Backpflaumen und Rosinen gebaut, schrieb er, ja, er hätte noch viel mehr ausrichten können, weil er sich auf Kontraste und Kontrapunkt verstehe. Schrieb auch, wie Frau Wirtin Apotheker ihm ein schönes Stück Kuchen beschert habe, worauf er sich bei ihr mit fein geschnittenen Leuchtermanschetten revanchiert habe.

So wollte das Jahr 1802 »mit wallendem Gewände« auslaufen. Philipp Otto stand unter dem Druck seiner Liebessehnsucht, die nur dann und auch nur unzureichend Erfüllung fand, wenn er Pauline bei Besuchen von Konzerten mit anschließenden Tanzpartien zu Gesicht bekam. Hier kam es dann und wann auch zu kleinen Gesprächlein, aber zu wenig, zu kurz, zu hastig und stets unter Beobachtung des Alten.

Der alte Bassenge – ach ja. Daniel war es gelungen, Philipp Otto als Mittler von Geschäftsaufträgen in das Haus der Bassenges zu schleusen, indem er dem Handschuhfabrikanten die Kleinigkeit Zickelfelle von 1200 Stück, die äußerst schöne Schweizer Ware wären, anbot. Er möchte sie für Bassenges Handschuhfabrik kaufen bei 30 Mark BANCO pro 100 Stück. Mit diesem Angebot sollte sich Philipp Otto dem Hausherrn nähern und ihm Sympathie und Charme entgegenbringen. Eine Begegnung aber mit Pauline im Abseits einer separaten Räumlichkeit, um wenigstens ihre Hand fassen zu können, kam nicht zustande.

Philipp Otto setzte auf das kommende Jahr. Gesund war er, auch wenn seine Seele schwankte zwischen Wohl und Wehe. Sein Körper zeigte jugendliche Stärke, seine ihn früher bekümmernden Krankheiten schienen keine Folgen zu haben. Manchmal, um zu beweisen, dass er unter seinesgleichen kein Schwächling war, legte er im Ringkampf seine Gegner allesamt auf den Boden. Verlieh Pauline ihm diese geheimen Kräfte?

Allemal aber blieb doch das Schaffen Inhalt seines Denkens und Trachtens. Die Galerie lockte ihn immer wieder von Neuem, seine Augen waren zum Schauen bestellt, Raffaels *Madonna* mit ihrem unergründlichen Lächeln sah ihn an und ergriff ihn, Schönheit und Liebe vereinten sich in ihm wie Musik und Bild in einem. Er erlebte physisch, Andacht bewegte ihn, tiefer als der Raum der Kirche sie schenkte.

Durfte das, was er auf diese innige Weise genoss, worin er sich baden konnte wie in warmer Flut, durfte das verbannt bleiben in dem Gemäuer eines Kunsttempels wie in einem Gefängnis, nur Wenigen zugänglich, abgeschirmt vor dem großen Draußen? Kunst gehört, meinte er, wie Musik und Dichtung hinein in die Alltagswelt, an den häuslichen Herd, allezeit den Betrachtern zur Freude. Seine Kunst jedenfalls sollte solch Inseldasein nicht erfahren. Er dachte an Pauline, dachte an die Mädchen, die seine Kunst betreiben könnten zur eigenen Lust und Freude. Und so kam er auf den Gedanken, sich mit einer Handarbeitsschule zu verbinden, um der »strickenden Welt«, wie er sich ausdrückte, nützlich und gefällig zu sein. Anton Graff, dem diese Idee ausnehmend gefiel, ernannte ihn daraufhin schalkhaft zum Dresdener Stickdirektor. Diente diese Titulierung zwar einer allgemeinen Erheiterung, so setzte sie ihm doch fernab jeglicher Ironie ein Denkmal. Denn Philipp Otto entwarf Motiv über Motiv, Muster über Muster.

Durch diese hübsche Tätigkeit, Blumen und Pflanzen, deren Pracht sich ihm beim Botanisieren entfaltet hatte, mit Nadel und Faden nachbilden zu lassen, bereitete er nicht allein Freude. Die Mädchen erlebten bei der Arbeit nach seinen Entwürfen sinnvolle Beschäftigung mit dem Schönen wie auch das eigene Aufspüren von Farbe und Form. Liebliche Figuren kamen da zum Vorschein, naturnah und formfroh. Und das alles schaffte er neben seinen ihn schon genug fordernden Arbeiten.

Mit dieser Produktivität entriss er die Kunst, sonderlich die der Historie dienende, ganz dem Überkommenen, und er brachte ein

Neues, noch nie Dagewesenes. Abklatsch stand zur Genüge auf dem Markt, Imitation und Kitsch. Er entwertete diese und überwand sie. Wie er überhaupt bereit war, mit dem Alten, Ausgedienten zu brechen. Die Zeit war reif, empfand er, und den Weg zu dem Unentdeckten nannte er das Suchen und Finden einer neuen Kunst. Die Klassik und ihre geistlose Nachäfferei hatten abgewirtschaftet, das war seine Meinung, und die tat er laut kund. Anton Graff, sein verehrter Meister, verstand ihn gut und in ähnlicher Weise auch sein Poetenfreund Ludwig Tieck. Berger, mit dem er oftmals zusammentraf, sprach sogar von einem Pioniergeist in einer aufzuscheuchenden Weltepoche. Selbst Daniel begleitete seinen Bruder in Gedanken auf diesem Weg. Er begriff mehr und mehr, wie sein kleiner Bruder, den er jetzt nicht mehr den Kleinen nennen wollte, sich nicht etwa überspönigen Gedankenwirren hingab, denn er beobachtete Philipp Ottos Hartnäckigkeit, diesen neuen Pfad zu beschreiten, von dem ihn wohl niemand zurückrufen konnte.

Selbstverständlich geriet er unter die Angriffe der Unverständigen, er vernahm Ausdrücke wie Lächerlichkeit und Kunstverrat und Dummspielerei dicht an seinen Ohren; aber die das sagten, waren nicht die Hervorragendsten unter denen an der Akademie. In seinem Kampf brauchte er weder Schildträger noch Speerwerfer zu seiner Verteidigung. Dass sich jedoch auch solche Leute unter ihnen befanden, die auf dem Weimarer Kunstmarkt ausstellten, schmerzte ihn doch. Er hatte seinen *Achill und Skamander* und ein weiteres Bild eingeschickt. Auf das erste hatten sie nicht geantwortet, das zweite hatten sie mit ihrem Urteil zerrissen. Ihm war zu Ohren gekommen, Goethe selbst habe hierbei seine Stimme laut werden lassen. Goethe, ein Meister des Wortes, der die Bildung seiner Zeit in sich trug, der, Gott sei es geklagt, die Werke der Klassik zum Maß aller Dinge ausschrie, die heroische Antike zum universalen Schönen deklarierte? War es nicht dieser Goethe, der Weimarer Großfürst der Weisheit, der da sagte, was sich nicht am klassischen Stil orientierte, hatte kein Recht, weiter getrieben zu werden?

Betrübt über diese einsichtslose Orthodoxie, festigte sich in ihm über die Weimarer Kunstschule und ihre Wortführer sein Urteil. Es wurde zu einem einwandfreien Damnatus.

Von Ludwig Berger erfuhr er, wie eng Goethes Musikwissen gesteckt war, dass er sich zwar durch Johann Friedrich Reichardt inspirieren und unterweisen ließ und gern auf Friedrich Zelter hörte und sich durch ihn theoretisch bildete, seinen Ohren aber anscheinend eine Membrane zum neuen Hören fehlte. Einseitige Bildung aber war wie ein knirschender Hemmschuh unter dem Wagenrad. Sie bremste den Lauf der Entfaltung und wirkte am Ende tödlich. Und was für die Musik galt, traf auch für die Malerei in gleichem Maße zu. Und was Goethe betraf – es hatte sich herumgesprochen, dass er dieses und jenes an Bildchen aufs Papier gebracht hatte, wobei aber, so sagte man leise, nur der Name das Gültige aussprach, nicht die Qualität des Geschaffenen. So war, meinte Philipp Otto deutlich sagen zu dürfen, an manchen Orten, die sich eines besonderen Rufes erfreuten, durchaus nicht alles im Lot.

Pauline? Oh, die würde ihn verstehen. Ihr würde er all sein Denken, seine Schlüsse, seine Konsequenzen erklären können. Teilnehmen sollte sie an dem, was ihn umtrieb. Könnte er nur mit ihr sprechen, sie ein einziges Mal für sich erlangen. Gott, betete er, gib mir einen langen, langen Arm, diesen mir zugedachten Stern vom Himmel herabzuziehen, ich wollt' ihn ewig in meinen Händen halten.

In allem Unfrieden, der ihn manchmal umgab wie eine stinkende Wolke, flüchtete er zu ihr hin, riss sie in Gedanken an sich und sprach mit ihr, als stünde sie neben ihm im Raum. In so einem unhörbaren Zwiegespräch formte er das vor, was er in Briefen niederschrieb, sich selbst zum Zeugnis. Nur wann, wann, wann würde er diesen lieben Menschen ganz sein Eigen nennen dürfen? Schweigen hatte er seit Langem nicht mehr können. Perthes hatte er von ihr geschrieben, und durch Perthes erfuhr es Matthias Claudius in Wandsbek. Geklagt hatte er, was ihm neulich widerfahren war, als er dem Herrn Bassenge seine Zuneigung gegen die Tochter angezeigt, und wie er in des gestrengen Herrn Angesicht die Rollladen hatte fallen sehen, und es hätte entsetzlich geklappert. Von diesem

Augenblick an war ihm, als müsse er gegen eine Tausendzahl von Windmühlenflügeln kämpfen. Ungedeckt habe er dagestanden vor einem Mann mit der finstersten Miene, die je ein Menschenantlitz hervorgebracht hatte. Immerhin habe er sich ihm erklärt, unbedacht auf die Reaktion, ja, er habe sehr deutlich gesagt, wie es in ihm brenne, habe es mit Worten gesagt, in denen sowohl das Feuer der Liebe als auch taktvolles Zurückhalten der Gefühle standen. In Sekundenschnelle aber habe Herr Bassenge jedes Schlupfloch verstopft, durch das noch ein werbendes Wort hätte in sein Herz dringen können. Das Einzige war das durch nichts aufzuweichende Wort gewesen: Nein, junger Herr, nein. Dazu ein auf Verzeihen verzichtendes Lächeln, so knapp, fast unmenschlich hart, ein Gesicht, das ungesagt riet, bitte gehen zu wollen und die Tür fest hinter sich zu schließen.

Friedrich Perthes, der gute Freund, las den Brief mit teilnehmender Aufmerksamkeit, suchte sich aber jeglichen Mitleids in seiner Antwort zu enthalten. Dagegen riet er ihm verständnisvoll:

*Uns ist das Leben weder ein moralisches Treibhaus noch ein Lustgarten von nichts denn Blumen und Wohlgerüchen. Du meinst von mir am tiefsten verstanden zu werden. So kam denn nun auch deine miß- und wehmütige Stimmung, in der du, wie wir aus deinen Briefen sehen, bist, mir nicht fremd und unerwartet. Aber fest glaube ich, daß dieser Brief dich schon wieder voll frischen Mutes antrifft. Warum solltest du mutlos bleiben? Fängst du doch erst an, dein Schicksal zu machen, und sind doch die ersten Widerwärtigkeiten an- und nicht abspannend. Du bist ein zu Tüchtiger, Redlicher, als daß man bei dir vorsichtig zu sein brauchte. Einem zarten Sinne, der einer unedlen Handlung nicht fähig ist, darf man schon etwas Keckes anraten. Nimm dein Verhältnis romantischer! Sieh' einmal, lieber Otto, ich meine es so: Dem Vater deiner Pauline ist von deiner Seite Gerechtigkeit widerfahren, du hast deine ernsthafte Meinung ihm zuerst gestanden. Ich glaube, daß deine Neigung jetzt auch Recht hat, die du durchzusetzen dir, deiner Pauline und selbst ihrem Vater schuldig bist. Pauline muß jetzt erfahren, was du für sie fühlst und was du deshalb bei ihrem Vater getan hast, u.s.w.*

Oh, lieber Perthes, quälte sich Philipp Otto mit dem herum, das er da gelesen hatte. Das Verhältnis romantischer nehmen? Das sagt sich so leicht. Es war doch nicht nur Pauline, die mich der Harmonie entriss und in eine Jahrmarktsschaukel warf, in Höhen, in Tiefen, ins Her, ins Hin. Meine Harmonie ist gestört, und da sprichst du vom romantischen Verhältnis. Ich brauche sie, um Mensch zu bleiben, nicht um mich auf silbernen Flügeln davonzuheben. Oh, Perthes wohin denkst du nur.

Philipp Otto gewann die Harmonie zwar wieder, wenn er vor der Staffelei stand, Palette und Pinsel in den Händen, aber es dauerte seine Zeit. Vergraben musste er sich mit allen seinen Sinnen in seiner Arbeit an der *Lehrstunde der Nachtigall,* regelrecht vergraben. Wenn er dann nichts mehr hörte, nicht das Ticken der Uhr, das Rollen eines Wagens draußen vor der Tür, kein Schlagen eines Mörsers unten in der Apotheke, dann stand sie vor ihm, die Schöne, an deren Faltenwurf er Skizze um Skizze versuchte, die Glätte der Schenkel, die Form des nackten Fußes, der Fall des gelockten Haares. Es sollte ein Bild werden, in dem sie selber lebte, seine Pauline, denn nur durch sie würde das Bild Inhalt und Würde erhalten können.

Nun, da er die Harmonie leidlich wiedergewonnen hatte, gelang ihm mit dem Stift, was seine Gedanken hervorbrachten.

Da traf ihn unvermittelt eine Einladung, die ihn seine Arbeit für Wochen beiseitzulegen zwang. Dieser, eine Reise ins Mecklenburgische zu machen, durfte er sich nicht entziehen. Die Familie rief. Hier ging es um landwirtschaftliche Geschäfte, in die auch die Firma in Hamburg einbezogen war. Weil nun die ganze Familie sich seiner mit ihren treuen monatlichen Zuwendungen völlig annahm und ihm damit sein Studium ermöglichte, sah er sein Mitwirken in der zu erfüllenden Aufgabe als eine Selbstverständlichkeit an. Jacob rief. Bruder Jacob hatte in Neddemin in der Nähe Neubrandenburgs seine Gutspacht beendet, um in nächster Zeit Hochzeit zu machen und sein Wohnhaus in der Wolgaster Burgstraße mit seiner Eheliebsten zu beziehen. Jacob richtete einen Appell an die kaufmännischen Fähigkeiten seines Bruders – wie lustig! – und bat ihn um Hilfe beim Verkauf der Tiere.

Philipp Otto fiel aus allen Wolken. Ich und kaufmännische Fähigkeiten? Da muss ich aber laut lachen. Dies schrieb er sofort dem Bruder nach Neddemin, worauf dieser erklärte, er möge sich unverzüglich auf den Weg zu ihm machen, die Zeit dränge, und er zweifle nicht an ihm, und er solle sich nicht hinter vermeintlicher Ungeschicklichkeit verstecken.

Philipp Otto, als gehorsamer Bruder, schloss die Tür hinter sich und begab sich aufs Land, um das von ihm Verlangte abzudienen, eine Aufgabe, die romantischer nicht hätte sein können, wenn auch in anderer Art als die eines schwärmerischen Geistes. Landdüfte, Stallgestank, Kuhgemuh und das ständige Wasserlassen gescheuchter Schafe und Hammel umgaben ihn jetzt. Jacob hatte ihm den Bruder Carl Hermann an die Seite gegeben. Zu zweit machten sie sich ans Werk. Carl Hermann kümmerte sich um das Vieh, Philipp Otto mimte den Sekretär. Zunächst hatten sie aber den Honig zu taxieren, und das geschah, wie sie nachher gestanden, unter köstlicher Verköstigung dieser köstlichen Kost. Danach kamen Erdbeeren und Kirschen an die Reihe, deren Wert angegeben werden musste und die zum Verkauf zu vermitteln waren. Nach der Schätzung des Baum- und Beerenobstes hatten die beiden das Gut auf dem Friedländer Pferdemarkt zu vertreten mit dem Verkauf niederländisch-belgischen Kaltbluts.

Philipp Otto war begeistert von dem Marktleben, dem tumultuarischen Treiben. Mit der Schere hielt er darum diese und jene Szene fest. Die nächste Aufgabe hatten sie auf dem Lande zu erfüllen, Jacobs Schwiegervater hatte sie ihnen übergestülpt wie einen alten Hut. Er rief, als sie ihm widerstehen wollten: »Ji makt dat, ji makt dat, un nu hollt' Mul!«

Es galt, in Neddemin dreißig Schafe zu kaufen und nach Berlin zu treiben. Auf dem Weg dorthin sollten sie den Umweg zur Schwester Ilsabe einschlagen, um ihr aus dem Überstand von Neddemin noch drei Fässer Butter und die fetten, bei ihr bestellten Schweine mitzunehmen.

Mit dieser Tätigkeit, die seinen kaufmännischen Fähigkeiten in keiner Weise das Wort redete, sondern sein ganzes Ungeschick

bezeugte, brachte er einige Wochen zu. Der Familie schien gedient zu sein, nicht aber ihm. Und so blieb denn diese Reise die einzige ihrer Art, die ihn dem Thronsaal der Kunst entriss und der Romantik des Schafgeblökes, des Schweinequietschens und der genussvollen Honigschleckerei zuschob. Wohl liebte er die Landluft, die engen Straßen der kleinen Städte und die Düfte, die den Wiesen und Flüsschen entstiegen, die Sprache, die wie Musik in seinen Ohren klang. Als er aber den ruhigen Strom der Elbe wieder erblickte, den lauen Gang der Luft im Haar spürte und das Klappern der Karossen auf dem Pflaster in den Ohren hatte, trat Paulines Angesicht, das ihn in jenen Wochen aus der Ferne begleitet hatte, so dicht in seine Nähe, dass er sie zu fühlen meinte. Da stellte er sich an seine Staffelei und begann, in das große Bild ihr Antlitz zu hauchen, sie, die Pauline, die Psyche, wie sie die Nachtigall lehrt.
Um noch tiefer in dieses Bild einzudringen, bat er seinen Bruder Daniel um die Übersendung der klopstockschen Ode und schrieb:

*Ich denke diese Composition so bald als möglich und so fleißig wie möglich auszuführen, nur muß ich mich zuvor noch mehr im Mahlen üben, und da bin ich jetzt dran. Es kann ein recht hübsches Bild werden. Die Farbentheorie von Mengs und Casanova wird mir dabei helfen, es ist doch mein erster Versuch, so recht in Farbe zu mahlen. Schon höre ich den Dichter singen, vielmehr die Psyche, wie sie zum Vögelchen spricht: Flöten mußt du, bald mit immer stärkerem Laute, bald mit leiserem, bis sich verlieren die Töne, schmettern dann, daß es die Wipfel der Wälder durchrauscht – flöten, flöten, bis sich bey den Rosenknospen verlieren die Töne. Lieber Daniel, es wird ein Oval innerhalb eines viereckigen Rahmens, auf welchem Figuren, wie in braunes Holz geschnitzt erscheinen. Die Nachtigall, eine große weibliche Gestalt, eben als Psyche, die Frau Amors, die noch so einen Kleinen hat. Was müssen das nicht für Jungen seyn! Dieses Bild wird eben dasselbe, was eine Fuge in der Musik ist. Mir ist begreiflich geworden, daß in der Malerey wie in der Musik ein Gleiches stattfindet, nämlich wie viel man sich erleichtert, wenn man den musikalischen Satz heraus hat, der in dem Gantzen ei-*

*ner Composition liegt, ihn variiert durch das Gantze immer wieder
durchblicken läßt. Niemand aber wird aus diesem Bild herauslesen, daß
ich mit allem nur die Geliebte meine.*

In diesen Tagen fand er einen Zettel, den Professor Hartmann ihm
zugeleitet hatte. Durch diesen erfuhr er von der Anwesenheit
zweier Pommern in Dresden. Wie schlug sein Herz da vor Freude.
Caspar David Friedrich aus Greifswald war endlich eingetroffen
und hatte eine Wohnung vor dem Pirnaschen Tor genommen.
Ihm war Dresden ja keine unbekannte Stadt. Er ging durch die
Straßen, als gehörte er hierher. Er führte den anderen pommerschen Gesellen hier ein, den jungen Friedrich August v. Klinkowström. Dieser war der Sohn eines Schlossherrn, des Grundbesit-
zers von Ludwigsburg, eines in der südlichen Bucht des Greifs-
walder Boddens gelegenen Gutes. Er zählte zu den begabten
Schülern des Greifswalder Universitätsprofessors Quistorp, eines
Verwandten des im Konsistorium amtierenden Generalsuper-
intendenten.
Friedrich und v. Klinkowström hatte es nun wieder um der Studien
willen in die sächsische Kunstmetropole gezogen. Hinter der
Hand wurde geflüstert, dass Friedrich durchaus den Status eines
Lehrenden bekleiden dürfte. Er hatte im Gegensatz zu Philipp
Otto die Erziehung zur Malerei unter bedeutend glücklicheren
Umständen beginnen können, ebenso v. Klinkowström, der nur
ein knappes Jahr älter als Philipp Otto war. Beide hatten von Anfang an einen vorzüglichen Unterricht gehabt, im Zeichnen wie in
der Schule, und waren nicht, wie Philipp Otto, der Unerbittlichkeit schwerer Erkrankungen unterworfen gewesen.
Philipp Otto erkannte bald, welch gute Seelen die beiden Nord-
deutschen waren und wie sie sich vom Heimatlichen her vornehmlich in der Kunstkritik einig waren. Dass Friedrichs Art zu
malen eine andere war als die seine und die Klinkowströms, stand
mit dem Grundsätzlichen nicht im Widerspruch. Verwunderlich
aber war, dass Friedrich sich scheute, seine Gestalten von vorn gesehen darzustellen. Nur den Rücken ließ er dem Bild. Doch eben

das war Friedrich. Im Tiefsten stimmten sie auch darin überein: Der Schöpfergott selbst ist die Quelle im Künstler, und ohne diesen ist keine Kunst. Kunst ist nicht Religion, aber das Religiöse ruht in der Kunst.

Eine durch Friedrichs Zurückhaltung bedingte Freundschaft baute sich zögernd auf und durfte sich zu denen zählen, die bereits den Lebenskreis Philipp Ottos bereichert hatten wie Ludwig Berger, der noch in Dresden weilte, Ludwig Tieck, wenn er diese Stadt aufsuchte, die Professoren Hartmann und Graff wie noch so mancher, der ihm mit Geist und Verständnis nahe war. Und zog Philipp Otto den Kreis weiter in die Ferne, waren jene da, die er im weiten Lande wusste, wie Speckter, Perthes, die Frau Brun vielleicht und Juel und Abildgaard in Kopenhagen. Und Papa Claudius nicht zu vergessen! Das waren Köpfe, waren Namen, und denen fühlte er sich zugehörig. Dass Juel plötzlich sehr erkrankt war, wie er erfahren hatte, traf ihn tief, denn er hoffte noch immer, ihm hier einmal begegnen zu können.

Friedrich August v. Klinkowström war ein zarter, fast knabenhafter Mann. Als Philipp Otto dessen Selbstporträt gesehen hatte, platzte es ungewollt aus ihm heraus: »Büst 'n lütten Bubi, August, grad as so'n Jungfer Nüdlich.« In der Tat, ein krasses Gegenstück zu Caspar David Friedrich, dessen mürrische Art sich zwar in seinem Gesicht widerzuspiegeln schien, der aber im Herzen verwundbar und von einer Innerlichkeit war, die ihresgleichen suchte und die wie die Fühler einer Mimose reagierten, würde man ihn nur leise in seinem Inneren berühren wollen.

Friedrich war von anderer Art, nicht nur äußerlich; statt wie Klinkowström straff aufgerichtet, stand er wie ein vom Wind gebeugter Baum da, immer leicht nach vorn geneigt, als trüge er an einer Last, brummelte auch gern vor sich hin, wie ein in seiner Ruhe gestörter Bär. Wer ihn dabei beobachtete, könnte meinen, er spräche mit jemand anderem. Er mied jedes sinnleere Daherreden, er hatte an sich selbst genug. Das brachte ihm den Ruf ein, ein mürrischer Kauz zu sein. Schwer war es, in sein Inneres zu dringen.

Philipp Otto reagierte auf solches Betragen sensibel. Sie machten einmal zu zweit einen Spaziergang nach den Elbwiesen. Bei Kötzschenbroda hatten sie den Blick auf die Weinhänge und sie schauten dem Wasser nach, den stummen Fluten, wie sie talab zogen. Beide überdachten sie, wie das Leben in gleicher Weise dahinzieht, lautlos, unaufhaltsam.

»Du lässest sie dahinfahren wie einen Strom«, zitierte Philipp Otto aus dem 90. Psalm. »Hörst du, Caspar, wie der Strom uns predigt? Wie er mit uns redet?«

Friedrich wiegte verneinend den Kopf. »Wasser spricht nicht nur, Wasser klagt, Wasser schreit. Aber es tröstet auch unendlich. Du musst nur mit ihm einig sein, Otto.«

Philipp Otto blickte ihn an. »Wie meinst du das?«

Erst nach einer langen Gedankenpause, in der Friedrich die Augen geschlossen hielt und auf seiner Lippe kaute, sagte er, und seine Stimme klang, als läge auf ihr ein Stein:

»Ich will dir sagen, Otto, was sonst keiner zu wissen braucht. Weil du mein Freund bist und mein Landsmann und weil du weißt und fühlst, dass wir ein inwendiges Leben haben. Es gibt etwas in meinem Leben, was wehtut, was nicht Ruhe gibt, was immer wieder ans Licht drängt, Otto. Du sollst es hören.«

Philipp Otto legte sich rücklings ins Gras, verschränkte die Arme unter dem Kopf und flüsterte:

»Erzähl, Caspar, wenn dir das gut tut.«

Friedrich war keineswegs willens, eine lange Rede zu halten. Was er vorgedacht und zu Worten formte, ging nur als ein ungeordnetes Stammeln über seine Lippen.

»Du kennst bei uns die Wieck am Bodden, das lütte Fischernest, vis à vis vom Kloster Eldena, die Ruine da, wo die Fischer wohnen. War Winter damals, ich aufs Eis, war schön glatt. Mein Bruder Christoffer mir nach mit dem Peekschlitten. War schön glatt, sag ich. Da knackt das Eis, ich einbrechen, untergehen, das war eins. Christoffer packt mich am Schlafittchen, holt mich hoch, bricht selber ein, kam unters Eis, ich steh und such, find ihn nicht, schrei um Hilfe, zu spät alles. Er tot, ich lebe. Er wollt' mich retten, ver-

stehst du, Otto? Er hat mich gerettet. Aber wie? Das Bild in mir, hier drin, weißt du?«, er tippte gegen seine Brust, »das tut weh, das kriegst du nicht ausradiert, das kannst du nicht übermalen, das scheint immer durch. Weißt du, wie das macht, Otto? Du stehst da einsam, ganz einsam, ein verlassener Büßer am Meer, vor der Unendlichkeit, klein und machtlos. Nebelschwaden über dem Land deiner Gedanken, in dem du nach Leben suchst. Und der Himmel ist weit und Gott so nah. Und du fühlst dich ruiniert, kaputt wie ein Baum, vom Sturm angeknackst, trägst Zeichen der Trümmer an dir und dabei doch ungeheuren Lebenswillen, und das Grabmal hat sich bereits neben dir aufgebaut, Hoffnung im Eis zerborsten. Hoffnung, Otto, was ist das?«
Philipp Otto schwieg erschüttert.
»Und der Himmel«, fuhr Friedrich fort, »der Himmel ist für dich immer so weit weg, aber der tröstet. Weißt du, warum er tröstet? Weil er keine Grenzen setzt. Der Himmel predigt die Unendlichkeit. Eis und Schnee tauen von deinen Füßen ab, du sollst wieder auf grünem Gras gehen, lebst ja weiter, musst ja leben, weiter leben, weiter, immer weiter leben. Und mit eins, da kommst du nach Haus wie ein Schiff mit matten Segeln, läufst ans Ufer und bist an Land, im Hafen. Weißt schon, welchen Hafen ich meine. Und kiek eins, Otto, das ist das Leben.«
War das des Mannes Klageschrei unter Schuld und Buße? Oder war das der Schrei nach Erlösung? Philipp Otto schwieg, was sollte er sagen. Indessen begann Friedrich noch einmal:
»Der Himmel ist doch unser Tröster, Otto. Du und ich, kiek eins, wer versteht uns schon. Was du pinselst, was ich pinsele, das ist nicht das, was die Leute sehen wollen. Weil sie ihre Augen nicht aufkriegen, weil sie nicht durch den Pottdeckel kieken wollen, weil's nämlich darunter brodelt und kocht. Aber lass dich nicht abirren von deinem Weg, hörst du? Niemals. Und wenn dein Weg, oder besser, du selbst, noch so einsam ist wie einer, der am weiten Meer steht, vor dunklem Horizont. Was gehen dich die Leute an. Die innere Stimme, die ist die wahre. Mehr noch, sie ist das Wahre.«

Friedrich hatte alles gesagt. Philipp Otto suchte die Hand des Freundes und drückte sie. Das war besser als jedes Wort. Er wusste, wie gut Schweigen sein konnte. Erst nachher auf dem Heimweg erzählte er, was er mit sich selbst herumtrug, eine freilich ganz andere Last, die im Grunde keine Last war. Er erzählte ihm von Pauline Bassenge und wie sich der Vater anstellte und wie ihm das allmählich über die Hutschnur ging.
Caspar David Friedrich hatte mit der Liebe jetzt wenig im Sinn. Er riet ihm zu vernünftigem Handeln, dem Herrn Papa in Wolgast anzuzeigen, wohin die Kompassnadel in seinem Herzen weist. Und wenn er einen falschen Kurs setzte, würde er nie ankommen.
Diesen Rat nahm er ernst und schrieb an den Vater, alles das beim Namen nennend, was ihn umtrieb. Wie sich sein Herz dem liebsten Geschöpfe zuneige, das die Erde je hervorgebracht habe; schrieb aber im gleichen Zuge auch, dass die Liebe zu Pauline seine Arbeiten nur beflügele und niemals hemme und dass er fleißig sei wie kein anderer. Und er bat den lieben Herrn Vater zu glauben, es handle sich nicht um den Streich eines liebelüsternen, ungezügelten Jungen. Er wüsste wohl, dass er dem Runge'schen Haus keine Unehre antun könne. Schrieb aber auch dazu, wie streng sich der Vater Bassenge verhielte und dass er Zäune, nein Mauern zwischen Pauline und ihn ziehe, die undurchsichtig wären. Dass zwar Liebe Mauern breche, wie der Vater sicher wüsste, aber dass er solche Mauern weggewischt wünsche. Nun er dies geschrieben, sinne er darüber nach, wie er den lieben Herrn Vater von der Redlichkeit seiner Gefühle überzeugen könne, und er möge ihm doch seine Meinung darüber nicht verbergen.
Auch bei Daniel flatterte nach einigen Wochen glücklicher Schaffenszeit ein Klagebrief Philipp Ottos auf den Tisch:

*Alles könnte ich vergessen, nur das nicht. Sieh', ich weiß nun, ich erlange es nicht, in meinem Leben nicht, aber es brennt mich wie Feuer in der Brust, ich kann mich nicht trennen von dieser Welt, worin der Funke, dieser Odem des allerhöchsten Gottes lebt und webt. Ich habe mit Bas-*

*senge gesprochen – ich habe nichts, nichts erlangt. Herr Bassenge hat sich auf nichts eingelassen als, daß er sich jetzt meine Besuche verbitte. Diese Deklaration hat mir alles zerstört, ich habe eine Stelle in meiner Seele, in der alle Nerven bloß liegen, immer offen, immer reizbar. Und das, das kommt vom Liebsten der Welt. Sie wissen es alle. Der alte Graff hält viel von mir, und ich will mich nun wieder ganz dem neuen Bild zuwenden, Klopstocks Lehrstunde der Nachtigall. Du kennst diese herrliche Ode. Aber Daniel, wer ist diese holde Fee für mich, die da das Singen lehrt? Ist es nicht meine Pauline? Ich muß ihr Angesicht in dieses Bild hineintreiben mit den Farben, wie mein Herz sie sieht. Dann, in der letzten Phase. Noch bin ich beym Skizzenmachen. Es soll doch das schönste Bild werden, das mein Gefühl, mein weinendes Leid, meine jauchzende Freude, die romantische Melodie in mir, je hervorbringen wird. Und ich werde, ungeachtet der Mahnungen des Vaters, Pauline darin offenbaren, was ich für sie getan, gefühlt, gelitten habe. Ich bin ihr in letzter Zeith einmal nur begegnet und habe sie im Fluge gesprochen. Immer ist's mir seitdem, wir sollten uns einander um den Hals fallen, und ich höre kein eintziges Wort von ihr. So will ich nun arbeiten. Beides, die Liebe und die Arbeit, beides reibt mich auf.*

Philipp Ottos Fertigkeit in seiner Darstellungskunst, auch wenn sie nur Entwürfe betraf, sprach sich fleißig herum. Dass Namen von Rang ihn mit vorzüglichen Worten priesen, machte ihn mutig, zu seiner Art zu stehen. Einer der namenlosen Liebhaber ließ sich sogar zu jenem fast blasphemischen Zitat des Christuspsalmes hinreißen: Der Runge sei ein Künstler, »vor dem sich beugen sollen aller derer Knie, die im Himmel und auf Erden und unter der Erde seien«.

Kam ihm so etwas zu Gehör, drückte er sich die Finger tief in die Ohren. Papperlapapp, was wissen diese Quackelköpp' von mir. Als aber der alte Graff beim Blick auf den Nachtigallentwurf überrascht flüsterte: »Mein Gott, ich wollt', ich hätte das gemacht«, sagte Philipp Otto beschämt nur ein Danke, Herr Graff.

Er arbeitete verbissen, oft bis an die zehn Stunden am Tag, und wenn er die Füße nicht mehr unter sich spürte, setzte er sich und arbeitete weiter. Und dann war ihm, als stünde Pauline neben ihm, führe seine Hand, und er war ganz mit ihr verbunden.

Ein Tag aber setzte Philipp Otto die Schaffensgrenze. Er kämpfte mit hitzigem Fieber, er ignorierte es, er stellte sich hart und ging dagegen an, doch ein Schwächeanfall riss ihn nieder. Die Palette glitt ihm aus der Hand, die Augen versagten, Schwindel warf ihn aufs Bett. Der Apotheker hörte davon, kam und verordnete mildernde Arzeneien, die aber nicht anschlugen. Professor Graff kam und war erschüttert, wie sehr so ein junger Mensch, der eben noch das Leben selber war, verfallen konnte. Frösteln und Schwitzen und wildes Fantasieren schüttelten den Leib und dazu plagte ihn ein tief sitzender, trockener Husten. Der Arzt sprach von einem entzündeten Rippenfell und beginnender Pneumonie, und der Körper wäre infolge Überanstrengung der Krankheit preisgegeben. Es wäre nichts anderes zu tun als abzuwarten. In vielen Fällen würde sich der Körper von selbst helfen, erklärte er und fügte hinzu, man solle nicht von vornherein Wunder ausschließen.

Treue Hände umsorgten ihn, man ging auf leisen Sohlen, die gütige Frau seines Lehrmeisters Graff sah stündlich nach ihm und bewies eine Liebe, als wäre der Kranke ihr eigener Sohn. Nach neun Tagen kam die Krise, das große Entweder-oder. Am Tage darauf verlangte der Kranke nach Milch und Griesbrei, und alle, die davon hörten, atmeten auf. Der Husten quälte ihn noch lange, und der Arzt beschwor ihn, ja noch das Bett zu hüten, er brauche Wärme, Wärme und immer wieder Wärme. Sie wussten alle, dass Philipp Otto sehr krank gewesen war.

Jetzt erst, als er auf dem Weg der Besserung war, besuchte ihn Vater Bassenge. Er blieb nur wenige Minuten, und Philipp Otto hatte das gewisse Gefühl, hier war ein Pflichtbesuch abgedient worden, vielleicht auf Bitten Paulines. Doch dieser Name wurde nicht genannt. Als gäbe es sie nicht, blieb auch kein Gruß im Raum zurück, kein Hauch von ihr, der Geliebten. Ob sie den Vater gesandt hatte? Ob sie erfahren würde, er sei bei ihm gewesen?

Als Vater Bassenge die Tür wieder hinter sich geschlossen hatte, war trostlose Leere in des Kranken Herzen wie im ganzen Raum, der ihn umgab. Ach, wäre dieser Mann nie gekommen! Ein einziger Gruß von Pauline, und er wäre genesen. Nun aber schien das Gesicht dieses Mannes wie eine ironische Fratze neben ihm zu stehen und war nicht wegzuwischen.

Philipp Otto kämpfte schwer mit sich, er wehrte sich gegen alle abscheulichen Bilder, die in ihm aufstanden. Durfte er denn anderes von dem Mann erwarten? Hatte der sich nicht jegliche Konversation verbeten?

Nur langsam schritt seine Genesung voran, doch am 3. Oktober griff er endlich wieder zur Feder, um Daniel zu schreiben.

*Geliebter Bruder. Mein Nichtschreiben rührt freylich nicht daher, daß ich bis an die Knie in Rosen ginge und die Hände bis an die Ellbogen in Honig hätte. Ich bin wirklich recht ordentlich krank gewesen. Doch das ist nun vorbey und ich bin schon wieder eine Zeithlang wieder gesund. Ich mußte erst recht heftig daran arbeiten, ehe ich völlig auf den Gedanken kam, daß ich doch auch wieder besser werden müsse, und es nur darauf ankäme, mir alle Arbeit aus dem Sinn zu schlagen. Das habe ich denn getan und es half. Und dennoch habe ich während der Krankheit wieder zwey Bilder geboren, die auch mit der Zeith öffentlich auftreten werden, wenn ich sie erst ordentlich erzogen habe. Nun bin ich schon wieder ins Arbeiten drin, daß ich nicht Nacht noch Tag Ruhe habe. Ich habe die Skizze von einem, die Nachtigall, jetzt bald ganz untermahlt und finde zu meiner Beruhigung, dass ich doch rechten Effect vorher richtig gehabt. Es wird ein gar munteres Bild. Was aber hilft mir das alles, daß ich hier sitze und arbeite. Vielleicht geht Pauline jetzt aus zu ihrer Schwester und ich könnte ihr begegnen, und sie sprechen. Wie kann ich da warten? Ich sehe nichts und höre nichts von ihr, keine Silbe, kein Klang, nicht einmal von ihr sprechen, sie sei mir gut. Gut gut, der Vater besuchte mich, als ich krank bin, die anderen sind alle recht höflich und grüßen auch ganz freundlich. Der Sommer ist nun vorbey, die Bassenges sind wieder in der Stadt nicht mehr in ihrer niedlichen Sommerresidenz. Nun kann ich ihr noch nicht einmal mit ihrem Vater begegnen. Herrliche Aspecten das! Oh, Daniel, ich bin allein, das ist die rechte Einsamkeit. Vorher habe ich nur die Furcht*

*gehabt, daß ich etwas verlieren könnte. Jetzt ist es bisweilen so gräß-*
*lich um mich herum:*

> *Ich höre keinen Ton, der zu mir dringt,*
> *und Schmerz und Lust sind aus der Brust geflossen,*
> *die in sich selbst in tiefsten Ängsten ringt.*
> *Auch kein Entrinnen des, was sie genossen,*
> *in ihrer tauben Leere widerklingt*
> *und höhnend ruft der inn're böse Feind:*
> *Genüge dir, so wie du sonst gemeint.*

*Dies sind nicht meine Worte. Freund Tieck hat sie geschrieben. Als
wenn er mein Leben lebt. Aber, lieber Daniel, ich will das Bild Nachtigall mahlen, ich habe es in den Händen. Bisweilen stelle ich mir vor,
wenn ich es fertig habe, müsse alles gut gehen, dann müßten sie es doch
mit den Händen greifen, wie lieb ich Pauline habe. Ich sehe im Geist
schon alles gemacht, sehe die herrlichen Farben, womit ich sie doch immer nur meine, diese Rose, diese Blume aller Blumen, Blüte, aus der
meine Früchte herauswachsen. Diese Liebe soll das Weib sein, mit dem
ich immer neue Bilder zeuge. Diese innere Glut ist dann wie der heiße
Sommer in mir. In ihm setze ich mich an die Arbeit und mit ganz festem Bewußtsein begreife und mache ich, was ich will und wie es seyn
muß. Aber, liebster Bruder, es dient zu nichts, daß man viel darüber
spricht, wie man es machen kann. Wer das Erste in sich und in der Welt
versteht, der sage das Zweyte durch ein Hervorgebrachtes aus sich.*

Lange nach seiner endgültigen Genesung durchstreifte er mit
Caspar David Friedrich wieder einmal die Galerie. Durch dessen
Worte erschien ihm manches oft betrachtete Bild wie in neue Farben getaucht. Er lernte den Greifswalder als einen hartgesottenen
Kritiker kennen. Auf keinen Fall gehörte er zu denen, die etwas
mit spitzer Zunge herunterrissen und es doch nicht besser machen
konnten. Vielmehr verstand er es, die zu loben, die es verdient hatten. Dabei war seine Ausdrucksweise nicht nur pommersch derb,
sondern auch pommersch herzlich. Sprach er mit Philipp Otto, so
bediente er sich gern des alles Grobe mildernden Platts, und in

diesem Deutsch traf er oft den Kern eines Dinges genauer; und wenn, dann auch nur in aller Kürze. Für ihn trug der Augenblick die Wahrheit in sich.

»Ein Künstler«, sagte er einmal, »muss in seinem Künstlerleben ganz seiner Eigenart folgen. Ohne Nachteil für seine Kunst kann er nichts Fremdartiges aufnehmen. Er darf darum auch keine Verpflichtungen übertragen bekommen, die den Gang seiner Individualität hemmen könnten. Auf meine Eigentümlichkeit würde es störend, ja niederdrückend einwirken, müsste ich zum Beispiel meinen Akademieunterricht an die Uhr binden.«

Friedrichs Kunstkritik war immer menschlich und verständnisvoll. Denn auch dem Anfänger gab er sein herzliches, mutmachendes Lob. Erschien ihm jedoch ein Bild zu arg, konnte er es mit ironisch bissigen Bemerkungen zerfetzen. Einmal hatte er von sich gegeben: »Die Forderung der Zeit, lieber Otto, ist Nachäffen der Körper, also Längen, Breiten, Höhen und Formen und Farben. Ein schönes Gesicht oder ein schöner Arsch sind beides würdige Gegenstände für den Bildner, denn beides ist doch Natur, oder nicht? Nachzeichnen soll der Künstler einzig. Nachzeichnen, nicht mehr, wenn der Künstler nicht in kränkelnde Empfindsamkeit ausarten soll, statt heitere Lebensart zu wecken, wie die Kerle lehren. Nu segg mi eins, Otto, wo wi stahn mit dat Kunst. Wekker so denkt, as ik dat seggt heww, is in malldüsigen Quackelkopp un nüms 'n Maler nich. Und weißt du, Otto, dann sind Malereien doch nur leeres Gerede, sinnliches Gedankenspiel oder Farbenreiz. Aber man gut, du wie ich, wir kennen diesen leeren Sinnenschmeichel. Sinnenspeichel ist das. Wenn der Maler nichts als diese Natur nachahmen kann, dann ist er nicht viel mehr als ein gebildeter Affe oder er steht einer Putzmacherin gleich.«

Das war Caspar David Friedrich, um den sich die Malschüler sammelten wie Fliegen um einen Honigklecks. Philipp Otto war beglückt, ihn einen vertrauten Nachbar nennen zu dürfen. Den Eltern nach Wolgast schrieb er über diesen guten Mann, dessen Greifswalder Herkunft ihnen durch seines Vaters Seifenwerk am Domplatz durchaus bekannt war. Überhaupt schrieb Philipp Otto jetzt mehrfach nach Hause, nachdem der ungute, sein Liebesverhältnis verbergende Schleier abgedeckt war. Nun konnte er auch vor ihnen klagen, wie er sich, und immer so erfolglos, um Pauline mühe. Dass er sie so gut wie nie zu Gesicht bekäme und wie ihn das zermürbe. Schrieb aber auch von einem geheimen Brief aus Mutter Bassenges eigener Hand, der ihm hinter des Vaters Rücken zugespielt worden, in welchem sie ihn, den lieben Jungen, wissen ließ, er solle ja nicht bange sein. Pauline sei ihm von Herzen gut, nur der Vater sei noch immer dagegen, weil sie noch so jung sei, und ihre Konfirmation, wenn sie sechzehn Jahre alt würde, solle erst abgewartet werden.

Auf diesen geheimen Brief hin schrieb er nun seiner Mutter in der sicherlich berechtigten Meinung, die beiden Frauen sollten wenigstens gegenseitiges Verstehen aufbringen können:

*Sehen Sie, liebe Mutter, wie sehr hat mich geängstet, daß ich Pauline nicht erlangen möchte. Aber ich habe festgehalten! Ich will es Ihnen gestehen, liebe Mutter. Mir war die Seligkeit nichts, wenn ich es mir denken sollte, daß die, in welcher alle meine Wünsche befriedigt waren, nicht mein werden sollte. Und dann fiel mir auch das ein: >Wer nicht verläßt Vater oder Mutter um meinetwillen, der ist mein nicht wert<. Da habe dann Gott überlassen, ob er sie mir geben wolle oder nicht. Nun veranstalteten die Bassenges es selbst, daß ich Pauline sprechen könnte, in Gesellschaft aber. Ich schrieb Pauline danächst und sie hat, wie ich sie auch gebeten, den Brief ihr gezeigt, die auch alles was ich ihr geschrieben, gut und wahr gefunden, und es ihr ganz selbst überlassen hat, weyl sie doch selbst mit mir leben sollte, ob sie um meinetwillen hier alles verlassen könnte. Wir haben uns demnach gestern Abend besprochen, um uns über einander ganz aufrichtig alles zu sagen, dann soll ich sie, außer an öffentlichen Orten, nicht wieder sehen, bis ich sie vom Vater begehren könnte. Liebe Mutter, lieber Vater, ich bringe Ihnen eine liebe Tochter …*

Herrschte nun drinnen, in seinem Herzen, ein warmer Frühlingshauch, warf draußen ein strenger Winter seine Kälte über die Welt. Ein neues Jahr brach an. 1803 schrieb man auf den Kalender.

Der Jahresbeginn brachte die Schmerzenskunde vom Tod des verehrten Jens Juel in Kopenhagen. Diese Botschaft traf Philipp Otto hart, denn gerade ihm hatte er in besonderer Weise zu danken, ihm, seinem verständnisvollen Lehrer in einer kritischen Zeit. Eine Freundschaft war mit der Zeit gewachsen, und eben noch hatte er ihm ein Kästchen Pastellfarben und eine Kollektion guter Pinsel, wie es sie in Dänemark nicht gab, als Weihnachtsgruß nach Kopenhagen geschickt. Mit dieser Nachricht wachte das *Media vita in morte sumus* in ihm auf, und ihm fielen melodiöse Passagen ins Gedächtnis, wie Luwig Berger sie in der Trauerkantate auf Naumanns Tod zum Klingen gebracht hatte. Die Begrenztheit des Lebens im engen Raum der Zeit kam ihm zum Bewusstsein. Doch der Lebensfrühling obsiegte, das Dunkel wurde vertrieben von der Liebeswärme und dem Fluss der Arbeiten. Liebe und Arbeit trieben ihn voran.

Philipp Otto malte in dieser Zeit an mehreren Bildern zugleich. Ein unbeschreiblicher Sog riss ihn davon. Er brachte sich selbst auf die Leinwand, zwar stark idealisiert, wie Herterich, der das Bild zufällig zu Gesicht bekam, missfällig urteilte. Philipp Otto legte es zur Seite und malte sich ein zweites Mal, anders im Motiv, anders in der Ausführung, die Pinsel in der Hand, in Kreidetechnik, auf getöntem Papier. Dieses Bild bedachte Graff mit hohem Lob, und so brauchte Philipp Otto es auch nicht zu zerreißen, wie manches, das er für ungenügend hielt. Hauptsächlich malte er an der *Lehrstunde der Nachtigall* und trieb die Arbeit an diesem Bild dem Ende zu, eine Arbeit, die ihn in den kalten Winterwochen regelrecht erwärmte.

Das war aber nicht alles. Sein Freund Ludwig Tieck war mit der Bitte an ihn herangetreten, er möchte doch für den Gedichtband *Minnelieder* die Vignetten zeichnen und das Frontispiz dazu, das Sichtbild auf dem Umschlag. So ein Auftrag, dazu noch aus Freundeshand, feuerte ihn natürlich an, und der Eifer, diese Serie bis ins Kleinste zu durchdenken, drängte sich zwischen all das, was in seinem Kopf ohnehin schon vorging. Krönung der Liebe sollte es heißen, Kinder in Rosenblüten, Harmonie der Seele. Keine Zeit hätte ihn das deutlicher formen lassen können als diese, in der Pauline unsichtbar um ihn war und ihm ihre Einbilder ins Ohr flüsterte.

Auch das war noch nicht alles. Die Tageszeiten als eine Quadrupel* zu gestalten, den Morgen, den Mittag, den Abend, die Nacht, das war ein Gedanke, den er nicht mehr von sich schieben konnte, der sich in alle seine Arbeiten einmischte mit unerklärlicher Gewalt. Das war zwar noch ein fernes Ziel, doch er meinte, dies könnte sein Lebenswerk werden.

Als wäre er ein anderer Mensch geworden, rissen ihn seine Aufgaben durch den Tag. Fortgetrieben durch innere Gesichte musste er an sich halten, um nicht mit zwölf Augen und zwölf Händen vor sechs Bildern zugleich zu stehen. Darüber vergaß er wiedermal Tag und Nacht, das Waschen und Barbieren; zubereitetes Essen verdarb in der Kammer, der Rücken schmerzte vom langen Stehen, und ein trockener Husten erschütterte seinen Körper immer wieder.

Zu allererst aber sollte die *Nachtigall* fertig werden. Seine Absicht war, dieses Bild den Weimarern zum Preisausscheid zuzuleiten, wobei er sich auserbat, es dort selber vorzuführen und zu erklären und – Himmel, wäre das schön – Pauline dabei an seiner Seite zu haben. Dort würde er dann denen das Maul stopfen, die seiner Art zu malen Unrecht taten mit ihrem albernen Verkleistertsein im klassizistischen Gräberfeld, in ihrem seelenlosen Nachgeäffe, im fantasielosen Schöntun der Putzmacher, wie Caspar David Friedrich sagen würde.

Doch da ereignete sich ein ganz schlimmes Unglück für den armen Philipp Otto. An einem Donnerstag war es gewesen, im Januar. Bis an den Rand der Erschöpfung getrieben, musste er seine Arbeitswütigkeit büßen. Eben hatte er das Gewand der Lehrenden, der Psyche, fertig untermalt, da fiel, während er aufstand, das noch nasse Bild von der Staffelei, die kippte vornüber und schlug auf das Bild. Die Farbe war zwar nicht verwischt, aber drei Löcher hatten sich durch die Leinwand gebohrt.

* Viererkomposition

Philipp Otto schlug die Hände vors Gesicht. Ihm war, als setzte das Herz aus. Geweint hatte er nicht, dafür aber seinen Ärger entladen mit Worten, die niemand hätte hören dürfen. Drei Monate hatte er mit heißer Inbrunst, mit unbändigem Fleiß an diesem Bild, an seiner Nachtigall, gearbeitet, hatte darin gelebt, Skizzen um Skizzen übertragen; es war das erste große Bild, das er in Farbe gebracht hatte. Drei Monate Arbeit im kalten Winter, und wie lange ging er außerdem schon in Gedanken damit um, mit Klopstocks lieber Ode, mit Paulines liebem Gesicht. All die Zeit war nun in Dreck gefallen, und zu Ostern sollte es nach Weimar gehen! Narrte ihn sein Talent? Hockten Teufelchen hinter ihm und peinigten ihn mit ihren Heucheleien? Gerade in diesen Tagen erreichte ihn ein Brief von Hülsenbeck aus Hamburg. Er riet ihm, sich doch nebenbei – nebenbei! – was dachte der sich bloß! – um architektonische Ideen zu bemühen.

Lieber Hülsenbeck, schrie es in ihm auf, es ist bei mir mit der Architektur noch verwirrender bestellt als mit der Malerei, und davon in der Geschwindigkeit hauptsächlich zu sagen, worauf es ankommt, wäre nach der vollen Gewissenhaftigkeit, womit ich in meiner Kunst verfahren möchte, leicht etwas ruchlos gedacht. Hülsenbeck allerdings verfolgte damit den Gedanken an ein eigenes Einkommen, ein Gedanke, der Philipp Otto noch nie gekommen war. Was er bisher hervorgebracht hatte, Scherenschnitte, Muster für Stickereien, Wandbemalungen, Lampenschirmmuster und Leuchterbehänge, ja auch Porträts und eigentlich sehr wertvolle Miniaturen, war restlos verschenkt worden. Nichts, nicht einen Schilling hatte er kassiert. Und eben das verstand Hülsenbeck, der Kaufmann, nicht. Das Baugeschehen im Lande erlebte doch einen unübersehbar glückvollen Aufschwung, den sich jeder, so er nur ein Fünkchen Vernunft und Gabe hatte, nützen sollte. Philipp Otto versuchte sich, um des Freundes willen, aber es blieb bei einigen nichtssagenden Entwürfen. Die *Nachtigall,* die *Zeiten,* die *Minnelieder* füllten ihn aus. Darüber hinaus konnte er sich keinem anderen zuwenden.

Der gute Graff war flugs bereit, ihm bei der Reparatur des zerstochenen Bildes zu helfen, und bald war, bis auf feinste Risslein, so gut wie nichts mehr an Schaden zu entdecken. Man hätte schon davon wissen müssen. Aber für Weimar war es nun doch nicht gut genug, und Philipp Otto ließ es zunächst bei sich liegen. Dachte er doch auch, in ein paar Jahren könne er noch besser malen, und dann würde er dieses Motiv neu anfangen.

Darum wandte er sich nun den *Zeiten* zu. Einen erneuten Anstoß hatte er durch einen Konzertbesuch in der Kreuzkirche bekommen: Joseph Haydns *Jahreszeiten* waren aufgeführt worden. Ein unbeschreiblicher Genuss, die Texte, die Musik. Immer wieder klangen sie in seinen Ohren nach, als triebe sie ein unsichtbares Orchester in seinen Schädel. Welch heitere Tonmalerei, er hörte noch immer den pfeifenden Landmann, das Vogelgezwitscher, das Jahrmarktsleben, einfach wundervoll. Hätte er tausend Ohren gehabt, er hätte sich nicht satt hören können.

Seinen nachhaltigen Eindruck musste er sich von der Seele schreiben. So bekam Daniel in Hamburg zu lesen:

*Wie ich neulich die Jahreszeiten von Haydn aufführen hörte, ist es mir doch recht deutlich geworden, wie nothwendig zur Erhaltung der reinen Natur und zugleich in sich selbstverständlichen und sich selbst still verstehenden und begreifenden Unschuld des Gemüthes die Symbolik oder die eigentliche Poesie, d.i. die innere Musik der drey Künste, durch Worte, Linien und Farben, sey. Die Musik ist doch immer das, was wir Harmonie und Ruhe in allen drey andern Künsten nennen. So muß in einer schönen Dichtung durch Worte Musik seyn, wie auch Musik seyn muß in einem schönen Bilde, und in einem schönen Gebäude, oder in irgend welchen Ideen, die durch Linien ausgezogen sind.*

Auf dieses musikalische Erlebnis hin begann sein übervolles Herz zu dichten:

*Der trübe Nebel ist zerflossen,*
*der Sonne Schein ist ausgegossen über das grüne Land,*
*Die kleinen Blumen sind entsprossen,*
*die munteren Vögel, ihre Genossen,*

Ja, der ganze heile Frühling strömte durch Philipp Ottos Adern, umso mehr, als er Paulines gewisser sein durfte als je zuvor. Mit einem Mal war es wieder erstaunlich schön auf der Welt. Jeden Augenblick fühlte er reine Musik in seiner Seele pulsen. Die Leiden, die Freuden, wie immer sie ihn berührten, verloren an bewegender Kraft, und er gelangte endlich wieder zu einer erholsamen Harmonie. Jeder Gedanke an Pauline klang wie der Orgelpunkt durch die Melodien, die ihm der Tag schenkte, und trug ihn, wie ein Schiff trägt, durch die Wogen der Meere.

*Die Sonne ist aufgegangen und singt mir ihre goldenen Weisen,* schrieb er an Bruder Gustav. *Der Wind spielt wie Flöten in den leuchtenden Büschen, wir verlassen die Finsternis und kehren zum Licht zurück. So ist mir jetzt hinter allem, was ich denke, die Freude, die Sehnsucht nach meiner Pauline. Alles, was ich mache, es sind nur die einzelnen Instrumente, die zu diesem Generalbaß componiert sind und wo immer er noch durchscheint.*

Dieses Auf und Ab in ihm ließ ihn oftmals nicht zum Schlafe kommen, stundenlang wälzte er sich ruhelos im Bett und fragte sich wie in einem Selbstgespräch eins ums andere Mal, was nur in ihm umgehe. Flog heute seine Lebensfreude sprudelnd an die Decke, wie die Kohlensäure aus einem Flacon, hoch hinaus, nicht einzufangen, kauerte sie morgen schon verschüchtert in der Stubenecke, wie von der Welt verstoßen. Er mochte sich dann vor sich selbst verbergen. Und dann wieder stand er da, weder Tiefen noch Höhen drückten sein Herz, er streifte vom Loben wie vom Tadeln je einen Maßstrich ab, nüchtern sich seiner Dinge wohl bewusst. Wie sollte er sich zwischen diesem allen nur richtig verhalten? Alle wollten sie Rat von ihm und geistreiche Gespräche. In der Zeichenstunde sollte er so etwas wie einen Professor vorstellen. Sie lagen ihm an, wenn sie was komponieren wollten, damit er ihnen sage, warum es nicht ginge. Die Fräulein und Frauen waren offensichtlich sehr entzückt über ihn, aber die Herren passten auf, dass er ja etwas Sinnreiches vorbrachte. Zu Teestunden wurde er geladen, um die Leute scherzhaft zu unterhalten, Blumenfabrikanten verlangten neue Einfälle, und alle hetzten sie ihn, ihnen zu Dienst zu sein. Und zu allem Übel sah ihm Professor Hartmann auf die Finger, ob er auch ordentlich arbeitete.

»O mein Gott«, schimpfte er vor sich hin und stapfte durch die Stube, »das braucht der doch nicht. Ich arbeite doch, und ich wette, ich arbeite mehr als sie alle zusammen. Wie soll ich mich nur verhalten, wie nur soll ich mit mir ins Reine kommen, ich armes, hin und her gescheuchtes Wesen.«

Wo war sie nun wieder geblieben, die gepriesene Harmonie, die ihn eben noch freundlich in ihre Stille geleitet und ergötzt hatte? Dieses Sichselbstbefragen jagte ihn und bereitete ihm dunkle Verstimmungen, aus denen er nur schwer sich zu lösen im Stande war.

Die, die ihn am besten zu kennen meinten, wie Perthes und Speckter, waren wegen dieser inneren Nöte des Freundes sehr beunruhigt. Perthes, der sich in die weiche Gefühlswelt des Freundes hineindachte wie kein anderer, geriet in leise Ängste vor eventuellen Fehltritten Philipp Ottos, wenn ihn die Leidenschaft trieb. Speckter dagegen, bei seiner Vorneigung zur Kunst, befürchtete ehrlich, die ihn so heftig umtreibende Liebe könne seinen Arbeitseifer herabstimmen und ihm hinderlich sein. Von Pommern aus hatte ihm sogar jemand, dessen Namen er nicht zu nennen gewillt war, den nüchternen Rat gegeben, das leidige Lied vom Vergessen zu singen, weil man, wie der Dichter sagt, vom Liebsten, das man hat, nach Gottes Rat doch einmal scheiden müsse.

Hui! – da kochte es in ihm aber auf: Dann müsste ich nicht wissen, was das heißt, mit ganzer Seele lieben. Wenn ich das vergessen könnte und wenn auch nur der Gedanke in mich käme, so hätte ich den Fluch über mich selbst ausgesprochen, ewig keine Ruhe zu finden. Wo des Menschen Herz ist, da ist auch sein Schatz, und ich sammle mir den Schatz, den weder Motten noch Rost fressen.

In all diesem Kampf war die Zeit herangereift wie eine Frucht, die neues Leben zu geben bereit war. Am 11. April nahm Philipp Otto Papier und Feder zur Hand und schrieb, mit der akkuratesten Schrift, die ihm zu Gebote stand, die für sein und seiner Pauline Leben entscheidenden Worte. Offiziell hielt er, nun Pauline konfirmiert worden war, bei Vater Bassenge um die Hand der Tochter an. Mutter Bassenge hatte ihn nämlich bei einer zufälligen Begegnung hinter vorgehaltener Hand wissen lassen, die Tür sei nicht mehr verschlossen, sie sei nur angelehnt. Sie selber hätte dafür gesorgt. Er brauche sie nur noch zu öffnen und einzutreten. Dass sie sich nicht mehr schließe, sei dann seine Sache.

Charles Frédéric Bassenge, nachdem er am Morgen des nachfolgenden Tages den Brief Philipp Ottos gelesen hatte, knurrte und setzte eine mürrische Miene auf. Er musste zugeben, dass der junge Mann sich an die Abmachungen gehalten hatte, die besagten, ein Jahr verstreichen zu lassen und die Tochter weder zu sehen noch zu sprechen, erst dann dürfe er sich noch einmal erlauben, sich an ihn zu wenden. Tja, und da lag er nun, dieser Brief, den er zu gern nicht gelesen hätte. Ein Nein würde jetzt ein Unrecht heißen, sowohl an seiner Tochter Pauline als auch an dem jungen Mann. Pauline aber war noch keine achtzehn Jahre alt. Nun denn, sagte er sich, der Handel scheint entschieden zu sein.

So bestellte er zum späten Vormittag des 13. April die beiden zu sich in sein Sprechzimmer, mit dem festen Willen, sie Mores zu lehren dergestalt, wie das Evangelium und ein rechter Glaube jeden aufrechten Christen zu leben lehrt. Gehört der Herr Runge auch nicht zur Reformierten Gemeinde, so habe er sich doch als rechtschaffen gläubig erwiesen. Aber eine ernste Vermahnung muss sein.

Zur gesetzten Stunde nahm er darum in seinem hochwangigen Sessel Platz, schlug die Beine übereinander und wartete darauf, dass Mutter Bassenge die beiden hereinführen würde. Sie kamen. Eine flüchtige Handbewegung bedeutete ihnen, sich auf die bereitgestellten Stühle zu setzen, damit das vorbedachte Zeremoniell beginnen könne. Pauline aber störte dies gleich in den Anfängen. Sie sprang dem Vater auf den Schoß, wie sie nie mehr in den letzten Jahren getan hatte, und rieb ihre Wange an der seinen und flehte und bettelte: »Sagt nicht nein, sagt nicht nein, lieber, liebster Herr Vater.«

Der fühlte sich dermaßen überrumpelt, dass er ihr ausweichen wollte, sein Gesicht abwenden und die Arme abwehrend erheben. Er konnte aber nicht, denn sie hatte sein Gesicht in ihre Hände genommen und ihn zwingend angesehen, tief in die Augen, bis in seine Seele. Und weil er kein Wort hervorbrachte und sie seine innere Distanz zu fühlen meinte, begann Pauline zu heulen, und ihre Tränen fielen auf seinen bunt durchwirkten Rock.

Charles Frédéric Bassenge hatte seine drei Töchter Aimée und Mimi und auch Pauline ganz gewiss nicht mit Weichheit erzogen. Selbstzucht und innere Ordnung, das waren seine steten Forderungen an sich selbst und an die, für die er lebte. Paulines Verhalten brachte ihn jetzt durcheinander, er war drauf und dran, die Fassung zu verlieren, denn er spürte plötzlich in seiner Seele eine sonderbar weiche Stelle. Er bat Pauline, sich von ihm zu lösen, erhob sich verstört und trat auf Philipp Otto zu:

»Geben Sie meiner Tochter die Hand. Aber ich beschwöre Sie, lassen Sie diese Hand nie wieder los. Sie haben mich besiegt.«

Ein Zittern überfuhr sein Gesicht. Er wischte drüber weg, griff nach dem Arm seiner Frau und zog sie mit sich aus dem Zimmer, um die beiden Anverlobten sich selbst zu überlassen.

Mutter Bassenge wandte sich noch einmal um, bevor sie hinaustrat, und flüsterte: »Geht nachher zu Papa hin und bedankt euch. Er hat es immer nur gut gemeint.«

Am Abend desselben Tages füllte sich das Haus mit jenen Gästen, die der Familie besonders nahe standen. Charles Frédéric Bassenge und Maria Frédérica Bassenge, einstmals seine Cousine und seit nahezu dreißig Jahren seine Ehefrau, hatten eingeladen, um die Verlobung ihrer Tochter Pauline Susanne mit dem pommerschen Maler Philipp Otto Runge bekannt zu geben.

Von diesem Tage an stand einer Korrespondenz unter den Brautleuten nichts mehr im Weg. Als müsse er nun einen Kontrakt verfassen, schickte er ihr Brief um Brief ins Haus, damit sie wisse, wie es um seines Herzens Wille und Meinung bestellt sei. Die Fülle der Gedanken, seit Monaten gespeichert, war unerschöpflich, und keiner seiner Briefe konnte sie ganz fassen. Einmal schrieb er ihr:

*Liebe Pauline, vergessen Sie nicht, daß ich alle meine Glückseligkeiten in Ihre Hände lege, und dass ich Ihnen alles geben will, was ich habe, daß ich mit Ihnen und durch Sie Gottes Wesen, wie es in der Welt wirkt, begreifen lernen möchte. Ich hätte Ihnen noch wohl sehr viel zu sagen, und würde nicht zuende kommen, wenn ich das große Thema: Wie ich Sie liebe, bis aufs äußerste ausführen sollte. Das werde ich Ihnen aber praktisch durch mein gantzes Leben, es falle aus, wie es wolle, beweisen. Ich weiß aus eigener Erfahrung, was es ist, tot für diese innige Liebe zu seyn. Ich war einmal sehr krank und dachte nicht, daß ich noch einmal leben könnte. Es war mir auch nichts mehr daran gelegen, weyl ich glaubte, es würde niemand daran gelegen seyn. Ich hatte keinen Gedanken mehr, der mir irgend Freude machen konnte, ich fühlte selbst, die Lieben hatten mich alle verlassen. Was sollte mich dann noch freuen? Die Augen waren mir schon zu. Da fühlte ich, daß sich jemand über mich legte, ich machte meine Augen auf und es war meine Mutter, die über mich weinte. Liebste Pauline von diesem Augenblick fängt mein Leben erst an. In diesem Augenblick überfiel mich die Furcht vor dem Tode. Ich klammerte mich in der Todesangst an meine Mutter und ihre Liebe riß mich wieder ins Leben zurück. Und als ich besser wurde und ins Freie kam, war es mir, als ob alle Büsche und Blumen mich verständen. Ich habe nie recht viel lernen können, was man so Wissenschaften nennt, aber der Punkt, woraus alle Wissenschaft entspringt, der liegt wie ein nie versiegender Brunnen in mir. Ich glaubte nicht, daß ein Mensch mich verstehen könnte, und deswegen wurde ich Kaufmann, weyl ich doch einmal etwas werden mußte, und das lustige Leben däuchte mir spärlich hier aus allem Treiben der Menschen, nur daß ich es nie einsähe, wie ich es aussprechen sollte, auch niemand war, der sich um mich kümmerte. Aber mein Bruder merkte es wohl und kam mir mit dem Antrag entgegen, daß ich auf Rei-*

*sen mich begeben sollte und sehen, ob ich mich und die Welt verstehen lernte. Ich bin seitdem sehr fleißig gewesen, und was ich erlernte, mich auszudrücken, ist mir leicht von der Hand gegangen. Meine Lehrmeister fanden viel Behagen daran, aber wenn sie mich in ihre Art, die Welt anzusehen, einsperren wollten, entwischte ich ihnen. Auf diese Weise bin ich nun herumgegangen und habe gelernt, wovor ich mich hüten muß, wenn ich mein Selbst bleiben will, und ich habe fast gar wenige gefunden, die sich nicht festgesetzt hätten und gesagt: Ich weiß nun genug, außer dem alten Claudius, meinem Bruder Daniel, Perthes und seine Familie, und Tieck, und alle diese guten Hertzen. Ihr werdet sie, geliebte Pauline, nun kennen lernen und sie werden Euer Hertz gewinnen und Ihr die ihren, dessen bin ich gantz sicher. Daß ich ein einzelner Fall bin, werdet ihr vielleicht schon erfahren haben. Ich gehe auf einer Linie, in allem. Ob mit ihnen oder mit der Kunst. Es ist leicht über jemand zu lachen, der auf der Linie geht, aber wer es selbst probiert, dem wird's Lachen vergehen. Ich habe schon viele gekannt, die neben mir an dem Weg recht lustig gegangen waren, aber es ist ihnen bald alle geworden, mir aber wird's immer lebendiger, je länger ich die Welt ansehe, und ich weiß wohl auch, woran das liegt. Und doch würde mir bei allem der Muth sinken, wenn ich nicht zu Ihnen das unverhohlene Zutrauen hätte, daß Sie mir gut sind. Ich wäre sonst schmertzhaft allein. Aber wie es dem Menschen so ergeht, ergeht es auch mir. Wie sollte ich nicht den Wunsch haben, ein Hertz zu besitzen, das, wenn alle mich zu verlassen scheinen, mit vollem Zutrauen an mir hängt. Ich kann das nur in Ihnen finden, wie ich Sie mir denke und auch gewiß glaube, daß Sie sind. Ob Ihnen das genug sein kann, was ich Ihnen gebe, das können Sie mir selber sagen. Ich bringe Ihnen nicht meine Wissenschaft, sondern mein Leben, mein Ich, meine innigste Sehnsucht, um Sie das zu verstehen zu lehren, was Gott uns gegeben und in uns gelegt hat.*

Ein großes Jahr hatte angefangen zu sein, ein reiches Jahr. Abgesehen von der beglückenden Gewissheit, Pauline in absehbarer Zeit freien zu dürfen, schickte der Himmel ihm noch manch anderen guten Stern ins Haus. Die Freundschaft mit Ludwig Tieck vertiefte sich in dem Maß, wie sie innerlich aufeinander zu drängten, bis dass sich nichts mehr zwischen sie stellte. Die von Tieck erbetenen Vignetten für die Erstausgabe der *Minnelieder* waren vorzüglich gelungen, und Tieck spendete darauf sein höchstes Lob. Das war umso bedeutender für Philipp Otto, als diese Arbeiten die ersten Kupferstiche waren, an denen er sich, wie er sagte, versucht habe.

Der Name Philipp Otto Runge und seine Bedeutung für die bildende Kunst wanderte nach und nach auch in entlegenere Winkel des Landes und erreichte diesen und jenen aufmerksamen Menschen. Eines Tages bat ihn Baron v. Hardenberg um gefällige Begleitung in die Elbestadt Meißen, wo er den Dom und die Albrechtsburg besehen wollte und sich dabei die Nähe des Malers Runge wünschte. Das Anerbieten nahm Philipp Otto gern wahr, erhoffte er sich doch durch diese Bekanntschaft etwas über des Barons Bruder Friedrich v. Hardenberg zu erfahren, dessen Dichtungen unter dem Namen Novalis einen hervorragenden Ruf erlangt hatten und deren Gedankenwelt eng mit der seinen zusammenstieß. Während der Wanderung über die Wiesenwege am Elbufer entlang kam der Baron auf seinen Bruder Friedrich zu sprechen und gedachte seiner mit bewegenden Worten. Er erwähnte dessen innige Liebe zu der zwölfjährigen Sophie v. Kühn, mit der er kurzzeitig verlobt gewesen, denn drei Jahre später war das liebe Mädchen tot. »Die Sophie«, sagte er, »trug den Tod schon auf der Stirne, als sie gerade erst erwachte. Das Abscheiden der Geliebten hatte meinem Bruder das Herz gebrochen. Er folgte ihr drei Jahre später ins Grab, und ich beklage seinen frühen Tod in ehrlicher Trauer. Sein Leben war ein Fragment, mein lieber Runge. In den neunundzwanzig Jahren, die ihm zu leben beschieden waren, zielte er genial an allem vorbei, was er begonnen hatte. Ständig war er auf der Suche. Kein Werk schuf er fertig, alles zu Papier Gebrachte waren Stäubchen himmlischer Ideen, und damit stand er am Beginn, eine Größe zu werden, eine wahrhafte Größe. O ja«, atmete er tief aus dem Herzen aus, »das war mein lieber Bruder. Von Euch, Runge, erwarten wir mehr, erwarten wir Vollendung. Ihr reißt Türen auf, Tore, Portale, zu großen, heiligen, ungeahnten Räumen. Das, meine ich, lässt sich schon heute klar erkennen. Wie schrecklich ist es doch, wenn von Gott Begnadete beim Vorwärtsstürmen zusammenbrechen. Dann ist deren Anfang ein Ende.«

»Oder deren Ende ein Anfang«, setzte Philipp Otto dagegen.

»O ja, auch das, ein Anfang für andere, und das wäre tausendfach besser. Das Weizenkorn muss sterben, heißt es in der Schrift. Wo es aber erstirbt, bringt es seine Frucht. Ihr, Runge, seid auch zu Großem bestimmt. Es ist mir ernst darum, wenn ich das sage. Beißt uns also bitte nicht zu früh ins Gras, nein?«

Indem sie so auf dem Weg miteinander redeten, bekam Philipp Otto Namen berühmter Männer genannt, die des Behaltens wert waren. Zu diesen gehörte auch August Wilhelm Schlegel, ein feinsinniger Dichter, wie v. Hardenberg ihn kannte.

Dieser Schlegel, begeistert von der Bebilderung der Tieck'schen *Minnelieder,* die er als hochanständige Kunst bezeichnet hatte, trat alsbald an Philipp Otto heran mit der Bitte, er möge doch in gleicher Weise für seine Sammlung eigener Gedichte Frontispiz und Vignetten fertigen und, wenn möglich, ohne Verzug, da die Herausgabe in Kürze bevorstünde.

Erstmals sagte Philipp Otto nein, so sehr ihn auch diese Aufgabe lockte. Das kam ihn selber hart an, denn er entzog sich dabei mehr einem Freundschaftsdienst als einem vielleicht einträglichen ersten Honorar. Er erklärte sich Schlegel gegenüber, er sei in seinen begonnenen Arbeiten sehr verhaftet, besäße auch nur zehn Finger und zwei Hände und Arme, und würde er dreist die Füße zur Hilfe nehmen, es wäre doch niemandem nütze. Ohne zu übertreiben, schrieb er vom Maß seines Tuns, das am frühen Morgen mit anbrechendem Tageslicht begänne, und er rechne sich täglich aus, dieses Tageslicht nicht zu vergeuden, und darum arbeite er bis in den Abend hinein. Glücklicherweise seien die Sommertage länger als die des schauerlichen Winters.

Der Besuch Meißens mit seinen Sehenswürdigkeiten hatte ihn tief beeindruckt, und um dieses Erlebnis jemandem zu schildern, schrieb er an die Mutter:

Die Wochen liefen ihm unter den Händen weg wie nichts. Die *Ta-geszeiten* hatten ihn fest am Schlafittchen, stündlich hielten sie ihn
in Atem. Immer wieder gab es etwas an den fast fertigen Bildern zu
putzen, zu bessern, und zufrieden wurde er nie. Eile war jedoch geboten, denn eine Reise stand bevor, die wohl die glücklichste seines Lebens sein sollte, nach Wolgast zu den Eltern, zusammen mit
Pauline und Mutter Bassenge. Diese wollte die Schwiegereltern
ihres Kindes kennenlernen, Philipp Otto aber seine herzgeliebte
Braut den Eltern in die Arme geben. Diese Reise würde auch den
Abschied Philipp Ottos von der gastlichen Stadt Dresden einläu-
ten. Der Kreis der Freunde erfuhr davon, und Professor Hartmann
hatte nichts Besseres im Sinn, zu dieser Gelegenheit im »Sächsischen Hof« einen Tisch zu bestellen und von sich aus zu einem
Abschiedsweinleinumtrunk einzuladen. Das traf sich besonders
gut, weil Tieck in diesen Tagen von seinem Wohnort Ziebingen
herübergekommen war und der Abschiedsfeier beiwohnen konnte. Friedrich und v. Klinkowström, dazu Meister Graff und manch
andere, die dem Freund nahe standen, waren geladen. In einer ge-
mütlichen Ecke dieser vornehmen Restauration saßen sie nun
beim genüsslichen Schmauchen duftenden Tobaks, vor sich kristallene Gläser, die vom umsichtigen Gastwirt von Zeit zu Zeit

nachgefüllt wurden. Sie sannen nach über die Bedeutung, die ihr Freund Runge für die Dresdener Malschule in Zukunft haben könnte, denn ohne Zweifel hatten seine Arbeiten Aufsehen erregt, zumindest bei denen, die etwas von diesem Metier verstanden, und das waren nicht wenige. Wer aber auf dem Gefilde der Kunst außergewöhnlich in Erscheinung trat, durfte sich nicht eines strengen Maßnehmens wundern, das an seine Bildwerke gelegt wurde.

»Beurteilen werden sie alle«, sagte Hartmann, »ob sie für das Rechte eine Nase haben oder nicht. Wie nun der wahre Künstler oft dicht neben dem armseligen Pinselhalter hertrabt, spazieren auch Bewunderer und Spötter dicht nebeneinander. Dringen die einen hinein in die von Sinnbildlichem tief erfüllten Runge'schen Bilder, legen die anderen noch immer ihre verstaubten Ellen an den Klassizismus und erachten ihn unumstößlich als das Maß aller Dinge. Siehe Herrn v. Goethe. Hören wir bitte nicht auf das Gefiepe dieser Vorgartenzwerge, sie wissen es nicht besser.«

Ihr Sachverstand und das Wissen um das Tiefgründige in der Kunst feuerte ihr Gespräch unglaublich an, und ihre Gedanken stürmten los, wie ein Wagen, von geflügelten Rossen gezogen. Der Genuss des Weines trug überdies sein beträchtliches Teilchen dazu bei, sodass hier und da, was nicht bereits unter den Tisch gesegelt war, dann doch irgendwann bis zur Merkwürdigkeit außer Kontrolle geriet.

Der lustige v. Klinkowström singsangte schon frischfröhlich, als er anriet, die Fritzen sollen lieber mit dem Pferdeschwanz malen als mit einem edlen Pinsel. Darauf Friedrich, der mittlerweile die Achtung vor einer gepflegten Sprache vergessen hatte, lachend rief:

»Die wissen eben nischt nich wat davon, dat dat Gesetz von einen Künstler sein eigen Gefühl is. Gefühl is der Ursprung von alle Werke, wie Otto immer seggen tut, un nie nich wat anners.«

Friedrich, durch den schweren südländischen Wein von seiner Wortkargheit befreit, war nicht wiederzuerkennen. Selig blinzelten seine wasserblauen Augen durch die sein Gesicht wirr umwöl-

kenden Haare und zeugten in dieser Stunde von einer sonnigen
Gemütsstimmung. Wiederholt klatschte er Philipp Otto auf die
Hand, ihn mit guter Geste zu trösten: »Lat da Lüd all snaken,
Otto«, weil Philipp Otto mit weinerlicher Stimme klagte: »Sei
verstahn mi nich, sei wull'n mi nich verstahn.«
Und v. Klinkowström legte sich über den Tisch und warf ihm zu:
»Otto, lat deese Dümmdüwels räden, dei sünd alltohop mallig. Du
büst de Best von uns alltosamm.«
Graff und Tieck und Hartmann hörten diesem plattdeutschen
Trostträufeln belustigt zu, verstanden zwar nur die Hälfte, nickten
stumm und teilnehmend und neigten weise ihre Häupter zu dem
Gesagten. Hartmann, der Schwabe, stieß dabei dicke blaue
Schwaden aus seiner langen Pfeife und lächelte vor sich hin, ein
stillvergnügtes Lächeln.
Plötzlich wieherte Friedrich auf wie ein vom Hafer gestochenes
Pferd. Laut über die Gesellschaft hinweg rief er:
»Ik möt jug wat vertellen, Kinnings.« Und nun ließ er sie alle wissen, wie er neulich die Ausstellung eines Grassischülers besucht
habe und wie hinter ihm einer gestanden war und wie der über die
ausgestellten Klecksereien den Vergleich mit Diarrhöe gezogen
habe und wörtlich gesagt, die Bilder sehen nicht aus wie mit Dreck
bemalt, sondern mit Scheiße. Wenn auch, meinte Friedrich, und
fuhr sich über den Mund, diese Äußerung schmutzig sei und er
wolle sie ja auch nur zitiert haben, so fände er sie doch treffend und
wahr, und er wisse genau, von wem er rede, denn dieser Schmier-
fink male mit dem Kot der Jahrhunderte und halte weiter daran
fest.
Die am Tisch saßen, lachten wohl, aber ihr Lachen galt mehr der
vergnüglichen Darstellung Friedrichs im Plattdeutschen, zu der
sich die ins Süßsaure gezogene Mimik seines Gesichts gesellte wie
der Salzhering zum Eierkuchen.
Klinkowström nahm einen kräftigen Schluck aus dem Glase und
meinte, man solle solchem Genius doch einen netten Brief schicken, »damit er weiß, was wir wissen, denn er muss wissen, dass wir
wissen, dass er nichts weiß, außer, was er weiß«.

Man kratzte sich den Kopf, fand den Vorschlag gut, fragte auch, wer schreiben solle, und man kam auf Philipp Otto.

»Runge muss schreiben«, hieß es, »Runge verlässt Dresden, da kann uns jeder mal am …«

Philipp Otto, vom Weingeist reichlich bewegt, schlug mit der flachen Hand auf den Tisch, dass die Gläser tanzten, und rief:

»Ich schreibe, gut, ich schreibe: Werter, wertester, am Allerwertesten …«, lachte selber über seine gelungene Formulierung und kriegte das Husten. Aber Friedrich winkte ab:

»Lat sin, Otto, räd lewer mit ’ne Kauh öwer Farf.«*

Laut schallendes Gelächter flog durch den Raum. Die Gäste an den anderen Tischen fühlten sich gestört und schauten verärgert herüber. Sie, die Herren von der Kunstakademie, waren in diesem Raum durchaus nicht unbekannt.

Es wurde Zeit aufzubrechen. Als sie an den Nachbartischen vorbeisteuerten, dem Ausgang zu, hatte Ludwig Tieck seinem Freund Runge die Hände auf die Schultern gelegt und ihn wie eine Schubkarre vor sich hergeschoben, als brauche einer des anderen Halt. Da glichen ihre Schritte dem Taumeln eines Einbeinigen auf gefederter Matte. Die Mühe, den Ausgang zu erreichen, war beträchtlich.

Die Folgen dieses Abends ließen nicht lange auf sich warten. Übelriechendes Geflüster zog sich durch die Galerie und Schulen und gipfelte in einem verunglimpfenden Urteil über Tieck und vor allem über Runge, denn ihm sagte man nach, seine sogenannte Landschaftsmalerei sei nur im Zustand von Volltrunkenheit gemacht, und das könne jeder nur Halbgebildete an seiner Schmiererei ablesen.

Diese Bösartigkeit zeugte vom Unverständnis einiger Unmaßgeblicher, die ihre Meinung törichterweise nährten von Weimar aus, von wo aus man Philipp Ottos Einsendungen mit nichtswürdigen Bemerkungen bedachte, wenn überhaupt erwähnte. Ganz anders war die Wertschätzung jener, die Philipp Ottos einsamen Weg

---

* Rede lieber mit einer Kuh über Farbe

über das ungepflügte Feld der Kunst künftiger Zeiten schrittweise mitzugehen gewillt waren, die ihn jedoch vorangehen lassen mussten, ihn, der den Weg einzuschlagen hatte wie ein Pfadfinder den Weg im Urgestrüpp.

Am Morgen des übernächsten Tages rollte der Bassenge'sche Wagen der Apotheke entgegen, um Philipp Otto samt seiner Bagage aufzunehmen. Die ganze Karosse war in Hellbraun und lichtem Blau gehalten, blitzblank geputzt und in den Lagern neu gefettet. Zwei schlanke Falben hatte Vater Bassenge vorspannen lassen. Die schwenkten ihre sehnigen Beine, als freuten sie sich auf die lange Fahrt. Nach Wolgast sollte es gehen, hoch hinauf ins Pommersche, hatte der Kutscher ihnen beim Anschirren in die Ohren geblasen.

Als der Wagen vor der Apotheke zum Stehen kam, schaute Paulines liebes Gesicht durch die Türscheibe und suchte ihren Geliebten. Philipp Otto begrüßte die Mutter züchtig und seine Anverlobte mit einem Kuss auf die dargereichte Rechte. Dann, ohne lange zu zögern, half er dem Kutscher die Bagage auf das Wagendach zu heben, den Kleiderkorb, den Kasten, die Staffelei und die Malutensilien, alles das, was ihn schon seit Kopenhagen begleitet hatte. Nur einen bescheidenen Rest ließ er zurück, den er nach seiner Rückkehr noch brauchte, bis an den Tag, da er Dresden endgültig den Rücken drehen würde, im Spätherbst dann. Jetzt führte die Reise nur bis Wolgast, dann aber würde sie nach Hamburg hinauf gehen, wo sie Wohnung machen wollten.

Philipp Otto freute sich schon auf den Augenblick, wo er sagen konnte: »Kiek eens, Mudding, dat is min leewe Paulineken, un nu heww ihr man so leew, as ik ihr heww.«

Die Reise begann am frühen Vormittag des siebenten August. Mit freundlichen Abschiedsworten und Winken beider Apotheker und mit guten Wünschen entlassen, sollte diese Fahrt eine gesegnete sein. Der Weg führte an der Hofkirche vorüber, über die Augustusbrücke und durch die Neustadt auf der anderen Elbseite. Sie ließen die Dreikönigskirche linker Hand liegen, zogen weiter über das aus behauenen Steinen belegte Pflaster, unter den Torbögen des nördlich der Stadt bewachten Tores hindurch, ihrem Ziel im Norden entgegen. Viele Tage sollte diese Reise dauern und ungezählte Male unterbrochen werden, gerade wie die Notwendigkeit es verlangte. Die Reisenden brauchten Logis, wenn die Nächte kamen, die Pferde mussten ausgespannt werden und Futter kriegen; hier und da gab es ein Picknick im Freien unter dem Schein der Augustsonne. Das hielt zwar auf, war aber eine willkommene Unterbrechung nach dem ermüdenden Sitzen im schuckelnden Wagen.

Sie verbrachten viele Tage auf engem Raum beieinander. Dabei kam es zu allerlei Erzählchen, nicht allein über Wind und Wetter, über Büsche und Bäume, die draußen am Wagenfenster vorbeizogen; sie klagten auch über den unerquicklichen Nachtschlaf, der keiner war in fremden, von unzähligen Leibern durchgelegenen Gasthausbetten. Da war aber auch das wortlose Mitteilen sprechender Augen zweier sich Liebender, wenn sie mit wippenden Wimpern und schnappsenden Lippenspitzen sich Frage und Antwort zuwarfen. Mutter Bassenge hatte auch Gelegenheit, ausgiebig über ihre Familie zu berichten, damit der junge Herr Bräutigam rechtens erfuhr, wes Blutes seine künftige Frau war.

Aus dem, was die Voreltern dem Vergessen durch fortwährendes Weitersagen entrissen hatten, wusste sie eine lange Historie des Bassenge'schen Geschlechts wiederzugeben, geschichtsgeladen, voller Schmerzen und Freuden. Indem sie nun die Genealogie ihrer Familie betrachtete, bestätigte sie das, was Philipp Otto vormals durch ein paar sächsische Groschen dem Kellner des Ballhauses abgelockt hatte. Mutter Bassenge führte aber weit darüber hinaus. So seien, sagte sie, die Bassenges etwa um 1678 schon aus Sedan ins Deutsche eingewandert. Mit dieser Flucht hätten sie sich glücklicherweise den blutigen Folgen der Aufhebung des Ediktes von Nantes entziehen können. Der vierzehnte Ludwig wäre bereits drauf und dran gewesen – und das sagte sie mit Schaudern – ihren Glaubensbrüdern das Messer an die Kehle zu setzen.

»Was ich niemals, niemals verstehen werde«, und sie schüttelte angewidert den Kopf, »in dem kleinen Ort Badsingen oder Betzingen, von dem übrigens der Name Bassenge herrührt, hat die katholische Kirche gewütet wie die Berserker. Schlimmer ging es nicht. Mon Dieu! Meines Mannes Vorfahr«, fuhr sie nach einer gedankenvollen Weile fort, »er hieß Jaques Bassenge, hat sich dann als Lohgerber in Mannheim niedergelassen, doch da rückten die Franzosen ein, ein schrecklicher Raubkrieg hatte angehoben, und der Jaques Bassenge musste wieder fliehen. Ich weiß es auch von meinen Ahnen – ich bin nämlich auch eine gebürtige Bassenge – die Gläubigen der christlichen Reform hatten nichts zu lachen, sie konnten nur noch weinen. Der Jaques floh also, diesmal mit Frau und den noch lebenden Kindern. Er verlud Familie und Habe auf sieben Kähne und durchbrach rheinabwärts fahrend den Belagerungsring, den die Franzosen um die Stadt gezogen hatten. Sie schossen und versenkten fünf der sieben Kähne. Die Familie blieb unbeschadet, aber ohne jegliche Habe, und gelangte schließlich nach Maastricht. Hier aber fanden sie keine bleibende Statt, wie es in der Schrift heißt. Unstet und flüchtig mussten sie sein. Bis nach Potsdam hatte es sie dann getrieben. Flucht«, sagte sie, und schaute die beiden im Wagen mit bitterernstem Blick an, »Flucht ist etwas Schreckliches. Besonders dann, wenn man sich keiner Schuld bewusst und der Feind eine unfassbare, diabolische Macht voller Gewalt, Unberechenbarkeit und Lüge ist. Sehet zu, dass eure Flucht nicht geschehe im Winter, heißt es in der Schrift. Furcht haben vor etwas, das ist arg. Angst aber vor dem Ungewissen, das ist grausig.«

Dieses Erzählen hinterließ nicht nur ein tiefes Mitgefühl in Philipp Ottos Herzen, sondern gestaltete sich zu Szenen, die die Grausamkeit des Lebens in unsichtbaren Bildern malten. Er begann etwas zu ahnen von der Flucht Marias und Josephs nach Ägypten, wie sie vor den Schergen des gewalttätigen Königs Herodes flohen, der dem Jesuskind nach dem Leben trachtete, und er gedachte, dies zu malen, den Flüchtigen jedoch unter dem Schirm des Höchsten einen Ort sicherer Ruhe zu geben.

Beim Zuhören hefteten seine Augen sich auf Pauline. Möge dein Herz, dachte er, niemals Peinigern und Todesängsten solcher Art

begegnen. Ich würde es nicht ertragen können, ich würde mit dir
sterben.

Mutter Bassenge lenkte seine abschweifenden Gedanken wieder
auf die Familiengeschichte zurück. So erfuhr er, dass einige Bassenges bis hoch nach Prenzlau gezogen seien, in ein Städtchen, von
dem sie sagte, sie kenne es nicht, von dem es aber hieß, es habe
ebenso viele Hugenotten aufgenommen, wie die Stadt Einwohner
zählte. Der dreißig Jahre dauernde, schändliche Krieg habe in jenem brandenburgischen Land so entsetzlich gehaust, dass ganze
Gegenden wie tot dalagen. Darum habe der Kurfürst, den sie gern
den Großen nannte, die Gläubigen ins Land gerufen und ihnen
Sicherheiten zugesagt. Ja, er habe ihnen, den Flüchtigen, sogar
Schulen und Kirchen und Jurisdiktion genehmigt, und alles in
französischer Sprache, betonte sie extra.

»Prenzlau?« Philipp Otto griff dieses Wort auf. »Wir könnten diese Stadt passieren. Sie liegt unweit unserer Fahrroute. Wir brauchen keinen Bogen zu fahren.«

»Das könnte wunderbar sein«, sagte sie erfreut. »Lassen wir es den
Kutscher wissen. Soweit ich mich entsinne auf das, was mein
Mann erzählte, hatte der Jaques Bassenge damals einen Staatskre-
dit aufgenommen und in Prenzlau eine Ölmühle gebaut, von Pferden betrieben. Öl aus Raps und Leinsamen presste er dort, Früchte, die die unwissenden Bauern sonst an das Vieh verfütterten.
Jaques' Sohn Paul, übrigens ein sehr tüchtiger Mensch, bekam
aber Malaise mit der Regierung. Diese entzog ihm die einst gegebenen Privilegien und stellte ihm damit den Stuhl vor die Tür.
Kurzerhand verschenkte er die Mühle an seinen Schwager und
siedelte nach Dresden über. Das, lieber Otto, war vor vielen, vielen
Jahren. Paul war eines der drei überlebenden Kinder der insgesamt
vierzehn, die Jaques' Spross entstammten. Elf Kinder tot. Ich habe
von meinen zwölf Kindern ja auch sieben unter der lieben Erde.
Ich weiß, was Tränen sind, ich weiß es. Für Jaques war besonders
tragisch der Tod seiner beiden blühenden Töchter von einund-
zwanzig und dreiundzwanzig Jahren, die eine wütende Pestilenz
dahinraffte, an einem Tag! Prenzlau selbst wurde damals für fünf-

zehn Monate gesperrt, streng gesperrt. Nichts ging hinein, nichts ging hinaus. Hunger breitete sich aus, kein Arzt kam zu Hilfe, die Stadt starb so gut wie aus. O Kinder, es ist schon was mit dem frühen Tod. Erst in Dresden kam die Familie Bassenge zur Ruhe. Sie alle waren tüchtige Leute. Das Bankhaus Henri Guillaume Bassenge & Co. hängt übrigens eng mit unserer Familie zusammen. Hier heiratete ich meinen Vetter Frédéric, am 21. Oktober war es, vor genau dreißig Jahren! Die Zeit geht dahin, o ja.«

»Ich erzähle Ihnen dies, Otto, um anzuzeigen, aus welchem Haus aufrichtiger, wahrheitsliebender und treuer Menschen unsere Pauline stammt. Ich denke, wir können voneinander nie genug wissen. Geschichte ist nicht nur aufschlussreich, sie ist auch unbestechlich und niemals zu verändern. Immer haben die Bassenges sich durchschlagen müssen, genau wie ihre Glaubensbrüder alle. Durchschlagen aber hieß bei uns Reformierten, Gottes Willen anzunehmen und diesem Willen unseren Glauben unterzuordnen, so wie die Schrift es sagt. Und wer dieses Wort hält, aus dessen Munde werden Ströme lebendigen Wassers fließen, heißt es bei Johannes. Sein Wort ist uns Gesetz, und dieses Gesetz spricht wiederum von Gottes unendlicher Liebe, und nichts, nichts kann uns scheiden von ihr, weder Tod noch Leben, weder Fürstentümer noch Gewalten, weder Hohes noch Tiefes. Keine andere Kreatur. Auch nicht«, fügte sie lächelnd hinzu, »die Liebe.«

»Oh!«, eilte Philipp Otto zu beteuern, »diese Liebe nährt auch mein Herz und meinen Glauben, verehrte Frau Mutter. Der Glaube an den allmächtigen Gott lebt in mir, und es ist keine Liebe ohne Gott.«

»Ich danke Ihnen, Otto«, sagte sie darauf leise. »Wir wissen um Ihren Glauben. Ohne diesen hätte mein Mann Ihnen niemals gestattet, Pauline die Hand zu reichen, geschweige denn Ihr Herz.«

Je weiter sie nun nach Norden kamen, desto eifriger bemühte sich Philipp Otto, den beiden die Umgebung, die sie durchfuhren, lieb zu machen. Berlin hatten sie bereits lange hinter sich gelassen, das Land flachte aus, stundenlang ging es durch waldreiche Gebiete und vorbei an malerischen Seen. Bis sie Prenzlau erreichten, wo sie

eine Nacht lang ausruhten. Während der Kutscher Tiere und Wagen besorgte, machten sich die drei gleich auf den Weg, jene Stätten aufzusuchen, von denen Mutter Bassenge erzählt hatte. Die Ölmühle fanden sie auf dem Grundstück des ehemaligen, aber gänzlich verfallenen Franziskanerklosters. Sie umschritten es und freuten sich darüber, noch geschäftiges Leben darin zu finden. Auch das Kirchlein betraten sie, zu dessen Bau die Bassenges seinerzeit erhebliche Summen blanker Taler zugeschossen hatten. Sie lasen, was an der Tür geschrieben war und wie zu den Gottesdiensten eingeladen wurde. Gern hätte Mutter Bassenge hier einige Tage verweilt, doch drängte die Zeit. Das Ziel der Reise winkte schon zu lebhaft. Pommersches Wiesenland, lichte Wälder, Dörfer mit halb verfallenen, niedrigen Häusern und Katen hier und da, Kornraden und Mohnblumen, dazwischen langstielige Margeriten und die Wegewarte umsäumten den Pfad; und auf den Koppelpfählen hockten hier und da die Gabelweihen, sie waren gewöhnt an das Schnauben vorübertrabender Pferde, und ihre wachsamen Augen blieben scharf auf die zu jagende Beute gerichtet. Bei Anklam zeigte sich schon das breite Band der Peene. Philipp Otto sagte, dies sei der Fluss, der weiter nordwärts an Wolgast vorbeiströmt, und dann wären sie in Pommern, drüben aber läge Preußen. Sie rumpelten über die Brücke, der Weg führte weiter, und die letzte Strecke über die Hochufer, vorbei an den Dörfern Bauer und Wehrland, entlang der Peene, wies er nun dem Kutscher, indem er zu ihm auf den Bock gestiegen war. Hoch vom Wagen aus streckte er den Arm in die Weite und rief denen im Inneren zu: »Hinter dem Berg liegt das Meer. Wir werden es bald sehen.«
Sie durchzogen das breite Tal des Zieseflusses und nahmen die letzte Steigung des vielfach ausgefahrenen Sandweges. Wieder winkte der breite Strom, von Schiffen mit braunen Segeln befahren. Die Welt war bunt, über ihr strahlte der Himmel mit seiner wunderbaren Weite, die Sonne lachte, und die Luft war voller Würze des Augusts, getränkt von den Düften der zur Ernte bereiten Kornfelder. Dann sahen sie die kleine Stadt vor sich liegen, über deren niedrigen Häusern Turm und Gedache der St.-Petri-

kirche wachten wie eine Glucke über ihre Küchlein. Die Stadt
wuchs, als sie sich ihr näherten, vor ihnen auf, rechts winkte die St.-
Gertrudkapelle, dann durchfuhren sie das Tor, die Große Schmiedestraße, überquerten den Markt, bergab gings in die Lange Straße.
Als der Wagen vor dem viergeschossigen Haus in der Burgstraße
zum Stehen kam, sagte Philipp Otto: »Nu sünn wi dor«, sprang
vom Bock, riss die Wagentür auf und sagte es noch einmal: »Nun
sind wir da.« Sein Herz pochte dabei so stark, dass die Stimme zitterte, und Pauline, selbst erregt von all dem, was nun auf sie zukommen würde, ihn erschreckt ansah.
Mutter Bassenge griff nach Paulines Hand und flüsterte ihr zu:
»So ist das Leben, Kind, und in jedem Anbeginn liegt schon das
Ende. Aber freue dich. Du hast das gute Teil erwählt.«
Philipp Otto rief ins Haus, alle mögen herauskommen, sie wären
angelangt, sie wären da. Und es dauerte auch nicht lange, da lagen
sich die beiden Mütter in den Armen, als hätten sie einander schon
lange gekannt. Pauline wurde von einem zum anderen gereicht. Jacob war vom Nachbarhaus hergeeilt, seine junge Frau am Arm;
Maria und Stinchen drängten herzu, und selbst Ilsabe Helwig war
angereist, um die frisch geangelte Schwägerin, wie sie sie nannte,
zu begutachten. Neugierig die zehnjährige Christine, scheu die
um zwei Jahre ältere Wilhelmine, Ilsabes Töchter, ließen sie es sich
gefallen, dass die neue Tante aus Dresden ihnen zärtlich über die
Köpfe strich. Wilhelmine hatte sich bereits zu einem so wunder-
lieben Geschöpf entwickelt, wie Philipp Otto seit Langem nicht
erblickt. Er raunte ihr ins Ohr:
»Du, Minchen, ich werde dich malen. Heute nicht, aber später.«
Stinchen küsste ihren Bruder immer und immer wieder, küsste
aber auch Pauline, als wäre sie ihre liebste Freundin; doch die entzog sich ihren Liebkosungen, als sie Stinchens gichtige Finger bemerkte, die hart und knotig waren und sich anfühlten wie kalte
Knochen.
Mutter Magdalene musste ihren großen Jungen ansehen, musste
ihn streicheln, musste immer wieder die Worte sagen, die bei ihr so
großes Gewicht hatten:

»Büst allwedder dor, min leew, leew Jung.«
Diese rührende Begrüßung, die von ungefälschter Liebe Zeugnis
gab, berührte Mutter Bassenge tief, und sie war sehr dankbar zu erfahren, dass ihre Pauline in eine gute, ihr wohlgesonnene Familie
aufgenommen worden war.
Vater Nicolaus Runge hielt sich zurück. Wohl verneigte er sich vor
den beiden Damen, griff auch nach Mutter Bassenges Hand, sie
zum Mund zu führen, gab aber dann dem Kutscher Hinweise und
half ihm, die ausgeschirrten Pferde in seinen Stall zu führen.
Während die Frauen ihre Zimmer bezogen, nahm Jacob seinen
Bruder Philipp Otto an die Hand und zog ihn hinüber in sein neu-
es Haus. »Komm, Ottoken, ich will dir was Schönes zeigen.« Auf
dem Flur blieben sie stehen und sein Finger wies an die Wand:
»Gefällt es dir?«
Da hing wahrhaftig der *Triumph des Amor*.
»Es wird immer wieder angesehen, Otto, und man rühmt den
Künstler sehr. Du hast was sehr Gutes geschaffen. Amor trium-
phiert den ganzen Tag. Kaum geht jemand vorbei, ohne mit dem
Finger zu fühlen, und fragt, ist das nun ein Relief oder nur gemalt.
Was heißt, nur gemalt, frage ich dann, und dann sage ich, dass du
mir das als Hochzeitsgeschenk zugedacht hast. Es wird mich mein
Leben lang begleiten, Ottoken.«
Philipp Otto betrachtete sein Bild wie das Gesicht eines guten
Freundes. »Hier hängt es also«, sagte er nach einer Weile. »Ich
glaube, es ist ganz gut geworden.«
Glückvolle Tage verbrachten sie in Wolgast. Eine Reise nach
Greifswald wurde zu einem besonderen Erlebnis. Philipp Otto
suchte dort Johann Gottfried Quistorp auf und führte ein sehr tief
gehendes Gespräch mit ihm in der Universität. Eine kleine Auseinandersetzung bahnte sich an, in der Philipp Otto dem Professor sein Unverständnis über seinen Baustil vorhielt. Seine Pläne
würden jeder Schönheit entbehren und seien dem Stil der französischen Rokokoklassik angeglichen; das ärgere ihn, und er frage
sich ehrlich, ob man in Pommern nicht eigene Rezepte entwerfen
könne. Es war eine Auseinandersetzung auf freundlicher Ebene,

und Quistorp klopfte ihm, als sie sich verabschiedeten, herzlich
gut gemeint auf die Schulter:
»Jeder macht seins, Runge, jeder macht seins«, sagte er.
Philipp Otto führte seine beiden Damen nachher zu dem Licht-
gießer und Seifenfabrikant Adolph Gottlieb Friedrich, Caspar
Davids Vater, um ihm taufrische Grüße seines Sohnes zu übermit-
teln. Der Besuch Mutter Bassenges im Friedrich'schen Haus war
für sie höchst eindrucksvoll. Sie ließ sich das Gießen der Kerzen
vorführen, und mit Staunen betrachtete sie den riesigen Siedekes-
sel, der im Werkraum stand und in dem es brodelte. Das roch so
süßlich schmalzig und nicht einmal unangenehm, wo es doch immer hieß, Seife koche man aus alten Knochen.
An einem der Tage machten sie eine Reise an die Ostsee, in ein Fischerdorf, das Zinnowitz hieß, auf der preußischen Insel Usedom.
Hier erblickte Pauline zum ersten Mal die Weite des Meeres, den
endlosen Horizont und draußen eine im Dunst schwimmende,
bucklige Insel. Sie vernahm den Möwenschrei und das unablässi-
ge Wellenrauschen, hörte und hörte und zählte die Brandungswel-
len. Sie wühlte im weichen, gelben, steinlosen Sand, von dem sie
nie geglaubt hatte, dass es ihn wirklich gäbe. Sie ließ ihn durch die
Finger rieseln, sie ließ sich zeigen, wie man Kleckerburgen baut,
sie rief die Möwen und erfreute sich an ihren Kunstflügen, wenn
sie nach einem Brotbröckchen schnappten. Sie ahmte das Rau-
schen des Meeres nach und machte sch – sch, und die Welt des
Nordens ging ihr auf wie Morgensonne, wenn sie durch Nebel
bricht. Die Schönheit dieses Landes bezauberte sie, des Landes,
das Pommern genannt wird – „am Meer gelegen“.
So warf sie dann, ehe sie sich dem Heimweg zuwandten, dem
Meere und den Vögeln eine Kusshand zu, schüttelte sich den Sand
aus den Schuhen und bestieg den Wagen. Geschwinden Schrittes
zogen die Pferde heimwärts. Das Fährschiff, das sie herübergese-
gelt hatte, setzte sie am anderen Ufer ab, am Bollwerk der Stadt,
wo Vater Nicolaus Runges Frachtschiffe lagen.
Dieser hatte in jenen Tagen mit seinem Sohn lange Gespräche geführt. Er war doch sehr stolz auf ihn, denn seine Berühmtheit, wie

er es nannte, war ihm nun schon mehrfach zu Ohren gekommen. Eingehend erkundigte er sich nach seinen Arbeiten und nach den Freunden, deren Namen er aus den Briefen kannte. Er fragte ihn auch, ob er ihm nicht die Freude machen wolle, für sein neues Segelfrachtschiff, die LACHS, wieder eine schöne Galionsfigur zu entwerfen. Doch da musste Philipp Otto erwidern, dass er dazu jetzt keine Zeit fände. Er wies auf die *Tageszeiten* hin, die seine Gedanken voll beanspruchten, die ja ein Werk von vier Bildern seien, mit starker Sinnbildlichkeit, er arbeite schwer daran, auch hier und jetzt, wenn man das auch nicht bemerke, und er könne sich nicht verzetteln. Philipp Otto versprach aber, sie alle zu malen, wenn er wieder nach Wolgast käme. Doch jetzt wolle er wieder nach Dresden zurück, er habe dort seine Umsiedlung nach Hamburg vorzubereiten, wo er bleiben wolle, bis die Hochzeit wäre, und der Herr Vater möchte bitte seine innere Unruhe, die von Tag zu Tag zunehme, verstehen.

Der Vater redete über Zukunft und Arbeit, auch über sich und seine eigenen Geschäfte. Die Mutter dagegen zog ihren Jungen an die Seite, um ihn anzusehen, wie Mütter ihre großen Jungen ansehen, forschend, beglückt und sorgend und voller Liebe. Einmal fuhr sie ihm über seine Wangen:

»Sühst spack ut, min leew Jung',* machst auch nicht zu viel? Hast auch genügend Schlaf? Deine Bäckchen, sie gefallen mir ganz und gar nicht. Sind so eingefallen.«

Philipp Otto nahm ihre kleine, verkrümmte Gestalt in seine Arme und strich ihr über den Rücken. »Mir geht es gut, Mudding, mach dir keine Sorgen.«

Maria machte sich Sorgen anderer Art. Sie, die nach Weiberweise viel erzählte, tuschelte derweilen mit Pauline in der Küche, redete über dies und das, fand in vielem einfach kein Ende und ließ die künftige Schwägerin fühlen, dass sie sie mochte. Durch sie erfuhr Pauline, wie der Himmel in Philipp Ottos Geburtsstunde ein Zeichen gesetzt, wie es Donner und Blitze und gewaltigen Sturm ge-

* Siehst vertrocknet aus, mein Junge

geben, ja, wie die ganze Welt gezittert hatte. Sie habe es ja selber miterlebt, sie sei damals schon vierzehn gewesen und Mama habe orakelt und gesagt, vielleicht würde mal was Besonderes aus ihm; und nun ist doch was Besonderes aus ihm geworden, wo er nun ein Maler ist und ein Künstler und so. Und sie fragte, ob Pauline auch an das Besondere in ihrem Bräutigam glaube.

Pauline konnte auf solch eine Frage nichts antworten. Sie war verwirrt. Sie wagte auch nicht, ihren Otto später um dieser Dinge willen zu befragen. Was hätte er ihr darauf sagen können. Spinnefix, hätte er gesagt oder verwundert gefragt, was die gute Marieke sich da zusammenfädelt. Pauline dachte aber, wenn der Himmel wirklich so redete, wenn der Himmel solche Zeichen setzte, dann sollte Otto doch wohl … oder nicht? Schließlich schob sie dieses alles beiseite. Sie wollte keinen Heiligen zum Manne haben. Warum nur hatte Maria ihr sowas erzählt?

Sechs Wochen verweilten sie in Wolgast. Am 16. September schirrte der Kutscher an, sie beluden den Wagen und kehrten nach Dresden zurück. Mutter Bassenge hatte Gewissheit darüber erlangt, dass Pauline eine Familie gewonnen hatte, die in Glaubenstreue und Familienharmonie lebte und zusammenhielt, inniger als manch eine andere.

Für Pauline begann nun die Zeit der großen Vorbereitung. Sie stickte Monogramme in die Wäsche ihrer Aussteuer, Zeichen und Sinnbilder nach Philipp Ottos Vorgabe, fertigte kleine Deckchen und wirkte viele liebe Gedanken hinein, wie sie einem züchtigen Mädchen durch den Kopf gingen. Und mit diesem allen hatte sie an Arbeit genug, für die Hände, fürs Herze, vollauf genug.

Philipp Otto dagegen arbeitete mit unbeschreiblicher Hingabe an den *Tageszeiten*. Zu ihrer Gestaltung schuf er unzählige Konstruktionsentwürfe mit symmetrischen Einteilungen, die die unumkehrbaren Gesetze der Wiederkehr von Morgen und Abend nach der heiligen Schöpferordnung bedachten. Jedes Bild baute er in kongruenten Formen auf. »Meine Komposition stelle ich in den Dienst des Schöpfers«, sagte er dazu, »das ist meine Arbeit.« Doch mit keiner dieser Arbeiten war er zufrieden. Immer wieder verbes-

serte er, neue Gestaltungselemente drängten sich ihm auf, und was
er so dem Stift zudiktierte, schlug sich alsbald nieder in unüber-
trefflicher Schönheit: aufsteigender Morgen – lebendiger Tag,
sonndurchwirkt – verschwebender Abend – Nacht, in Stille getaucht – Gebet und Lobgesang. Das alles war nur Vorbereitung und
ertastet, gedacht für einen späteren Guss, in Kupfer gestochen –
Arbeit über Arbeit.

Der Herbst warf bereits seine erste Herbe übers Land. Aus den
Niederungen der Elbe stieg der Nebel auf, von dem Papa Claudius
sagen würde, »weiß und wunderbar«. Der Ahorn warf rote Blätter
ab, die Früchte an den Ebereschen wurden zum willkommenen
Futter der Amseln, und auf den Wiesen wollte das Grummet nicht
mehr trocken werden. Das Jahr glitt den Berg der Zeit talab und
zeigte den Tag an, an dem Philipp Otto das liebe Dresden für immer verlassen sollte. Die Reise nach Hamburg musste angetreten
sein, bevor der Schneefall die Straßen unpassierbar machte und die
Kürze des Lichts den Tag bestimmte.

In diesen Abschiedstagen überraschte ihn Vater Bassenge. Ein
kurzer Besuch nur, aber er wolle ihm Grüße ausrichten von dem
Geheimen Rat Herrn v. Goethe. Bei seinem neuerlichen Ku:rauf-
enthalt in Carlsbad habe er Gelegenheit gehabt, diesen Herrn zu
sprechen, sagte er, und sie hätten ausgiebig über Malerei geplau-
dert, und auch der Name Runge sei dabei gefallen, und der Herr v.
Goethe habe sein außerordentliches Interesse gezeigt, Sie, Otto,
einmal in seinem Hause begrüßen zu können, zumal ja wohl schon
einige Korrespondenz zwischen ihnen beiden hin und her liefe,
oder sei das nicht an dem? Und er wolle noch bemerken, es gerei-
che ja wohl einem jungen Mann zur Ehre, solch einem Genius wie
dem Herrn Geheimrat willfährig zu sein.

Philipp Otto hatte keineswegs die Absicht, diesem Herrn willfährig zu sein, jedoch ihn zu sprechen reizte ihn sehr. So meinte er
dem Vater Bassenge gegenüber, den Weg nach Hamburg über
Weimar zu arrangieren wäre durchaus möglich. Die Farbenlehre,
wie Goethe sie verträte, wäre auf jeden Fall ein interessantes Thema, und er würde ihn ganz gewiss daraufhin ansprechen.

Vater Bassenge drängte nun darauf, die Abreise nicht länger hinaus-
zuzögern. Ein letztes Abendessen in seinem Haus, bei dem Philipp
Otto sich überaus gesellig zeigte, auch wenn er sich nachher des Gefühls nicht erwehren konnte, er wäre nicht nur mit von Fett triefen-
der Bratensoße gefüllt, sondern auch von moralischen Injektionen.
Irgendwie kam er sich wieder einmal vor wie der Wolgaster Klippschüler, der an das Kleine Einmaleins herangeführt wurde. Im Inneren lächelte er sich eins. Was Pauline und ihn betraf – die Fahr-
weise, derer er sich bedienen würde, sollte unter ihnen allein ausge-
handelt werden.
Dann verließ er das Haus. Pauline schmerzte der Abschied sehr.
Mit nassen Augen blickte sie ihm durch das Fenster nach, bis er
sich hinter einer Straßenbeuge ihren Augen entzogen hatte.
Am 9. November verließ er bei Regen und kaltem Wind die ihm
so lieb gewordene Stadt, um dem Herrn v. Goethe in Weimar seine Aufwartung zu machen. Die Fahrt dorthin war ausgesprochen
öde und ging ihm nicht schnell genug voran; so war das Erste, was
er nach einem ausgiebigen Schlaf tat, einen Briefbogen zu schnap-
pen und sich seine aufgestauten Sehnsüchte rasch vom Herzen zu
schreiben. Weimar, 15. November 1803, setzte er darüber, und
dann flog es aufs Papier:

*Mein liebstes Paulinchen, zuerst meine Küsse und Gedanken auf dei-
nen lieben Mund, und meinen Gruß zuvor. Ich wünsche, daß du zufrieden und ruhig bist, ich denke allezeit an dich und hoffe noch den 30.
November in Hamburg zu seyn, hier bleibe ich bis Freytag oder Sonnabend. Du liebe Seele, es ist recht gut, daß du es nicht verbergen kannst,
wie lieb du mich hast. Wenn wir im Frühjahr nach Hamburg reisen …
Übrigens, in Naumburg kam ich in der Nacht, ich ging mit einem andern Passagier hinter Schulpforta, wo ich die beiden tüchtigen Söhne
von Papa Claudius traf, den Berg hinauf, es wehte stark und ich fühlte
recht gut, wie du mich warm eingefaßt hattest. Es ist wunderlich,
wenn man eine Gegend nicht kennt und sieht so eine schöne Gegend im
Dunkeln, man sieht nicht viel, fast nichts. Da wir eher oben waren, als
der Wagen, legten wir uns im lieben Wind im Graben und sahen über*

*uns die Sterne. Das war ungefähr um 4 Uhr morgens. So bin ich mit
der Kutsche bis Buttelstedt gefahren, wo wir kurz zuvor Regen kriegten, von dort geht die Herzoglich-Weimarsche Post mit einem Schub-
karren nach Weimar oder höchsten mit ein Pferd. Ich ließ also die Sachen mitnehmen und ging selbst zu Fuß einen Richtsteig, so daß ich
zwei gute Stunden früher hier war. Weimar ist ein närrischer Orth,
gestern Abend bin ich in der Komödie gewesen, welches ohngefähr so ist
wie aufm Lande, nur ein bißchen eleganter, und wird besser gespielt, es
ist ein kurioser Orth, das Weimar, mein liebes Paulinchen, du gutes, al-
tes Kind.*

Dann traf er mit Goethe zusammen. Bei einem ausgedehnten
Mittagsmahl gerieten die beiden in ein sehr angeregtes Gespräch,
bei dem Philipp Otto allerdings das Gefühl bekam, Goethe würde
ihn heimlich mit seinem wachen und überlegenen Geist abschätzen. Wohl deswegen, weil ihm nicht gefallen wollte, wie der junge
Pommer ihm dauernd in seine weisen und belehrenden Reden fiel
und in zum Teil doch recht ungeschickter Art seiner Meinung die
seine entgegensetzte. Philipp Ottos Eindruck war, einem starken
Manne gegenüberzusitzen, gegen dessen Hartnäckigkeit er wie
ein Kind stand, das ohne Waffen ist. Furcht aber hatte er nicht vor
ihm, und er sagte, was er dachte, immer frei heraus. Willfährig
gegenüber dem hohen Herrn war er auf keinen Fall. Im Gegenteil,
er fühlte sich von Goethe provoziert. Das Schlimmste und Furcht-
barste war ihm, dass ihm Goethe als einer vorkam, der alles kann,
alles weiß und alles beherrscht. Immerhin aber blieb in ihm das
Wissen zurück, einem großen Geist begegnet zu sein. Was die
Auseinandersetzung über die Farben und Goethes Lehre betraf –
hier würde erst ein Anfang gemacht worden sein, denn er selber
gedachte, weit über das hinauszuführen, was Goethe sich erarbeitet hatte.
Bereits am nächsten Tag nahm Philipp Otto die Post und reiste
über Quedlinburg nach Hamburg, wo er am 29. des Monats in den
Morgenstunden eintraf, müde und durchgefroren. Dank Daniels
Vermittlung konnte er im Haus der Schiffergesellschaft zwei hüb-

sche, geräumige Zimmer beziehen, in denen er sich schon jetzt mit seiner Pauline hausen sah. Nichts hielt ihn, als sogleich nach seiner Ankunft in einem Brief zu berichten, wie er … *nach zwey sehr mühseligen Reisetagen noch recht confus sey* und sich in dem Trubel, *weyl alle Leute keine Zeit haben und alles um ihn her noch sehr eng ist,* sich nicht recht besinnen könne. *Es wird so geschwinde nicht gehen, mich einzuordnen, daß ich arbeiten kann und muß nun mit schwerem Herzen mich herumtreiben.*

Er klagte aber auch über seines Bruder Daniels Lebensweise, *der sich schier überschlägt, der hundertmal am Tage ruft, so geht es nicht weiter mit der Arbeit, aber nichts von sich abstreift, sondern alle Arbeit, auch die der Comptoirgehilfen, selber erledigt.* Schrieb auch weiter, wie er seine alten Freunde wieder gefunden habe und *die ihn zu einer trauten Zusammenkunft geladen* hätten. *Diese Zusammenkunft bestand: 1) aus mir, der in dich verliebt ist, 2) Speckter, der ein Kunstkenner, und zwar resonné, ist, 3) Herterich, der nun nach Paris gehen will, 4) Daniel, der mich recht lieb hat, 5) Hülsenbeck, der ein Principal ist und hübsche Kinder hat, 6) Perthes, der mit mir speculiert, wie man mit Gott und Ehren durch die Welt kommt und doch dabey recht lustig bleibt, 7)Besser, Professor Tischbein, Hardorff, mein lieber alter Lehrer und manch andrer noch, mit dem ich später in Connection bleiben werde. Ein Ding habe ich durchgesetzt, das dich und mich vor einer gewissen Ängstlichkeit befreit, die doch auch ihren Grund hatte: Es haben nämlich die hiesigen Kenner Respect bekommen vor meiner practischen Geschicklichkeit, soweit sie geht. Nun bin ich bey diesen obenauf und habe, so zu sagen, den gefährlichsten Posten überwunden. Jetzt liegt es bloß an mir, daß ich kein Narr werde, um selbst zu glauben, daß ich etwas würkliches weiß. Ich weiß keines, um dich zu keiner Närrin zu machen.*

Nun wies er auch seine liebste Pauline ganz nüchtern *auf die Beschwernisse eines Lebens* hin, *wozu denn gehört, daß sie beyde nicht im Paradiese leben werden,* und er hielte es für ein großes Unrecht, wenn in dieser Zeit bei einer Trauung der Fluch Gottes ausgelassen würde, denn *er gehört nun mal dazu,* schrieb er, *wie es denn ja auch heißt, im Schweiße deines Angesichtes sollst du dein Brot essen, und Dornen und Disteln soll dein Acker tragen. Liebes Kind, wir sind in der Welt und müssen hindurch. Halt fest an der Liebe, denn wer beharrt bis ans Ende, der wird selig. Ich freue mich doch aufs Leben und mit Gottes Hilfe kommen wir wohl bis an's Ende.*

Von dem Haus, in dem er Wohnung bereiten wollte, schrieb er ihr auch, damit sie sich freuen durfte auf das Kuriose, das sie umgeben würde.

*Wir kommen, liebste Pauline, in der Schiffergesellschaft zu wohnen. Diese ist in der Bohnenstraße, wo solche sich in die Neuenburg endet, gelegen, und wir sehen aus den Fenstern die Herren nach, von der Börse gehen. Wir haben da zwey Treppen hoch zwey schöne, große Zimmer. Das Haus ist merkwürdig, weyl du dort gleich ein recht ächt Hamburgisch Wesen kennen lernst. Unten im Haus ist nämlich alle Woche einmal Auction von allerley Hausgeräth und Waaren; in der Thür, wie du auch wohl in Leipzig gesehen hast, ein Buchhandel von Juden; neben der Thür sind ein oder zwey Buden. Die Diele geht durch das erste Stockwerk durch, wo erst ein großer Kronleuchter hängt, dann ein würklich grönländicher Kahn mit einem gemachten Grönländer darin, ein großes Kriegsschiff als Modell mit vollen Segeln, fünf Fuß lang. Bey der Treppe steht im Dunkeln ein geharnischter Ritter von Holz mit einem großen Spieß. Ich habe noch vergessen, daß dort ein Hayfisch noch hängt, sammt einem Krokodill, und wird von solcher Art Hausmöbeln noch wohl mehr finden, die man nicht gleich gewahr wird. Eine, oder richtiger, eine halbe Treppe hoch wohnt der Hauswirth nebst Frau, ein paar alte Leute, auch ist hier eigentlich die Schiffergesellschaft, wo die Capitaine frequentieren; und noch eine halbe Treppe höher wohnen wir denn. Ich arbeite fleißig schon am Aufzeichnen meiner Tageszeiten auf die Leinwand. Die Tage sind nur so kurz. Der Wind saust und pfeift in einem fort und ist ein Wetter draußen, daß man keinen Hund hinausjagen möchte, aber so gewiß die Blumen im Frühjahr wieder erwachen, so geht auch all der Spectacel vorüber und wir werden uns einst an-*

*schauen, wie wir sind. Übel und schlimm kanns mir gehen, wenn ich dich nicht als meine Frau an mein Hertz drücken sollte; wahnsinnig und verrückt könnte ich werden …*

Schrieb auch, dass er an ihren Vater ein schönes Stück Rauchfleisch und der Mutter eine Assignation auf seine vier Radierungen geschickt habe, leider sei er nicht mehr dazu gekommen, die handgeschnittenen Leuchtermanschetten fertig zu stellen, und wünschte zuletzt ein lustiges Weihnachten.
Für ihn wurde das Weihnachtsfest jedoch mit Betrübnis überschattet, weil das mit viel Liebe von ihm gepackte Paket verloren gegangen war. Darum sandte er kurzerhand das Gleiche noch einmal, damit es an keinem fehle, und dazu etwas vom Freund Hülsenbeck und für ihre gemeinsame Reise ein Tuch zum Reiserock. An jenem einsamen Fest, da sein allerliebstes Herze nicht in seiner Nähe weilte, setzte er ein paar Verse zusammen und legte die dem Paket bei:

*Die Zeit ist schon erschienen*
*des lieben heil'gen Christ,*
*Und wenn die Felder grünen,*
*Die Vöglein wieder singen,*
*Die Bäume Blüthen bringen,*
*du wieder bey mir bist.*

*Das freut mich diese Stunde,*
*Daß doch die Zeit vergeht,*
*Und daß auf deinem Munde*
*Mit tausend heißen Küssen*
*Die Noth ich mag versüßen,*
*In der mein Hertz nun steht.*

*Für dich auf unsre Reise*
*Pack ich den Mantel bey:*
*Du siehst auf diese Weise,*
*Daß ich mit allen Sinnen*

Die Staffelei stand, die Arbeit hatte ihn wieder. Bilder, die er innerlich erschaute, wurden geboren, nahmen auf weißen Blättern Gestalt an, sichtbar, in wunderbaren Variationen. Und was so ans Licht drängte, versprach, ein Meisterwerk zu werden. Wie vordem die *Nachtigall* oder *Amors Triumph* verfolgten ihn jetzt die *Zeiten* mit unwiderstehlicher Gewalt. In einem einzigen Punkt waren seine Bilder und er unmittelbar verschmolzen, und der Punkt ruhte in ihm selber, tief innen. Hierauf gründete er seine Theorie, die ihm zum Gesetz wurde, und ohne deren Gesetz hätte er nicht mehr malen können.

Die Arbeit einerseits, der Kreis der guten Freunde andererseits verschafften ihm den gesunden Rhythmus, in den hinein er seinen Tag legen konnte. Es waren die treuen Hülsenbecks mit ihren entzückenden Kindern, die ihm ein zweites Zuhause schenkten. In deren Hause machte er auch, wie er an Pauline geschrieben hatte, die nette Bekanntschaft mit dem Akademieprofessor Johann Heinrich Tischbein, dessen Name, wie konnte es anders sein, in ihm lebhafte Erinnerungen an die Frau Friederike Brun hervorriefen. Tischbein gestand ihm mit ernster Miene seine anfängliche Skepsis gegenüber allen ihm bisher von ihm bekannten Werken. Er habe sich nicht denken können, sagte er, dass dieser junge Mann aus einer pommerschen Kleinstadt derart reife Stücke habe schaffen können. Er habe den *Amor* und die *Nachtigall* zwar mit Entzücken gesehen, konnte sich aber absolut nicht mit diesen von Allegorien überladenen Bildern anfreunden. So wollte er unter allen Umständen den Runge aus Wolgast einmal sehen. Aber nun sähe er ihn ja lebendig vor sich, sagte er, und er könne ihm nur volle Hochachtung zusichern. Seine Arbeiten seien von vorzüglichster Art.

Der Januar 1804 kündigte sich mit frostklirrenden Tagen an. Kalt war es wie selten zuvor. Mit klammen Fingern und eisekalten Füßen arbeitete Philipp Otto und ließ sich nicht mahnen, bei seiner Gesundheit Vernunft walten zu lassen. Zum zweiten Mal malte er die *Lehrstunde der Nachtigall*, schöner noch, reicher an Farbentfaltung, und, was das Wesentliche daran war, die lehrende Psyche, sie zeigte Paulines Angesicht, ernst, lieb und unendlich gut. Dieses Bild trug den Spiegel seiner Liebe in sich.
Mitten hinein in diese Schaffenszeit gelangte an ihn der Auftrag eines begüterten Herrn v. Hahn. Dieser Herr sähe niemand anders in der Lage, den Festsaal seines Schlosses in Basedow an allen Wänden auszumalen, als ihn, den Runge aus Hamburg. Philipp Ottos Herz jubelte auf: Die Kunst nicht in eine Galerie, sondern hinaus auf die Straße, in die Häuser und zu ihren Menschen, das war doch sein innigster Traum, dem zu leben er gewillt war. Gern wollte er diesem Auftrag entsprechen, zumal seine Ausführung auch seinen Namen weit in die Öffentlichkeit hinaustragen würde. Darum sagte er freudig zu, bat aber um einige Monate Wartezeit, da er erst freien wolle. Die Zeit bis zur Abreise nach Dresden zähle nur noch Wochen und sei proppenvoll gesteckt mit Arbeiten. Doch ehre ihn solch ein Auftrag über die Maßen, antwortete er. Der Tag der Hochzeit rückte näher und näher, denn der Lauf der Zeit war nicht aufzuhalten. Nur noch wenige Wochen waren es, die für die Vorbereitungen genutzt werden mussten. Briefe flogen hin und her. Sie sollten doch alle dabei sein, die Runges, die Freunde, die ganze Welt. Doch die Freude wurde getrübt, ein Schatten nach dem anderen fiel über das, was er sich so sehr wünschte. Absagen über Absagen. Stinchen war sehr krank und würde die Reise nicht durchstehen. Auch Maria lag seit einiger Zeit arg danieder. Die Eltern gestatten sich daher die Reise nicht, und besonders

an Mutter Runges Gesundheitszustand denkend, die längere Zeit hatte liegen müssen, hob Dr. Balthasar den Finger. Carl Hermann klagte über zu viel Arbeit, die ihn einfach festhielte, und eine Reise nach Dresden wäre von seinem Wohnort aus kein Pappenstiel. Zuletzt sagte auch Ilsabe die Einladung ab.

Philipp Otto fand das alles sehr schlimm. Carl Hermann wollte er seiner billigen Ausrede willen selber zur Rede stellen, während er Pauline bat, Ilsabe mit herzlichen Worten doch ein wenig zu nötigen, denn über die Eltern noch etwas zu erreichen, davon verspreche er sich nichts. Was Vater sich einmal vorgenommen hatte, dabei verharrte er, und wenn die Welt unterging. So sollte doch wenigstens Gustav kommen, der bei Ilsabe wohnte.

Seinen Klagebrief an Pauline schloss er mit den Worten:

*Ich schreibe dir am nächsten Posttag wieder. Adieu, mein alter, süßer Dux. Ich küsse dich viel tausendmal und drücke dich von gantzer Seele an mein Hertz.*

# V.

## Hamburg – Wolgast
## (1804–1806)

Mit ausdruckslosem Gesicht hockte der Postillon auf dem Bock des großen Reisewagens, die Nase gerötet, die Mütze weit über die Ohren gezogen. Obwohl er sich fest vermummt hatte, drang der kalte Frühjahrswind durch Falten und Knopflöcher seines Paletots und machte ihn frösteln. Drinnen spähten erwartungsvolle Augen und ein brennendes Herz durch das Fenster, voller Spannung auf das kommende Schöne, drängend, verlangend, weil draußen die Bäume am Wegrand nicht rasch genug nach hinten wichen. Hin und wieder wandte sich Philipp Otto seinem Bruder Gustav zu, sprach ihn aber nicht an, denn er druselte vor sich her und atmete in tiefen Zügen in den Umschlag des dicken Wollmantels, in den er sich wegen der Kühle im Wagen wohlig eingehüllt hatte. Maria Runge träumte mit offenen Augen vor sich hin, ließ sich kräftig durchschütteln und wackelte mit dem Kopf, von Müdigkeit übermannt. Sie hatte es sich nicht nehmen lassen, nach leidlich überstandener Krankheit ihren lieben Bruder Otto am Traualtar zu sehen.

Meißen lag bereits hinter ihnen. Rechter Hand zog sich das breite Elbtal frühlingsgrün durchs Land, und in seiner Mitte führte der Fluss die Schmelzwasser aus den Bergen in quirlender Eile westwärts. Bald traten die Türme der Dresdener Kirchen, mehr geahnt als gesehen, aus dem über der Stadt lagernden Dunst hervor. Von Neuem pochte des Bräutigams Herz und verriet seine Unruhe, als er sie erblickte.

Würde sich nun erfüllen, wonach seine Seele dürstete? Würde er nun jenen Garten betreten dürfen, in welchem er seiner Liebe leben durfte? Pauline an der Hand, sie nie mehr loszulassen, um ewig mit ihr zu sein? Komm, Glück des Lebens, komm, oder ich sterbe, schrie es in ihm auf, und sein Geist formte Worte zu einem Lied, das tief in ihm sang:

*Liebesgeist, den ich empfinde,*
*Odem tief in inn'rer Seele!*
*Bei der Arbeit, was ich treibe,*
*wo ich gehe, was ich denke,*
*immer ist es nur dies Liebe,*
*das im Grund der Seele webet,*
*wohin alles, alles ziehet.*

Wer jetzt den träumenden jungen Mann angesehen hätte, dürfte das Nasse bemerkt haben, das in seinen Lidern zusammenrann. Mit nur wenig Verspätung lenkte der Kutscher seinen Wagen vor die Poststation, an der nach erfahrenem Plan die Ankunft zu erwarten war und wo Männlein und Weiblein nach ihren Reisenden ausschauten. Pauline, lange vor der Zeit von herzbewegender Unruhe getrieben, stand dort und schickte ihre Gedanken dem Wagen entgegen, der ihr den Geliebten bringen sollte. An die Hauswand gelehnt hatte sie sich, weniger der Kühle wegen, vielmehr, um den geschwätzigen Leuten auszuweichen, die immer dasselbe und eigentlich nichts sagten und die ihr stilles Sinnen störten. Eingekuschelt in einen pelzbesetzten Mantel, stemmte sie sich gegen den Wind, der einen feinen Regen über den Platz sprühte. Als der Wagen kam, sprang ihr Herz auf, und alles, alles war gut. Worte, vielfach vorgedacht und flüsternd erprobt, erstarben unter den Küssen der beiden Liebenden, und ihre Umarmung hätte wohl bis in die Ewigkeit ausgehalten, wäre sie nicht einer liebreizenden Verunglückung Paulines zum Opfer gefallen, die sie beide auseinander riss und Gustav und Maria vor Lachen fast platzen ließ. Pauline hatte sich vorgenommen, ihren lieben pommerschen Jungen mit einem im Wolgaster Platt eindressierten »Büst all wedder dor, min lütt Häuneküken« zu empfangen, aber sie verballhornte diese schöne Sprache mit einem so schrecklichen Sächsisch, dass Philipp Otto das helle Lachen kriegte und die andern sich zur Seite bogen. Ein Dresden-Wolgaster-Ragout, das klang doch, und dann noch aus Paulines Mund, zu possierlich.

Lachen, Berichten, Wiedersehensfreude – wie auf lichten Feder-
wolken strebten sie dem elterlichen Haus zu, wo die Bassenges ihn
wie ihren Sohn und die Geschwister mit inniger Herzlichkeit
empfingen. Einige Tage rannen dann noch dahin, züchtig und unter den wachsamen Augen Vater Bassenges. Dann kam die Stunde, in der sich die beiden Anverlobten vor Gottes heiligem Altar
die Treue versprachen, bis dass der Tod sie schiede. Die Sophien-
kirche, in der noch die letzte feuchte Winterkälte wehte, war an
diesem dritten Apriltag von unzähligen Kerzen erhellt. Dazu flu-
tete glänzendes Sonnenlicht durch die hohen Fenster und verlieh
der feierlichen Zeremonie ihre besonderen Farben. Ein großer
Kreis guter Bekannter der Familie füllte die Bänke, und zahlreich
waren die Freunde aus der Akademie, Lernende und Lehrende,
unter ihnen Hartmann und Friedrich und der alte Graff. Je nachdem, wie die Stimmung es ihnen eingab, erhoben sie sich von ihren Plätzen, als das Hochzeitspaar unter dem Klang der Orgel den
Mittelgang entlang dem Altar zuschritt. Beide Familien verband
ja sowohl das lutherische Bekenntnis als auch das treue Festhalten
am lebendigen Wort des Evangeliums. Gerade dieses hatte Philipp Otto in vormaligen Briefen seiner Pauline mit tiefem Nach-
druck eröffnet, so wie er es verstanden hatte, und es ihr mit seinem
unverbogenen Wortglauben ausgelegt. Nun sollten die beiden
unter dem Wort des Kreuzes leben, in Christus gegründet, und
einander gehören als unverbrüchliches Eigentum, einer des anderen.

Zwei volle Wochen blieben die beiden noch im Bassenge'schen
Haus und ließen es sich gefallen, umsorgt zu werden von mütter-
licher Obhut. Das erste Eheglück verlieh ihnen Flügel und trieb
sie wie vom Wind getragene leichte Federn. Jeder Tag öffnete neue
Pforten der Glückseligkeit und eine von Sonne durchstrahlte Welt
wähnten sie als ihre zukünftige, die einen schattenlosen Morgen
versprach. Und doch – bereits gegen Ende dieser beiden Wochen
spürte Pauline, wie sie sich einer sich ständig steigernden Unruhe
Philipp Ottos unterordnen musste. Den Wunsch, die Hochzeit
ihres Bruders Jaques im kommenden Monat mitzuerleben, gab sie

auf, wenn auch mit leisem Bedauern. Sie war an ihren Otto gebunden.

Nun, da er das Ziel seiner Leibessehnsucht erlangt hatte, drängte es ihn mit Macht an die Arbeit. Er sagte es ihr, und sie musste lernen, gegenüber diesem Drängen stillzuhalten. Bilder, die Philipp Otto im Innersten verfolgten, die sein Eigen waren, wollten heraus ans Licht, wollten durch den von Pinsel und Stift verlängerten Arm auf die Staffelei, aufs Blatt, mussten endlich sichtbar werden. Und am gesetzten Tag verließ er, Pauline im Gefolge, die Stadt ohne Wehmut. Jeder neue Tag, der nicht seiner Kunst diente, erschien ihm als ein verlorener; so als spürte er, einem neuen Zeitalter entgegenzustürmen, das nur auf ihn, auf ihn allein wartete. Verständnisvoll und unterordnend, wie es sich dem Weibe einem Mann gegenüber gebührte, gab sich Pauline unter das Diktat ihres Ottos, ihres Ernährers und künftigen Vaters ihrer Kinder, so Gott sie wollte. Ihm zu Willen zu sein, wollte sie ihr eigenes Leben ordnen und sagte darum zu allem ja, was Philipp Otto auch immer für sie erdachte. Denn sie wusste, dass er sie liebte wie sonst nichts auf dieser Welt.

So schaute die gerade Achtzehnjährige nicht ohne freudige Spannung dem Ziel ihrer Reise, dem großen Hamburg im nördlichen Land entgegen, mit einer eigenen Wohnung und eigenem Hausrat, dazu der Ehestand und neue Freunde; was galt es, alles zu erwarten. Von sich selber wusste sie, was sie wert war, und sie brauchte sich durch kein loses Geschwätz betören lassen. Und so versprach sie sich auch, zu ihrem von Herzen ihr anerkannten und geliebten Manne zu halten, gleich welcher Kritik er als Künstler ausgesetzt und als Mensch von wem auch immer angegriffen werden würde. Niemals hätte sie ihm ihr Jawort gegeben, wäre sie nicht von seiner Rechtschaffenheit, seinem hohen Können und der Reinheit seines Denkens überzeugt gewesen. Irgendwann hatte sie in einem Buch gelesen, es gäbe hier und da unter den Menschen sogenannte späte Entwicklungen, die zwar in jungen Jahren viel Versagen zeigten, im Zustand des Gereiftseins aber Außergewöhnliches zu Tage brächten, in erstaunliche Höhen führten und zu Werken befähigten, die niemand hätte zuvor ahnen können. Ihren Philipp Otto hielt sie nach dem allen, was er über sich selber, und was Maria über ihn erzählt hatte, für einen solchen, und darum vertraute sie ihm voll und baute auf ihn.

Ihre Reise führte sie über einen Umweg zunächst nach Wolgast, wo Pauline endlich die Bekanntschaft des jungen v. Klinkowström machte, von dem Philipp Otto schon so manch Nettes erzählt hatte. An ihm spürte sie erneut, wie echt und treu seine Freunde waren. Ihr öffnete er sich in einer Weise, die sie in Erstaunen setzte, wenn nicht gar verlegen machte. Er klagte sich aus, und sie hielt seinem Klagen stand. Klinkowström litt unter seines Vaters Urteil schmerzlich, da der von Kunst und Malerei nicht ein Tüttelchen hielt, vielmehr darauf bestand, dass ein Klinkowström, als Sohn eines Gutsherrn in Ludwigsburg und vormaligen Oberstlieutenant, Diplomat oder zumindest Offizier werden müsse, dem Namen der Familie zu Ehren, und nicht sich irrsinnigerweise hinter einer stelzbeinigen Staffelei geklemmt die Augen blind malen.

Pauline hörte des jungen Freundes Klagen, den es einzig zur Malerei zog, sehr liebevoll an, sagte in keiner Weise etwas gegen dessen Vorhaben, wenn es sein müsste, gegen den Willen des Vaters und ohne weitere Bedingung nach Dresden auf die Akademie zu gehen. »Ich kann«, hatte er gesagt, »es meinem alten Herrn nicht verübeln, so zu denken. Nur, ich will mich nicht seinem Willen unterwerfen. Unser Ludwigsburger Schloss, der herrliche Park, so dicht am Greifswalder Bodden gelegen, sind großartig und sehenswert, ja liebenswert. Aber ich weiß, dass Vater vor dem Bankrott steht. Und ich bin nun mal nicht der Mensch, der hier wieder eine Goldgrube schaffen könnte. Ist es nicht so, dass der Mensch dort hinstreben muss, wonach ihm der Gaumen steht?«

Philipp Otto wusste von alldem. Nun, da Pauline mit ihm darüber sprach, meinte er, mit Vater v. Klinkowström ein ernstes Wort reden zu müssen und ihm, ohne Wissen des Freundes, von den unbezweifelbaren Talenten seines Sohnes zu berichten und ihm letztlich eine Entscheidung abzufordern, soweit es in seiner Macht lag. Das geschah dann auch. Er reiste nach Ludwigsburg, und das Gespräch musste den alten Herrn sehr tief angerührt haben, denn er versprach, seinem Sohn das für ihn Beste zu erlauben.

In diesen Tagen hatte sich, nach vielen Jahren des Schweigens, der rügensche Pfarrer Kosegarten mit einem Anliegen gemeldet. Philipp Otto bekam den Brief in Wolgast zu lesen. Der Anlass, ihm zu schreiben, war ungewöhnlich. Die verwirrenden Schriften eines Jacob Böhme hatten es ihm angetan, eines mystisch in sich vergrabenen und verbogenen Geisteswissenschaftlers, der, so sagte Kosegarten, sich höher zu stehen dünke als die Apostel und dessen Bücher nicht wert seien, gelesen zu werden. Und er, Kosegarten, habe gehört und fände es eben sonderbar, dass Runge sich in Dresden ein Buch *dieses Jacob Böhme gekauft habe, und ob er sich etwa durch ihn beeinflussen lasse, und ob das überhaupt wahr sei, oder ob der etwas excentrische Freund Hagemeister in Wolgast hier seine Hand im Spiele habe. Das wolle er wissen. Dies nun einerseits.*

Andererseits schrieb er überraschend weiter:

*Aus den Zeichnungen, womit Sie, lieber Otto, die Tieckschen Minnelieder ausgerüstet haben, kann ich ungefähr ahnen, wo hinaus Sie eigentlich wollen und welche Gestalt das Universum in ihrem Herzen gewonnen hat. Ich sehe, daß Sie von der Heiligkeit ihrer Kunst durchdrungen sind, und daß Sie die Formen und Farben höher nehmen, als seit Albrecht Dürer und Masaccio eben zu geschehen pflegt. Sie sind da freylich auf dem einzigen Wege, der zum Leben führt. Es ist aber ein schmaler Weg, und ihrer sind wenig, die ihn wandeln. Ich wünschte herzlich, Sie zu sehen und zu sprechen. Sie ihrenteils, würden an mir sich schwerlich sonderlich erbauen oder erwärmen können. Ich bin nun zu alt und zu schwerfällig, um mit den Siebenmeilenstiefeln der jüngeren, kräftigeren Generation Schritt zu halten. Ich habe meine Linien ausgezogen, über die ich nicht hinauszugehen gedenke, um nicht in Halbheit, Schiefheit und Verworrenheit zu geraten.*

Kosegarten versicherte ihn aber teilnehmender Liebe und immer währender Freundschaft.

»Kosegarten?«, rief Pauline entzückt, »welch köstlicher Name für einen Mann. Bist du, Otto, nicht auch mein Kosegarten, der Garten, in dem ich lieben und kosen darf? Komm, mein Garten, in dir möchte ich jetzt kosen.«

Die beiden blieben beieinander. Der Maiwind strich lau über Wolgasts Dächer; von der Peene her quoll es süß, der beißende Brodem ausatmender Fischkisten füllte die Nacht, dazu mischte sich an Dünsten, was der Hafen sonst noch aushauchte. Für Pauline eine neue Welt, für Philipp Otto das Zuhause.

Diese Tage erlebte er noch einmal in vollen Zügen, auch wenn sich so manches verändert hatte, was einstmals selbstverständlich war. Stinchen tat ihm mit ihrem Rheumaleiden in der Seele weh, Maria wirkte nicht mehr jugendfrisch wie einst, Vater war stiller geworden, faltenreicher sein Gesicht, wenn seine hohe Gestalt auch noch ungebeugt, reputierlich und würdevoll war. Mutter dagegen, ach Mutter – Philipp Otto sah sie nicht nur mit den Augen eines Porträteurs, sondern erblickte sie mit seinem Herzen. Sie war eine von der Last des Lebens geformte und gebeugte Frau. Ihre lebhaften Augen glänzten jedoch, als seien sie nicht gealtert, und standen im Gegensatz zu ihrer verarbeiteten und gekrümmten Gestalt. Sie war seine liebe Mutter.

Doch wie sehr er sein Zuhause auch liebte, dies alles vermochte ihn auf die Dauer nicht zu halten. In Hamburg wartete bereits das gebaute Nest, noch lauter aber schrien die begonnenen und geplanten Arbeiten nach ihm. Von einem Tag auf den anderen wuchs die Unruhe, die sich schon in Dresden seiner bemächtigt hatte und ihn zum baldigen Aufbruch drängte. So verließ das junge Ehepaar am 10. Mai Wolgast mit einem Runge'schen Pferdewagen, der in Hamburg samt Tieren untergestellt werden und ihnen beiden zunächst dienen sollte.

Einen Tag nach ihrer Abreise, mit Beginn der Eisheiligen, setzte ein Unwetter ein, das ihre Weiterfahrt fast unmöglich machte. Frühlingsgewitter und Regendrusch, Hagelschlag und stürmische Böen flogen über das Land und richteten, wie sich herumsprach, in Wäldern und Dörfern erhebliche Schäden an.

In Gedanken reiste mit den beiden v. Klinkowström. Er hatte berechtigte Sorgen um sie und fühlte sich gedrängt, ihnen von Ludwigsburg aus einen Brief nachzusenden.

*Mich treibt,* schrieb er, *die Besorgniß, daß Du oder Pauline von dem fürchterlichen Reisewetter krank geworden seyn könnten. Ich habe alle Stunden unzähligemal an Euch gedacht, auch keine Nacht davor schlafen können und mir stets den Trost gewünscht, die Unannehmlichkeiten mit Euch zu theilen.*

In diesem Brief ließ er weiterhin Philipp Otto mit bewegten Worten wissen, wie rührend sein Vater sein Einverständnis zum Studium und Zutrauen zu seiner Kunstfertigkeit geäußert habe, auch wenn er von diesem Metier so gut wie nichts verstünde; und ihm käme diese plötzliche Wendung wie ein Wunder vor, ob da wohl ein Engel zwischengemischt haben möge und dieser Engel nicht in Wahrheit Philipp Otto genannt sei. Er schrieb auch, dass er Ende des Monats Mai nach Dresden abfahre, um per 7. Juni die Akademie zu besuchen. Immer aber würde er sich dort sehr einsam fühlen, das wüsste er schon jetzt, und er sinne bereits darüber nach, ob nicht Hamburg seine künftige Heimstatt werden könne. Die beiden Runges erreichten Hamburg ohne Zwischenfall. Als sie am 15. Mai die Wohnung bei der Schifferkompagnie betraten, rötete sich der Abendhimmel und ging auf in den prächtigsten Farben, so schön, wie kein Maler sie treffender hätte finden können. Der Schöpfer selbst war doch der größte Künstler.
War diese Abendröte ein himmlisches Versprechen für eine segensreiche Zukunft, oder wollte sie an jenes Unwetter in der Geburtsstunde Philipp Ottos erinnern, jetzt, wo ein Neuanfang bevorstand wie ein neues Leben und an die im Herzen der Mutter erahnte Besonderheit rührte?
Am anderen Tag strahlte die Welt im Maienglanz und Vogelsang. Sie richteten sich in ihrer hoch gelegenen Wohnung ein und ließen die ersten Freunde kommen, alles Leute, die es gut mit ihnen meinten. Mit starkem Griff langte die Arbeit nach dem Mann,

während die Frau sich in ihrem noch bescheidenen Haushalt ein-
übte. Und wie das Perpendikel einer Uhr pendelte sich ihrer beider
Leben auf die kommenden Jahre ein, deren Zahl sich Gott selber
zu setzen vorbehielt.

Mit leichter Hand erwarben sie das Meublement, Paulines Wünsche, Philipp Ottos Vorstellungen und Daniels Beraten diktierten
dabei ebenso wie günstige Preise. Zu der Aussteuer gesellten sich
nun Kommoden und Schrankgelass und für Pauline eine Küche.
Alles wanderte in die Räume und machte das alte, abgediente
Kramzeug überflüssig. Dazu die tausend unentbehrlichen Dinge,
angefangen bei Öllampe und Besen bis hin zu Bügelbrett und
Hauspantoffeln. Paulines finanzielle Mitgift erlaubte dies und
noch mehr, und so dauerte es nicht lange, da war der Hausstand
tipptopp eingerichtet, klein, aber fein.

An eines hatte sich Pauline sehr bald zu gewöhnen, an das Allein-
sein. Anfangs noch hatte sie sich die Freiheit genommen, ja das
Recht erwirkt, Philipp Otto während seiner Arbeit in der Malstube
aufzusuchen, ihn zu liebkosen oder mit dieser oder jener Frage zu
unterbrechen. Bald jedoch entdeckte sie mürrische Züge in seinem
Angesicht, oder er war nicht ansprechbar und wie entrückt aus der
Gegenwart. Dann lagen Worte im Raum, unausgesprochen, aber
gedacht: Du störst mich, lass mich bitte arbeiten! Paulines Feinge-
fühl nahm sie wahr wie eine Lektion, die sie zu lernen hatte, und
schließlich sagte sie, dass sein Verhalten zu ihrem Leben gehörte, zu
ihrem gemeinsamen Leben, denn was dürfe sie als Frau eines solchen von der Welt anerkannten Mannes mehr erwarten, als dass er
sie liebte? Darum rang sie auch in ihren Gebeten mit Gott, er möge
es geben, dass, wenn Philipp Otto ihr nicht den ersten Platz in seinem Herzen einräumte, so möge er doch den zweiten gewähren.

Hätte sie solche Gedanken auch nur ein einziges Mal vor ihm laut
werden lassen, unweigerlich hätte Philipp Otto sie wegen solch al-
berner Weibsgedanken ausgelacht, hätte sie in seine Arme gerissen
und um und um geküsst. Denn war es nicht gerade Pauline, die seine Arbeit trug, vorantrieb und reifen ließ? War es nicht sie allein,
die ihn mehr als bisher in die heilige Pflicht nahm, das Äußerste zu

bringen, das Wahrste, das Echteste, das, was die Kunst zur Kunst
machte und was alle Welt von ihm erwartete? Gerade sie war es,
vor der er bestehen wollte und der das Beste nicht genug sein dürfte. Er wollte nur für sie arbeiten, für sie, für sie, für sie.
Und doch, was war mit ihm? Der Arm wurde ihm schwer, der Kopf
leer, der Geist müde. Eine unerträgliche Schlappheit, gepaart mit
schrecklicher Unruhe, überfiel ihn mehr und mehr, unhörbare
Stimmen verwirrten seine Sinne, wenn sie schrien: Otto, spare
nicht an dir, tue das Allerbeste, du hast nicht mehr viele Jahre.
Bahne einem Neuen die Wege, du bist dazu ausersehen, du allein.
Wie Wahnsinn trieb es ihn um, und er brauchte immer wieder
Zeit, um sich zu begreifen. War es ein Todesahnen? Er wusste es
nicht. War es die Folge eines Sichverausgabens in den Nächten der
Liebe? Er wusste es nicht. War es ein Zweifeln an sich selber oder
gar Selbstüberschätzung? Er wusste es nicht. Diesen Unfrieden
mit sich selber, mit dem er Pauline nicht belasten wollte, klagte er
seiner Schwester Maria:

*Du glaubst nicht, liebes Marieken, wie wenig Zeit man hat. Ich arbeite
und arbeite und wird nichts gethan. Ich suche einen Tag nach dem anderen herauszubringen, wie die Zeit besser zu nutzen sey. Und doch gehen sie mir alle so dahin. Es muß und muß aber besser werden. Ich ärgere mich selbst über meine Trägheit und Mattigkeit, und bitte dich, liebes Marieken, schreib mir's bisweylen nur recht derb, damit die alte
Kraft und Munterkeit wieder frisch in mir werde. – Ich habe nun das
Bild der Nachtigall ganz untermahlt. Leider hat Herr v. Hahn mir seinen Auftrag wieder gekündigt, da er nichts in dem Saal gemahlt haben
will. Im Grunde kann ich's ihm auch nicht verdenken und wer weiß, ob
er es je fertig gesehen hätte, so alt und schwach er ist.*

Letzteres schrieb er mit tiefem Bedauern, denn gerade dieser Auftrag, eine Arbeit dieser Art, hätte genau das erfüllen können, was
er der Kunst zur Pflicht gemacht hatte: Sie soll den Menschen begleiten, soll seinen Alltag zieren, soll ihn erfreuen und wie ein
wohltuendes Wasser ihn täglich umfließen.

»Schade, liebes Paulineken«, sagte er darum, als er seiner Frau davon berichtete. »Dass v. Hahn abgesagt hat, ist wirklich nicht schön. Und die Dukaten, die er vielleicht ausgespuckt hätte, würdest du in deiner Wirtschaft sicher gut haben verwenden können.«
Worauf Pauline heftig den Kopf schüttelte:
»Wenn du nicht alle deine Sachen verschenken würdest, Otto, sondern so verkaufen, wie andere und viel, viel schlechtere Maler es tun, dann stünde es auch ohne diesen Hahn um meinen Hühnerstall angenehmer, du allerliebster Knabe.«
»Verlange doch nicht von mir, liebes Kind, dass ich mit meinen paar ungeratenen Bildern eitle Geschäfte anfange. Das Gute kann ich doch nicht verkaufen, versteh mich bitte. Male ich erst um des schnöden Mammons willen, ist es mit meiner Kunst am Ende. Ich weiß es, und du weißt es auch. Niemals werde ich mich in solch unanständige Auffassung hineinbegeben.«
Da sah Pauline ihn an, und Tränen traten in ihre Augen, meinend, sie hätte etwas Unbedachtes gesagt. Sie flog auf ihn zu und strich ihm über das volle braune Haar:
»Ich liebe dich, Otto, allein schon um dieser Gesinnung willen liebe ich dich. Und dich wünsche ich mir niemals anders, hörst du? Ich muss dich aber doch fragen, wovon wir leben wollen.«
Philipp Otto schob ihre Hand zurück. Etwas Schreckliches wühlte in ihm, doch fand er nicht den Mut, sich Pauline gegenüber zu öffnen. Nun sich seine Verhältnisse verändert hatten, er für Pauline zu sorgen verpflichtet und alles so grundlegend anders geworden war, geriet er in einen Strudel von Gefühlswirrnissen, die ihn tiefer und tiefer zogen. Er fragte sich, ob all das, was er bisher als das heilige Wunder annahm, welches ihm die Kunst aufgeschlossen hatte, wo er von Angesicht zu Angesicht das Große, das Schöne hatte erblicken können unter Staunen und Dankbarkeit, ob das alles nur Täuschung gewesen sei. Er trug keine innere Schau mehr mit sich, die an das Licht drängte wie früher; jedes Bild wurde ihm zur Qual, die er nur ausschreien konnte in Versen, wie sein Herz sie ihm befahl:

*Tief in düstre Trauer hingesunken*
*saß ich brütend über mir allein,*
*zehrend an des Lebens letztem Funken;*
*niemand ahnte meines Herzens Pein.*
*Was sich still und langsam nur noch in mir regte,*
*ohne Hoffnung sterbend sich nur noch bewegte:*
*schwarz und schwärzer sich*
*in den Busen schlich*
*der Vernichtung Grausen, Hölle! Die Gewalt,*
*die du grinsend zeigst an jeder Erdgestalt.*
*Hat denn Gott mich ganz und gar verlassen?*
*War zu kühn des stolzen Geistes Flug?*
*Kann ich nicht den hohen Glauben fassen,*
*dass er mir zum Heil die Wunde schlug?*
*Nimmst du mir dies Bild, dies Beste mir vom Leben,*
*weil ich all' was mein war, stets nicht dir gegeben?*
*O so nimm die Zeit,*
*nimm die Ewigkeit!*
*Nein, ich konnte nimmer tragen dieses Glück:*
*Nimm das Leben, nimm mein Dasein denn zurück.*
*Deine Güte ließ mich zu dem Tage kommen:*
*Nur was du gegeben, hast du, Herr, genommen.*

Voll von Selbstvorwürfen drückte er sich in seiner Kammer herum, bis er einem Fieberanfall erlag. Er musste sich hinlegen, Pauline, zu Tode verängstigt, jagte zu den Freunden, um Rat zu holen. Sollte wieder jene ernste Erkrankung wie in Ottos Jugendjahren aufflammen? Was sollte nur werden? Der Arzt sprach von Depression und riet, in Geduld abzuwarten.

Die gute Pauline, die eigentlich selbst hätte getröstet werden müssen, wachte bei ihm Tag und Nacht, sprach ihm unermüdlich gut zu, hielt seine Hand und streichelte sie und schaffte es, ihn wieder lebefreudiger dreinblicken zu lassen, wozu ihr ein besonderer Umstand zu Hilfe kam. Sie musste ihm, dem Geliebten, gestehen, ihr Leib mache ihr Schwierigkeiten, sie müsse des Öfteren erbrechen,

und Hunger hätte sie auf die ausgefallensten Speisen. Sie trüge an einem Kind. Seitdem erhellte sich sein Gesicht, er umfing sein Weib, wie er seit Langem nicht mehr getan, und bekam neuen Lebensmut. Langsam wich diese sie alle bedrückende seelische Schwäche von ihm, er griff wieder nach seiner geliebten Tätigkeit und arbeitete. Bald schrieb er den besorgten Eltern nach Wolgast, wie es ihm doch im Ganzen gut ginge und sein Herz von Freuden erfüllt sei, weil Pauline Aussicht habe, Mutter zu werden. Besonders erfreulich sei, dass ihm *ein sehr geschickter Mann namens Hofrath Eich in Altona neuen Elan zum Mahlen vermittelt habe und es auch fürder thun würde, wenn mir mal die Courage ausgehen will.*
Das Leben, die Erde, die Wirklichkeit hatten ihn wieder, die Arbeiten an den begonnenen Bildern nahmen ihren Fortgang, Liebe und wohlige Wärme wohnten nach diesen voller Angst durchstandenen Wochen wieder im Haus.
Eines Tages trug ihm die Post einen Brief zu aus v. Klinkowströms Hand, einen sehr ausführlichen Brief, den zu verstehen Philipp Otto mehrmals ansetzen musste. Dieser Brief mit seinen hohen Gedankenflügen bestätigte ihm, was der Friedrich August doch für ein gescheiter Denker war. Er reichte den Brief Pauline, um sie an dem, was den Freund umtrieb, teilnehmen zu lassen. Er tippte auf einige Zeilen und entnahm ihnen, was ihm besonders bedeutsam erschien. Er sagte:
»Wie er doch genau das trifft, was unserer Meinung gleichkommt. Ich sagte es schon einmal, Kunst ist nicht Religion, aber Religion wohnt in der Kunst. Du, Paulineken, kennst meine These: Kunst ist Kreation, ist Erschaffen, wie der Herr am ersten Tage tat. Nur glaube ich«, und er schmunzelte, als er fortfuhr, »wir armen kleinen Geister quälen uns beim Kreieren mehr als der Kreator. Schaffen aus dem Nichts, das hatte Gott der Herr gekonnt. Wir dagegen haben nicht das Nichts, sondern das Alles, wie es vor uns liegt. Wir brauchen nur hineinzugreifen und können unsere Bilder stehlen. Ich gebe dem guten Freund recht, wenn er sagt, unsere Kunst sei die heiligste Gestaltung unseres Bewusstseins in der Religion. Doch sie soll in reiner Demut geschehen.«

»Findest du nicht gut, wie er schreibt«, nahm Pauline die Gedanken Klinkowströms auf, griff nach dem Blatt und las daraus vor:

*»Müßte ich mahlen um der bürgerlichen Hantierung willen, so würde ich mahlen und mit Lächeln sagen, daß ich auch ein Mahler sey. Eigentlich ist das nur halbe Götzendienerey. Die Zeremonien, der Duft, die Trunkenheit und der Glanz der Bildnerey … die Leute sind heute eitler im Bilden und gleichgültiger als je.«*

Philipp Otto nickte beistimmend. »Mich erfreut seine Gesinnung. Sie entspricht im Tiefsten der meinen, der unseren. Er macht jetzt in Dresden die gleichen Erfahrungen, Paulineken, die ich gemacht habe. Lass dir vorlesen, wie es ihn vorandrängt und dass er nicht zu Unrecht das Malen studiert. Er schreibt:

*Auf der Galerie bin ich fleißig gewesen, indem ich in zwölf Tagen fünf Köpfe untermahlt habe. Ich mache es recht schnell, und wenn ich auch nichts dabey erlange, was ich anfangs zu erstreben willens war, eine wissenschaftliche Kenntniß des Farbengebrauchs, so bin ich doch deßwegen beruhigt, weyl ich merke, daß das ein mißliches Ding ist und man leicht in systhematische Versuchungen sich verliert. Und besonders erlange ich so, was auch nöthig ist, unwillkührlich mit den Farben vertrautere Bekanntschaft. Ich habe drey Köpfe nach Rubens, einen nach dem Spanier Velasquez und einen nach Vandyk copiert. Morgen fange ich die Jungens von Rubens an zu untermahlen. Es ist doch Vandyk und Rubens mehr Schule als in den edelsten Italianern, weyl eben die milden Übergänge von Mitteltönen bey ihnen nur so hingesetzt sind.*

Und so weiter und so weiter. Du siehst, Paulineken, jetzt fängt auch er an, am Geheimnis der Farben zu rütteln. Ich werde mich mit ihnen noch eingehender befassen, als der Goethe das getan hat. Ich brauche nur Zeit dafür, es niederzuschreiben. Im Kopfe liegt es schon bereit, es braucht nur noch ausgespuckt zu werden. Und ich sage dir schon heute, dass wir Tiefgründe entdecken werden, die die Stümper und Halbheiligen auf dem Altar der Malerei die Pinsel aus den Händen legen lassen werden. Was die Farben betrifft – Klinkowström hat das Geheimnis der großen Meister erkannt. Rubens, Correggio, Tizian, und das heißt Licht, Schatten, Farbe, Form. Das ist eigentlich alles. Mehr braucht's nicht. Aber kein Bild ohne ein Teil aus diesem heiligen Quartett!«

Er strich leicht und mit liebender Hand über ihr kurz gehaltenes Haar, sah ihr versonnen in die Augen und wollte sich abwenden, als sie ihn zurückhielt:

»Du hattest, als wir einmal an der Elbe spazieren gingen, den Namen Grassi mit einer gewissen Verächtlichkeit erwähnt. Damals hatte ich so etwas nicht gern aus deinem Mund hören wollen. Doch in seinem Brief nannte dein Freund diesen Namen auch in ähnlicher Weise.«

»Grassi? Der kann wohl jeden rechtschaffenen Maler von seiner Akademie vergraulen.«

»Dann will er also nach Italien gehen, dein Klinkowström?«

»Wenn er wirklich nach Italien gehen würde – nun, ich hatte es auch einmal vor, wie du weißt. Es lohnt nicht. Das Italienreisen ist eine Modeerscheinung, von der man glaubt, man müsse sie absolvieren. Ich glaube nicht daran, dass er es ernsthaft will. Er hat doch schon sein Urteil über die Italiener. Außerdem, Friedrich August ist ein Pommer wie ich, und unsere Mentalität mischt sich nicht mit der der Leute im Süden. Mich dünkt, dieses war noch nicht sein letztes Wort.«

In einer stillen Stunde machte sich Philipp Otto daran, seinem Freund gehörige Antwort zu schreiben. Er bezog eine zum Teil gegensätzliche Stellung zu dessen Auffassung über Religion und Katholizismus, gab ihm aber im Grunde zu verstehen, in welchem Maße und auf wie vielen Ebenen ihrer beider Herzen übereinstimmend schlugen.

Friedrich August v. Klinkowström griff nach Feder und Papier und antwortete postwendend. Energisch sprach er sich gegen das Glaubensfeindliche im Katholizismus aus, mit einer Schärfe, die kaum zu überbieten war.

Pauline konnte seinen Worten nur volle Zustimmung geben. Sie hatte von Kind an lernen müssen, was sie als Protestanten unter der Fahne päpstlicher Gewalten hatten erdulden müssen, und eben darum las sie das alles für sich allein noch einmal und mit großer Aufmerksamkeit:

*Wenn man beim Eintritt in die katholische Religion den lutherischen Glauben abschwören muß und ihn hernach befeinden, ist das Christenthum? Daß wir die Bibel in unseren Händen halten dürfen und zur eigenen Anschauung aller Offenbarung und des Wandels Jesu Christi gelangen, das ist wohl viel was Gewaltigeres, und nimmt mich Wunder, daß nicht mehrere wahnsinnig über die Entbehrung geworden sind, und viele der neuen Katholiken rufen das Wort Kätzer wieder so unchristlich hervor …*

Während Pauline mit diesen Bemerkungen v. Klinkowströms innerlich umging, hielt sich Philipp Otto mehr an das, was die Malerei betraf, und er hielt es für einen glücklichen Umstand, dass er lesen durfte:

*Es ist eine abschlägige Antwort meines Vaters auf meinen Wunsch nach Rom zu gehen gekommen. Er nimmt durch immerwährendes Mißverstehen meiner Carrière meine Äußerungen für Wankelmuth und trägt mir, wie schon öfters, eine Änderung meiner Bestimmung an. Er schlägt mir vor, durch den General Sowieso in Oesterreichischen Dienst zu gehen. Soldat zu seyn ist nun eigentlich mein Wesen nicht. Ich werde ihm schreiben, ob nicht vielleicht eine Anstellung im diplomatischen Fach zu erhalten stände. Im andern Fall, und obgleich man von der Hand mehr Zeytungen lieset, als die Kunst studiert, möchte ich diese nicht fahren lassen, weyl es doch ein verborgen freyes Leben mit dem Künstler ist. Was sollte es mir helfen, meine Lebenszeit hernach in Garnison zu vergraben. Ich werde demungeachtet wohl alles anwenden, um meine bisherige Bestimmung zu behaupten. Darf ich noch etwas ganz anderes hinzufügen? Caspar David Friedrich hat von Goethe die Hälfte des Preises (180 Rthlr) für zwei Landschaftszeichnungen erhalten, ob-*

*gleich sie gar nicht die Weimarer Aufgabe betreffen. Das hat uns allen
viel Freude gemacht und wird dir auch so thun.*

»Also nicht nach Rom. Ist auch besser so«, murmelte Philipp Otto
vor sich hin. »Der Gute würde nichts Sonderliches dazulernen. In
Dresden ist er, wenn auch nicht gerade auf bestem, so doch auf bes-
serem Weg, voranzukommen.« Und mit Wohlgefallen las er nochmals aus dem Brief, was ihm besonders gefiel:

*Mit Fortschritten in der Malerey bin ich beynahe zufrieden. Ich habe
auf der Galerie jetzt ein Bild nach Rubens übermahlt. Ich habe die Aufmerksamkeit der anatomischen Farben beobachtet und denke, daß mir
solches nützen soll. Das ist's, warum viele an mir irre geworden sind,
daß ich ein Bild von Rubens copierte. Und ich möchte doch sagen, er sey
die Minuspotenz von Corregio. Er hat doch einen erstaunlich schönen
Farbsinn. Und wenn Corregio die höchste Liebe und Trunkenheit ist,
ist Rubens die gemeine Wollust und Schwelgerey. Du sagst, mein lieber
Freund, ich soll nicht ins Schmieren fallen und die Farben nicht ohne
Bestimmung gebrauchen. Außer anatomischen Forderungen, weiß ich
mir nichts davon zu denken, und mahle, bis es mir gefällt. Ich hoffe, daß
ich die so genannte Practik sehr bald mitkriegen werde, dann habe ich
meinen Sinn für die Farben auch mehr ausgebildet und hoffe dann, unwillkührlich die Farben nicht übel zu gebrauchen. Im übrigen ist es mir
oft so, als wäre es gut, wenn ich bey dir wäre. Du würdest mir helfen,
mich in trüben Stunden aufzurichten, würdest mich berichtigen, wo ich
in der Heftigkeit zu weit gehe. Und ich glaube, es kommt auch noch so.*

Und er schloss den Brief mit der Bemerkung, bald nach Hause,
nach Ludwigsburg fahren zu wollen, weil dort alle Geschwister
aus höchst wichtigen Gründen zusammenkämen. Erst aber wollte
er noch einen Tizian untermalen.
Philipp Otto und Friedrich August gingen sehr innig miteinander
um, und was sie einander schrieben, beschäftigte sie sehr. Das Malen vernachlässigte keiner von beiden. Philipp Otto arbeitete wie
ein Besessener, und viele Stunden des Tages schien es ihn in der

Runge'schen Wohnung gar nicht zu geben, so tief hatte er sich vergraben. In Briefen an seine Brüder gestand er seinen neuerlichen Fleiß, der ihn gepackt habe; der Mutter nach Wolgast schrieb er, dass er neue und höhere Ansprüche an sich stelle, auch wenn er *nicht viel an's Tageslicht schaffe, so wird doch die Fähigkeit immer größer, und so lange ich kann, muß ich in die Tiefe dringen. Denn, stelle ich mich einmal öffentlich auf, so muß in jeder Hinsicht eine Consequenz da seyn, und, wie es scheint, komme ich mit Gottes Hilfe bald zu etwas.* Und mit einer kleinen, reizenden Verschlüsselung setzte er zum Ende des Briefs die Bemerkung hin: *Es stehen uns in unserm Leben noch wunderbare Ding bevor, und sehr wahrscheinlich im künftigen Jahr schon. Was ist bei solchen Gelegenheiten Hab' und Gut noch?* Im gleichen Zug schrieb er seinem Freund v. Klinkowström, dass er nicht einsähe, wenn er sich dem Militär zuwende, auch nicht wolle, dass er in Dresden versauere oder durch künstlerische Missgriffe von Scharlatanen auf schiefe Bahnen gerate. Er möge sich, bevor er einen geistigen Tod dorten erlitte, gefälligst nach Hamburg wenden und in ihr Haus scheren, in dem sie für Bettler und liebste Freunde stets ein Asyl bereit hätten, und dass Pauline mit seinem Zuzug in ihr Haus einverstanden sei, wollte er nur nebenbei bemerkt haben.

Dieser Brief war nach Ludwigsburg adressiert worden. Postwendend kam die Antwort, mit dem 24. September 1804 datiert:

*Mein lieber Runge, dein Ruf, zu dir zu kommen, hat mir eine Freude gemacht, die ich mit einer Wiedergeburt vergleichen möchte. Alles, was ich dunkel mir bedacht und gewünscht, was mir noch fehlen möchte, um den Weg nur erst zu finden, das war mir im Augenblicke alles nun gelöst. Allein meine Freude ist durch die trübseligsten Umstände so gebeugt, daß ich dir noch gar nicht sagen kann, wenn ich dich, mein Liebster, umarmen kann. Wir haben hier wohl sehr schwere Zeiten zu erwarten. Nicht für mich, sondern als Kind von meinen Eltern und hülflosen Geschwistern weiß ich nicht Gränzen noch Ziel des Elends zu denken. Es ist wohl sehr wahrscheinlich, daß wir bald von französischen Truppen besetzt werden, und, was das schlimmste ist, durch ganz*

*thörichte Kriegsanstalten von Schwedischer Seite wird das Unglück für
das Land vergrößert. Mein Entschluß ist, nach Hamburg zu gehen,
und ich schreibe sogleich nach Dresden, um wegen meiner zurückge-
lassenen Sachen Verfügung zu treffen. Alle meine Freuden und Hoffnungen für mich hangen daran und ich merke sehr wohl, daß ich nur
dort etwas werde, wenn es mir vergönnt ist, auch besonders bey dir und
mit dir zu seyn. Denn ich liebe dich mehr, je länger ich von dir bin und
habe nun die größte Sehnsucht, wieder mit dir vereinigt zu seyn. Ich
würde mich vor Freude nicht lassen können, wenn ich meine Eltern außer Gefahr wüßte und dir die Zeit meiner Ankunft bestimmen könnte,
denn die schöne Kunst ist jetzt meine Braut, mit der ich mich durch deinen Beystand zu vermählen hoffe. Ich merke schon: was hinter dem
Mahlen steckt, und was es sonst noch gibt, das ist bey dir, und alles, und
meine ganze Seele.*

Diesem Brief sandte er im Oktober einen anderen nach, in welchem er offene Klage darüber führte, wie sein Vater sich noch immer wieder von Neuem gegen seine Absicht, als Maler leben zu
wollen, stemme. Und er sei nicht anders in der Lage ihm zu begegnen als mit der Bitte, dieser seiner Neigung doch leben zu dürfen.
Klagte aber auch weiter seine Befürchtung, man könne *leicht durch
Berauschung, die unsere Absicht giebt, sich einbilden, man thue viel
mehr, als einfache Leute mit ihren kindlichen Beschädigungen. Hier
ganz zu Hause entweicht in mir leicht alle Vorstellung von dem, das ich
bey dir zu erwarten habe. Es ist ein fürchterlicher Schlaf. Darum muß
ich zu dir hin, und das so bald als möglich.*
Philipp Otto hatte, von starkem Mitgefühl getragen, für den
Freund vollstes Verständnis. Er wusste, was es hieß, im Künstler-
tum vorankommen zu wollen. Er hatte auch ein Gespür dafür, wie
die Ungesichertheiten, die die politischen Wirren gebaren, an einer fühlenden Seele fressen konnten. Er bangte ja schließlich auch
um seines eigenen Vaters Existenz, um die Reederei in Wolgast
und um die sie tragende Seewirtschaft, und im gleichen Maße um
die Firma Hülsenbeck, Runge & Co. Von Daniels akuten Ängsten
wusste er, dass es mit dem Geschäfte eine schreckliche Talfahrt ge-

ben könnte, wenn sich ein Krieg in die Handelsabkommen einmischen würde. Stand ein solcher bevor? Nur hinter der Staffelei war er imstande, diese Ängste zu verdrängen. Hier war sein Refugium, hier schuf er sein nur ihm gehörendes Reich, das weder Krieg noch Mördertum der Zeit erobern konnten. Hier verlor er sich, hier gewann er den Tag, hier gelangen ihm Bilder, die er, auch wenn ihn zeitweise seelische Dunkelheiten überschatteten, zu wunderbarer Vollkommenheit führte. Immer noch arbeitete er an der großartigen Viererkomposition der *Zeiten*. Aus reiner Freude am Malen stellte er neben das vor zwei Jahren gefertigte *Selbstbildnis im Rock mit braunem Kragen* ein anderes. Es zeigte ihn älter geworden, im neuen blauen Rock, ein Bild, das Pauline eins ums andere Mal abküsste, so lieb hatte sie es. Fertig wurde auch die gelungene Zweitfassung der *Lehrstunde der Nachtigall.* Auf das goldene Rahmenoval hatte er die Worte der Ode in Scheinreliefkunst aufgetragen, das Ganze mit einem ebenso als Basrelief geschaffenen, von Genien und Blumenranken besteckten Kunstwerk ummalt, ein Bildnis, das seinesgleichen noch nicht gefunden hatte. Und hell in seiner Mitte lebte Paulines Angesicht, das liebe, wunderschön.

»Ach du, mein lieber Herr Gemahl Otto«, flüsterte sie einmal, als sie ihm über die Schulter sah, »willst du nicht dem Nachtigällchen schon sein kleines Angesicht verschreiben?«

»Wessen Angesicht«, fragte er und verstand erst, als sie lächelnd seine Hand über ihren Bauch führte und sagte:

»Fühle mal, wie sich das kleine Nachtigällchen bewegt.«

Da umfasste er seine Pauline und zog sie an sich und ließ seine Hand über ihren Leib fahren, immer und immer wieder. Bis er sie plötzlich von sich schob, sie von oben bis unten anstarrte und verwundert fragte:

»Hast du dieses grüne Kleid schon lange? Ich habe dich noch nie darin gesehen. Behalte es noch eine Weile an, ja? Du sollst mit ihm auf dem Papier erscheinen.«

»Aber doch nicht mit diesem dicken Bauch, Ottoken. Was sollen die Leute dazu sagen, wenn sie …«

»Papperlapapp«, fuhr er auf, »alle, die Mütter werden, haben einen dicken Bauch. Und wenn du es nicht magst, lege die Hände drüber. Wie immer du mir erscheinst, Paulineken, du bist mein Tausendschönchen.«
Woher Philipp Otto die Zeit nahm, das liebliche Bild *Die Mutter an der Quelle* mit so überaus reicher Symbolträchtigkeit und Landschaft zu entwerfen und alsbald auch fertigzustellen, konnte er wohl selber nicht sagen. Was er begann, gelang eben. Einerseits umsorgt durch Paulines liebe Hände, andererseits entflammt zu dem, was an Vorstellungen und Bildern in ihm glomm, spürte er einen Ostermorgen, eine Auferstehung, die ihm zu unermüdlichem Schaffen Kraft gab. Schon sah er die *Zeiten* als Kupferstichvorlage gestochen der endgültigen Fassung entgegengehen, in vollendeten Formen konstruiert, mit dem Reichtum feinster Tiefsinnigkeit gleichnishaft bis zum letzten Winkel angefüllt. Tieck, dem sie einmal vorlagen, war reineweg entzückt und nachgehend davon überzeugt, dass er keinen vollwertigeren Meister als diesen Runge für die Vignetten seiner *Minnelieder* hätte gewinnen können. Darum bat er ihn nun auch, die Autografie seines *Gestiefelten Katers* mit seinem künstlerischen Talent bildkräftig zu versehen.
Vorläufig nicht, dachte Philipp Otto, ich habe vollauf mit anderem zu tun. Die *Zeiten*, sie sollen mein Lebenswerk werden, in Farbe will ich sie später malen, alle vier Bilder. Etwas ganz Großes wird daraus entstehen müssen, wenn es sich erst voll in mir entwickelt hat. Dann wird es eine abstrakte, malerische, fantastisch-musikalische Dichtung mit Chören werden, eine Komposition für alle drei Künste zusammen, wofür die Baukunst ein ganz eigenes Gebäude aufführen sollte. Wo ich nicht Worte finde, mit denen ich mein inneres Gefühl anderen deutlich machen kann, da sollen meine Bilder geschaute Gedanken sein. Sollen die Leute meine Bilder symbolisch-hieroglyphisch nennen, das ist mir schnuppe, sie fassen in Formen und Farben, was meine Gedanken sehen. Ich will sie als eine Symphonie darbringen, denn Musik soll in ihnen verborgen sein, gleich wie Dichtung, als das Komprimierteste im Worte. Mein innigster Wunsch, wenn er nicht zu hoch bemessen

ist in meiner Eitelkeit, wird kaum erfüllbar werden, ich spüre es in mir. Dennoch spreche ich ihn aus: Die *Zeiten*, als Fresken in Öl gefasst, in vierundzwanzig Fuß Höhe, sollen dermaleinst einen tempelartigen Bau schmücken, dann, wenn die Kunst, wie ich sie meine, auch von den dunkelsten Kritikastern erkannt, ja anerkannt worden ist.

Mit diesen Gedanken hatte er sich kürzlich Daniel gegenüber ausgesprochen, der so lieb Anteil an dem Schaffen seines Bruders nahm. Immer wieder hörte er ihm zu, auch wenn die geschäftlichen Sorgen sein Denken in ganz andere Bahnen rücken wollten. Daniel, die gute Seele, widmete sich uneingeschränkt dem Glück der jungen Eheleute, und immer wieder legte er der Pauline etwas auf den Tisch, was sie zum Haushalten dringend benötigte. Denn Philipp Otto trug ja so gut wie nichts an Geld ins Haus. Pauline achtete den Schwager sehr. Sie nannte ihn einmal den Stängel ihres Kleeblattes, der sie beide, sie und ihn, zum Dreieinsdasein verband. Es verging kaum ein Tag, an dem sie sich nicht zu Gesicht bekamen. Die Treue, die der Familie eigen war, vereinte sie, wie die Liebe, untereinander. Und so lag es auch nicht fern, dass Philipp Otto sie als Dreieinigkeit aufs Papier bannte. Er nannte das Bild *Wir drei* und er gedachte, damit die Eltern in Wolgast zu erfreuen. Denn nachdem er sie alle schon gemalt hatte, Maria, Carl, Gustav, auch Daniel natürlich, Paulineken schon vor drei Jahren aus dem Gedächtnis und später als Braut, sollte dieses erste Gruppenbild die Kommunikation darstellen, indem dass Pauline die Hand des Schwagers fasst und durch Anlehnen an ihres Mannes Seite die Bindung darstellt, wie die Liebe sie ihnen vorschrieb.

Schon wuchs das Bild in Philipp Ottos innerer Schau und gewann an Form und Inhalt. Feierliche Vereinigung und regloser Ernst der Gestalten sollte dem Bild einen sakralen Charakter verleihen. Symbolgetragene Elemente wollte er beifügen, vielleicht eine Eiche als Ausdruck aufrechter und treuer Gesinnung; und Daniel soll an ihr lehnen, die Zweige das Ehepaar überdachen, und Efeu, in grünenden Ranken, soll Zeichen sein für eine bis in die Ewigkeit geschmiedete Gemeinschaft.

Philipp Otto war sich vollauf bewusst, dass er durch die Art seiner Darstellungen die Welt des verstaubten Klassizismus stürzte. Ein einsamer, ein neuer Weg war es, den er beschritt. Mochte Goethe, mochten Weimarer Epigonen, die italienischen Leisetreter, gegen ihn auftreten, ihn lächerlich und verschroben nennen – was er dachte, was er fühlte, wurde in seinen Bildern gesagt, und in ihnen lag seine Wahrheit ausgedrückt, offenherzig und unverfälscht.

Mit Friedrich August v. Klinkowström, der gegen Ende des Jahres zu ihnen gezogen war, vergrub er sich oft in tiefe und leidenschaftliche Gespräche, die notwendig waren, um seine eigenen Arbeiten bis in die letzten Gründe zu durchdenken. So fand alles, was von Wert war, in seinen Bildern Aufnahme. Das verleitete ihn wiederum immer neu, an ihnen herumzuputzen. Im Verein mit Klinkowström und dem seit zwei Jahren in Hamburg ansässigen Johann Heinrich Tischbein trieb er die Farbenforschung voran. Tischbein blieb dabei ein interessierter Zuhörer. Er war im klassizistischen Stil festgefahren und pflegte seine eigenen Erkenntnisse und Liebhabereien. Dadurch wurde er zum Herausforderer für die beiden und ihnen ein wohlwollender Korrektor, denn er hatte die beiden Hitzköpfe gern. Zu dem, was die Farbenlehre betraf, hatte er sich bereits in einem fleißigen Briefwechsel mit Goethe ausgetauscht. Erstaunlicherweise wuchs ihr gegenseitiges Verständnis. Zu einem Ende aber kamen sie nicht. Denn je öfter Philipp Otto dieses Thema anrührte, desto wogender brandete es über ihn hinweg, wie Wellen einen Strand überspülen. Er konnte sich der Forderung, dem Geheimnis der Farben nachzuspüren, nicht entziehen. Neben Form und Komposition ist es doch die Farbe, die der Maler beherrschen muss, und ohne sie ist keine Meisterschaft möglich. Farbe hat nicht nur ein Wesen, sie ist ein Wesen, und diesem nachzuspüren ist des Künstlers heiliger Auftrag. Mehr noch: eine Pflicht. Und dieser Pflicht wollte Philipp Otto genügen.

Was er in der letzten Zeit vom Wesen der Farbe erkannt hatte, fasste er in Worte und teilte es jedem mit, der dafür ein offenes Ohr hatte. Er schrieb an Tieck, der zurzeit in Rom weilte, er schrieb an

Johann Gottfried Quistorp in Greifswald und an dessen Kollegen Professor Schildener an der Universität, an den hochinteressierten Pastor Baier in Bobbin auf Rügen, einen eng befreundeten Amtsbruder Kosegartens.

Es trieben ihn seine Erkenntnisse mit immensem Eifer. Sich selber aber nahm er vor, seine Farbenlehre erst dann gedruckt herauszugeben, wenn er alles bis in die letzte Wahrheit ausgelotet hatte. Denn nun ging sein Grübeln und Meditieren um die seelische Bedeutung der Farbe, und er brachte es wie ein Geständnis hervor: Die Farbe ist die letzte Kunst, die uns noch immer mystisch ist und bleiben muss; die wir auf eine wunderlich ahnende Weise wieder nur in den Blumen verstehen. Es liegt ihnen die ganze Symbolik der Dreieinigkeit zugrunde: Licht oder Weiß und Finsternis oder Schwarz sind keine Farben. Das Licht können wir nicht begreifen, und die Finsternis sollen wir nicht begreifen. Da ist den Menschen die Offenbarung gegeben, und die Farben sind in die Welt gekommen, das ist Blau, Rot und Gelb. Das Licht ist die Sonne, die wir nicht ansehen können; aber wenn sie sich zur Erde oder zum Menschen neigt, wird der Himmel rot. Blau hält uns in einer guten Ehrfurcht: das ist der Vater; und Rot ist ordentlich der Mittler zwischen Erde und Himmel; wenn beide verschwinden, so kommt in der Nacht das Feuer, das ist das Gelbe und der Tröster, der uns gesandt wird – auch der Mond ist nur gelb.

Eines Tages zog er Pauline an seine Seite und sagte zu ihr: »Hör mir zu, Paulineken, was ich errechnet habe. Es gibt nur drei Farben, Rot, Gelb und Blau. Aus diesen, nebst Weiß und Schwarz, ergeben sich alle Mischungen. Wenn wir nun eine Art von Aufzählung der Menge von Nuancen versuchen wollten, die durch jene fünf Elemente hervorgebracht werden, und zu diesen willkürlich jede der nachgewiesenen Stufenleitern in sechs Teile teilen – blau, gelb, rot – grün, orange, violett – schwarz, weiß, grau –, so ergäben alle Stufen zwischen Grau und den drei reinen Farben, deren drei ersten und sechsunddreißig sekundären Mischungen, zweihundertzweiundfünfzig. Diese wiederholen sich sechsmal in den Abstufungen von Grau und Weiß, und sechsmal von Grau in Schwarz nach den Stufen von den zweiundvierzig unter den drei reinen Farben. Sie ergeben zusammen dreitausendvierhundertfünf Farbtöne. Und diese sind, ins Auge gefasst, noch nicht alle möglichen. Dies ist das Wunder der Farbe. Was ist nun eigentlich Farbe an und für sich? Das bleibt auch mir ein Geheimnis. Warum zum Beispiel sieht mein Auge das Gelbe gelb? Tut's ein Schmetterling auch so? Und was macht die Farbe zur Farbe? Muss Farbe überhaupt sein? Aber das alles ist Geheimnis, ist Schöpferwille. Vor diesem Wunder sollten wir allezeit niederknien und erschauern.«

An Herrn v. Goethe schrieb er darüber am ausführlichsten.

Er unterbreitete ihm zu dessen Farbenlehre erneut seine Gedanken über eine noch zu konstruierende Farbenkugel, die das Dreidimensionale darstellen würde, denn, so meinte er, zu den Farben, ob durchsichtig oder undurchsichtig, geselle sich noch das Hell und Dunkel. Das erweise sich nicht allein in der Landschaftsmalerei, sondern auch beim Porträt im Darstellen der Vorder-, Mittel- und Hintergründe. Auch Goethe gegenüber wähnte er sich erst in den Anfängen seiner Farbbetrachtungen; denn wie es seinem Vollkommenheitswunsch oder besser, seinem gründlichen Arbeiten entsprach, konnte er sich mit keinem Resultat zufrieden geben.

Am 30. April riss ein gütiges Schicksal das Ruder der jungen Familie kräftig herum und gab dem Leben eine neue, wundersam sonnige Fahrtrichtung. Unter Mutter Bassenges Beistand wurde ihnen ein Söhnlein geboren, ein knolliges, hübsches, trinkfreudiges Kind, das künftig auf den Namen Otto Sigismund hören sollte. Das ersehnte Glück war da, das Haus war gesegnet. Als ob dieses kleine Wesen sein Bilderschaffen inspirierte, gestalteten sich die Darstellungen der Genien mit ihren nackten Popos und den runden Leiberchen in lieblicher Anmut auf seinen Bildern wie von selbst. Kindesbewegungen fanden sich als Werk von Pinsel und Stift in geradezu lebensnaher Weise in den *Zeiten* wieder. Der kleine Otto Sigismund gab zunächst den Ton im Hause an, und der große Otto Philipp trat an sein Bettchen wohl an die tausendmal, um ihn zu besehen.

Dennoch ging die Arbeit weiter. Beim Porträtieren stand ihm der bekannte Altonaer Johann Friedrich Eich beratend zur Seite, mehr aber noch dem lernbegierigen v. Klinkowström, der sich, nun da das kleine Rungelein in der einen Ecke krähte, in eine andere zurückgezogen hatte. Eich und v. Klinkowström schlossen sich in gemütvoller Freundschaft zusammen, obwohl Eich weitaus älteren Jahrgangs war. Klinkowström ging regelmäßig in dessen Atelier und genoss die Gunst, Schüler eines bedeutenden Lehrmeisters zu sein, eines Mannes, der ihn scherzhaft mal »mein Herr Klinke«, mal »mein Strömchen« nannte. Philipp Otto griff nur hier und da ein paar Hinweise auf, im Übrigen machte er sie sich selten zunutze. Klinkowström, in seiner launenhaftigen, aber doch liebenswürdigen Art, behauptete einmal, Otto vertrödele nur seine kostbare Zeit, denn eigentlich sollte Eich bei ihm Unterricht nehmen.
Für die beiden Freunde war dies eine Zeit erfolgreichen Schaffens. Der Gemäldemarkt war vollgestopft mit Massen von Kunstwerken unterschiedlichster Qualität und Machart. Herterich war da mit seinen Städtebildern, Böhndels Landschaften fand man als gern zu betrachtende Ausstellungsstücke. Philipp Otto hatte sich an der Wiedergabe der *Hülsenbeckschen Färberei* versucht; und das *Bildnis seines Bruders Daniel* fand allgemeine Beachtung, wie er ihn dargestellt hatte, mit einem Rechenbuch in der Hand und nachdenklich darüber ins Ungewisse blickend.
Neben vielen anderen trat auch Tischbein hervor mit dem lieblichen, in schlichter Schönheit gehaltenen Porträt Angelika Westphalens, die einst bei Runges in Wolgast im Hause geholfen hatte. Im Gegensatz zu jenen anderen allen aber erwies sich Philipp Ottos Art zu malen als so ungemein eigen, dass, wer seine Bilder betrachtete, immer wieder in tiefes Nachdenken geriet. So ging bald der Name Philipp Otto Runge von Mund zu Mund bei denen, die ihm willfährig waren, wie auch bei denen, die ihn beneideten. Und das umso mehr durch ein Ereignis, das der Stadt Hamburg in ungeahnter Weise dienlich war. Es ging nämlich die Kunde, der Hamburger Dom solle abgerissen werden. Als v. Klinkowström davon erfuhr, eilte er mit Philipp Otto zum Magistrat, und beide

erwirkten sich das Recht, die den sakralen Raum zierenden wertvollen Gemälde zu retten und unter die Verantwortung des Kunstsammlers Ludwig Waagen zu stellen. Das war eine großartige Tat, deren Wert nicht hoch genug eingeschätzt werden konnte, denn ohne den raschen Zugriff der beiden wären die herrlichen Gemälde irgendwelchen hergelaufenen Händlern zum Opfer gefallen. So boten sie eine Interesse weckende Bereicherung der Sammlung deutscher, niederländischer und italienischer Meister, diese mittelalterlichen Gemälde auf Goldgrund, mit apokryphen Themen der Heiligen Schrift. Philipp Otto studierte an ihnen eine alte, nicht mehr gepflegte Praktik.

Philipp Ottos Leben war bunt wie seine Farbkugel. Die Tage liefen ihm wie in früheren Schaffenszeiten unter den Händen mit abwechslungsreicher Regelmäßigkeit davon. Arbeit, Familie – so konnte er leben. Hier und da kamen Aufträge wie liebliche Falter ins Haus geflogen, und manch einen musste er zur eigenen Betrübnis ablehnen. Eines Tages holte ihn die Vergangenheit ein. Seit langer Zeit reizte ihn wieder die alte Historie des Sängers *Ossian*. Friedrich Perthes, als Verleger, wusste niemand Besseren als ihn, seine Neuausgabe nach der Übersetzung des Grafen v. Stolberg illustrieren zu lassen. Wie konnte er seinem Freunde das wohl abschlagen! Mit Feuereifer klemmte er sich hinter die Entwürfe, von denen Perthes hochentzückt war, ja selbst Matthias Claudius, der sie zu Gesicht bekam, war des Lobes voll; der wollte aber nur die Bilder gelten lassen und sprach mit leisem Unwohlsein von breiigem Textgeschmuse.

Als Perthes mit ihm über die Entwürfe verhandelte, kam plötzlich Perthes' kleines Töchterchen in die Stube getippelt, ein rundwangiges, liebliches Kind von vier Jahren. Philipp Otto konnte sich nicht enthalten, sein helles Entzücken auszurufen, und er sprach den Wunsch aus, sie baldigst malen zu dürfen. So ließ er die Kleine eines Tages zu sich kommen, hob sie auf einen mit rotem Samt beschlagenen Stuhl und malte sie; ganz Kind, stand es vor ihm, mit lustigen Speckringen an den Ärmchen, die Füße ein bisschen twatsch zueinandergerichtet, das runde Bäuchlein vorgestreckt

und den Blick ihm zugewandt, umflossen von strahlendem Licht, das durch das geöffnete Fenster fiel, und der Betrachter erkannte im Hintergund das Elbufer mit der Bockwindmühle am Deich.
Als Perthes ihm diese Arbeit honorieren wollte, winkte er unmissverständlich ab: So weit käme es noch, sich von Freunden bezahlen zu lassen. Pauline grollte ihm zwar ein bisschen deswegen und meinte, eine kleine Ausgabe würde Freund Perthes doch nicht arm machen, konnte aber gegen Ottos Grundsätzlichkeit nichts tun. Er war eben so, ihr lieber Mann.
Weil ihm nun das Malen dieses Kindes so rechte Freude bereitet hatte, setzte er kurzerhand sein eigenes Söhnlein, den Otto Sigismund, in seinen Klappstuhl und hielt ihn mit seinem lieben Gesichtchen und den Wurstärmchen im sternbesäten Rock, in Öl gemalt, fest. Das Bild sollte zu Weihnachten den Schwiegereltern in Dresden auf den Tisch gelegt werden, denn sie sahen ihn, den kleinen Bengel, nicht heranwachsen. Mutter Bassenge hatte zwar damals seinen ersten Schrei gehört und Pauline, als sie in den Wochen lag, das Kind abgenommen. Darüber war aber ein ganzes Jahr vergangen. Nun sollten sie an dem Bild des Jungen ihre Freude haben.
Als Freund Hülsenbeck die beiden Kinderbilder sah, wagte er unverhohlen die Frage, ob Philipp Otto nicht auch seine drei Gören konterfeien wolle, es solle auch nicht sein Schade sein. Philipp Otto lachte nur auf:
»Ich bin Euch so unendlich viel schuldig, Hülsenbeck, was ich mein Lebtag nicht gut machen könnte. Ohne Eure Freizügigkeit säße ich wohl heute noch an dem ollen Hoffmann seinem Pult und kritzelte Zahlen. Nein, nein, mein Lieber, schicken Sie mir Ihre Kinder, ich will mir etwas Feines ausdenken.«
Es reizte ihn zu einer Komposition, die ihre eigene, innere Aussage in sich tragen sollte. Diese drei Kinder müssten, wie alle die Kinder und Genien in den *Zeiten*, den Morgen des Lebens ausrufen. Und so setzte er den kleinen Friedrich Hülsenbeck in einen lustigen Ziehwagen und spannte Maria und August davor. Ihr Kindsein war hell und unverbaut, getrennt durch einen Zaun von der argen Welt der Erwachsenen. Denn ein Kind, sagte er, ist ein

Kind und kein unentwickelter Erwachsener! Es hat seine eigene Welt, und wer ein Kind nicht Kind sein lässt, zerstört das Heile seiner Lebensphase.

Bis ins Letzte hatte er auch dieses Bild wieder durchkomponiert, im Hintergrund die Silhouette der Stadt, und an die Seite gesetzt, unter aufragenden Sonnenblumen, das freie Sein des Kindhaften im Spiel. Innerlich stand er zu diesem Bild mit seiner ganzen Vollmacht als Maler und meinte Daniel gegenüber, *dieses Bild würde sicher noch viel Effect machen.*

Philipp Otto aber brauchte keinerlei »Effect«, denn sein Ansehen machte, dass sich Aufträge in großem Maße bei ihm mehrten, sodass er bald Not hatte, sich für oder gegen sie zu entscheiden. Man beabsichtigte, die restaurierte Marienkirche in Greifswald mit einem neuen Altarbilde zu versehen, in einer Ausführung, die sich organisch in den riesigen Raum der dreischiffigen Hallenkirche einfühlte. Und da man nur einen Meister mit einem derart anspruchsvollen Auftrag betrauen konnte, wurde ihm vonseiten der Universitätsprofessoren Schildener und Quistorp diese Arbeit angetragen. Allerdings stellte man die gleiche Frage auch an v. Klinkowström, der, als Ludwigsburger Ortsnachbar und sehr geschätzter Maler, der Stadt Greifswald nahe stand. Philipp Otto sah sich mit dieser Anfrage zum ersten Mal vor die Aufgabe gestellt, eine biblische Szene zu gestalten. Er nahm, ohne langes Zögern, den Auftrag an, denn bereits im ersten Augenblick der Gedanken drängte sich ihm ein Bild auf, das ihm zeitlos schien: die Not der Heiligen Familie auf der Flucht nach Ägypten. Standen nicht die Zeichen der Zeit ebenso? Ungesichertheit und Ängste vor dem blutrünstigen König Herodes damals, weil er dem Jesusknaben nach dem Leben trachtete. Heute waren es die Franzosen, die die Menschen in Existenznöte versetzten, die marodierten und mordbrannten und ihnen nach dem Leben trachteten ohne Pardon. Zugleich erinnerte er sich an den schrecklichen Bericht Mutter Bassenges damals im Wagen, als sie gemeinsam nach Wolgast fuhren und über die Verfolgung der Protestanten und all die Grausamkeiten sprachen, die sich Menschen antun. Schmerzvoll und

ohne Verständnis für solch unmenschliches Verhalten geisterte es
jetzt wieder in seinem Kopfe auf, um sich in einem Bild niederschlagen zu wollen. Also? Flucht nach Ägypten, das wird das Motiv sein für das Altarbild in Greifswald. Doch diese Flucht, überlegte er, ist ja nur eine Seite dieser Szene. Die andere ist die Ruhe
auf der Flucht, das Geborgensein in Gott, der den Glaubenden auf
seinen Händen durch das dunkle Tal der Angst trägt, damit sein
Fuß nicht an einen Stein stößt, wie es im Psalm heißt. Ja, so wollte
er das Bild nennen. Nicht Flucht nach Ägypten, sondern *Ruhe auf
der Flucht*. Dies entsprach dem Glauben eines Menschen, der sich,
wo auch immer, in Gottes Händen wusste.
Je mehr er sich in diese Aufgabe hineindachte, an Entwürfen arbeitete und sie wieder verwarf, desto schmerzlicher rang er mit sich
selber und wurde schließlich so unsicher, dass er sich mit einem
Brief an Professor Schildener wandte, dem er im Grunde diesen
Auftrag verdankte:

*… Da Sie mir den Auftrag, etwas für Sie zu machen, nicht bestimmt
gegeben, so habe ich ihn auch nicht bestimmt erfüllt. Jedoch werde ich im
Frühjahr verschiedenes mitbringen. Ich habe die Flucht nach Ägypten
diesen Sommer zusammengearbeitet und also angefangen zu mahlen.
Der Unbestimmtheit ihres Auftrags wegen habe ich das Bild nun meinem Bruder hier versprochen, fange aber andere an. Sie sind sehr gütig,
daß Sie so große Stücke daraufgeben, etwas von meiner Arbeit haben zu
wollen, und ich verkenne das Gute nicht so sehr, daß ich nicht das Mögliche thun sollte, um ihnen zu dienen, so bald ich kann. Im Gantzen ist
mir daran hinderlich, daß ich mich für diesen Winter auf eine Reihe von
Portraits eingelassen habe, welche zum Theil Compositionen sind,
außerdem sind meine Gedanken mit größter Sehnsucht auf eine größere
Arbeit gerichtet …*

Dass die *Ruhe auf der Flucht* im Entwurf und auch in vielen Details
bereits gut erarbeitet vorlag, jedoch die endgültige Fassung nicht
geboren wurde, belastete Philipp Otto. Sehr gern hätte er sein
Werk im Marienaltar in Greifswald in vollkommener Ausführung

gesehen. Auch Pauline war traurig darüber, dass das Bild nicht gedeihen wollte. So hoffte er, v. Klinkowström würde diesen immerhin großartigen Auftrag in absehbarer Zeit erfüllen können.

Friedrich August v. Klinkowström aber, dieser unruhige Geist, hatte es für gut befunden, nachdem er ein wohlversorgtes Jahr die Häuslichkeit der Runge'schen Familie ausgekostet hatte, sich wieder nach Dresden zu begeben. Sein zunehmend unstetes Leben und gar launenhaftes Wesen machten es Runge schwer, ihn in alter Herzlichkeit zu ertragen, zumal die Enge der Wohnung mit dem fordernden Kindlein das Ihre dazu beitrug. Dies ließ ihn nicht mehr in Hamburg verweilen. Immer nach neuen Ufern getrieben, hielt es ihn nirgendwo lange. Von Dresden aus korrespondierte er mit Professor Schildener und schlug ihm vor, für den Greifswalder Marienaltar eine Kopie von Correggios *Heiliger Nacht* anzufertigen. Schildener und Quistorp nahmen sein Anliegen auf und trugen es als Vorschlag dem Gemeindekirchenrat vor; der war, meinungslos oder nicht, davon angetan und erteilte v. Klinkowström den Auftrag offiziell. Dieser arbeitete flugs daran, und bald nach der Fertigstellung wurde in des Meisters Beisein dieses Bild der Stadt vorgestellt. Klinkowström erntete vollen Ruhm, denn jeder, der das Bild betrachtete, empfand, dass kein anderes der Kirche angemessener hätte sein können als gerade dieses des bedeutenden Italieners, auch wenn es nur eine Kopie war.

Philipp Otto empfand um des Freundes willen keinen Neid, aber er hielt eine Kopie des wertgeschätzten italienischen Meisters in einem pommerschen Kirchenraum für ungemein stilbrechend. Bei einer Durchreise nach Wolgast, wo er längere Zeit verweilen wollte, ging er mit Pauline hin, es zu besehen. Beeindruckend war es schon, dieses Bild, und er sprach im Innern dem guten Freund seine volle Anerkennung aus, überdachte auch die Wirkung, die von diesem Gemälde ausgehen würde, wenn es an der Ostwand und unter dem hochgewölbten Gemäuer der von Säulen getragenen Halle stände.

Er hatte Pauline an die Hand gefasst, als sie vor dem Bild standen, stumm und ergriffen. Beim Eintauchen in dieses Meisterwerk aus

Form und Farbe blieb es nicht aus, dass die Erinnerung an frühe
Jahre in ihm wach wurde und sich ihm aufdrängte mit Namen und
Bildern, mit Personen und deren Werten, Correggios Original,
Hofkirche Dresden, Ludwig Berger, Johann Gottlieb Naumanns
herrliche Musiken, und leise ließen sich die beiden davontragen,
zurück in eine Zeit, die nicht mehr war.

Philipp Otto und Pauline hatten den Weg nach Wolgast nicht ohne
Bangen angetreten. Ihren kleinen Otto Sigismund mussten sie den
Strapazen und Unordnungen einer solch weiten Reise aussetzen.
Der Runge'sche Wagen trug sie über die Landstraßen, Philipp Otto
führte selber die Zügel, und so nahmen sie sich Zeit, machten Pause und schirrten aus, wo immer es nötig wurde, zudem Pauline wieder an einem Kind trug, was ihr das Reisen besonders beschwerlich
machte. Wenn sie dann ihren Jungen im Arm schlafend sah, kamen
ihr Gedanken, wie sie wohl jeder werdenen Mutter einwohnen:
Kinder werden wir gebären, Kinder, immer wieder Kinder. Dazu
sind wir gebildet worden vom großen Schöpfer. Wie viele aber werden uns genommen, die wir mit Hoffnung und mit Schmerzen in
diese Welt gesetzt haben. Tränen traten ihr in die Augen, als sie der
beiden Pertheskinder, dieser entzückenden Kleinen, gedachte. Es
ist noch nicht lange her, da waren sie durch die unberechenbare
Hand des Todesengels geschlagen worden, beide, binnen weniger
Tage, herausgerissen aus dem Traumdasein ihres frühlinghaften
Lebens. Und Papa Claudius sprach wieder vom Freund Hein. Vom
Freund? Wie bringt er das nur übers Herz? Und sie dachte auch an
die guten Hülsenbecks, die, bald nachdem Philipp Otto die drei
Kinder gemalt hatte, den kleinen August, der das Ziehwägelchen
zog und die Peitsche schwang, hatten zu Grabe tragen müssen, weil
der Tod – kam er wirklich als Freund? – ohne anzuklopfen ihn im
Schlaf mitnahm, einfach mitnahm und nur die Hülle zurückgelassen hatte, die armselige, liebe, kleine Hülle.

Pauline hoffte, bald Wolgast zu erreichen, damit sie und das Kind
Ruhe fänden für Leib und Seele. Doch um Klinkowströms Cor-
reggio-Kopie anzusehen, war die Unterbrechung der Reise schon
zu rechtfertigen.

Zurückdenken, vorwärtsdenken, das Schaukeln des Wagens und der gleichmäßige Trott der Pferde, das schaffte eine Müdigkeit, von der Pauline erst frei wurde, als der Wagen über das Katzenkopfpflaster der Peenestadt ratterte. Das große Haus in der Burgstraße nahm sie auf unter dem Jubel der Schwestern und in den herzenswarmen Umarmungen der Eltern. Besorgt und mit fragevollen Mutteraugen blickte Magdalene Runge ihren Jungen von der Seite an. Sein Aussehen gefiel ihr nicht. War seine Lebensfreude echt oder nur gespielt? Sie bemerkte eine starke Unruhe in seinem Wesen, die sie bisher nicht an ihm kannte. Pauline bemerkte ihr Bekümmern und sagte nur dazu, er habe eben so viel zu schaffen, und er wüsste nicht, woher er die Zeit nehmen solle, und das mache ihn krank. Diese Erklärung wollte der Mutter jedoch nicht genügen, denn sie kannte ihren Jungen besser als jeder andere. Und tatsächlich kam es auch so: Philipp Otto musste sich für Tage niederlegen und seinen abgespannten Leib einfach einmal ausruhen. Dabei hatte er noch einen dummen Husten zu kurieren, der ihn schrecklich ärgerte. Die Schwestern umsorgten ihn, bis er sich wieder kräftig genug fühlte, seine vorgenommenen Arbeiten fortzuführen.

Während Mutter Runge sich also ihre eigenen Gedanken machte, empfand Vater Nicolaus den Aufenthalt der Kindfamilie als das Beste, was die böse, gefahrgeladene Zeit schenken konnte. Endlich einmal kam es bei Tisch zu anderen Gesprächen, zu erfreulicheren Themen als denen, die auf den Straßen und wo auch immer die Sinne der Menschen bewegten und die von Krieg und Kriegsgeschrei, angstvoll und große Not prophezeihend, erfüllt waren, gerade wie es die Zeitungen ins Land trugen. Zwar hatte sich der schwedische König einige Male in Wolgast sehen lassen, hatte den Leuten Mut zugesprochen und sich darum einer gewissen Beliebtheit erfreut. Aber dieser Schwede hatte letztendlich doch den Menschen hier arg mitgespielt, weil er das Pommerland wie sein Reich behandelte. Er tat, als hätte er es erobert, und brachte es nun auf nicht sehr artige Weise unter seinen Stiefel. Er hob die deutsche Gerichtsbarkeit mit einer lumpigen Handbewegung auf, wobei es sich keineswegs um billig gewährte Privilegien, sondern um unwiderrufliche Grundgesetze handelte. Und ob er das Land vor dem Einbruch der Franzosen bewahren würde, war eine noch nicht zu beantwortende Frage. Nun aber, da die Hamburger Runges bei ihnen im Hause waren, kam Vater Nicolaus, Gott sei's gedankt, endlich mal auf andere Gedanken. Er entwickelte eine rührende Großvaterfreude und schmuste mit dem lütten Otto Sigismund und lehrte ihn sogar die ersten Worte in unverfälschtem Wolgaster Plattdeutsch, das anders klang als das Hamburger.

Philipp Otto aber wurde auf den Flügeln der Freude beschwingt durch die Tage getragen, hatte zwar immer noch mit den Folgeerscheinungen seines Schwächeanfalls zu tun, aber die Lust an der Arbeit riss ihn mit sich fort und alles, was er schuf, gedieh zu seiner Zufriedenheit.

Die Bilder, die er erdachte, nahm er mit in den Schlaf. Immer wieder entwarf er Skizzen vom lieben, alten, verbrauchten Gesicht der Mutter, desgleichen dem ernsten des Vaters. Zuletzt brachte er sie beide in ein Bild, aus ihrem Hause tretend, im Hintergrund die Peene mit dem gegenüberliegenden fernen Ufer, daran eines der dem Vater gehörenden Schiffe vertäut lag. Mit inniger Hingabe arbeitete er an der Wiedergabe der geliebten Eltern. Für ihn als Sohn war dies ein unbeschreiblich tiefes Erleben, sich in ihr Wesen, wie ihre Gesichter es widerspiegelten, zu verlieren, darin zu lesen wie in einem Buch und die lieben Gestalten in Öl festzuhalten, zuerst in kleiner Fassung, später dann in Vollendung, damit sie für das Gedächtnis der Kinder bewahrt blieben. Als das Bild fertig war, schrieb er, mit Tränen in den Augen, auf die Rückseite des über zweieinhalb Meter im Quadrat messenden Blattes:

*Daniel Nicolaus Runge, Geb. in Wollgast den 30ten December 1737 – und Magdalena Dorothea Runge. Gebohrene Müller, Geb. in Wollgast den 7ten Junius 1737. Diese meine lieben Eltern habe ich meinen Geschwistern und mir zum Andenken gemahlt und zur Lust mein Söhnlein Otto Sigismund alt 1½ Jahr und meines Bruders Jacob Söhnlein Friedrich alt 3½ Jahr. Wollgast im Sommer 1806*

Denn diese beiden Kinder hatte er mit auf das Bild getragen, wie sie, die Lebenslilie berührend, von symbolischem Blattgrün umgeben, den alten Eltern vorangehen. Und die Mutter bewahrt in der linken Hand eine kleine Rose, das Sinnbild der Liebe.

Philipp Otto war ganz in das Porträtieren seiner Lieben vertieft, eine Arbeit, die wie jede andere auch vollste Beteiligung seines Inneren verlangte. Dennoch geisterte in seinem Hirn wie ein nicht verlöschendes Echo ein Gespräch mit seinem Bruder Jacob. Der Greifswalder Professor Schildener, ein Doktor Muhrbeck und der rügensche Ernst Moritz Arndt waren nämlich nach Wolgast gekommen, um das vielgerühmte Basrelief Runges in Jacobs Haus anzusehen sowie weitere Zeichnungen, und Schildener zeigte an allem ganz besonderes Interesse. Während dieser Zusammenkunft lenkte sich wie von selbst das Gespräch auf das Altargemälde in der Marienkirche Greifswalds. Hier meinte Jacob sich einmischen zu dürfen, denn ihm wäre zu Ohren gekommen, in Vitt auf Rügen wolle der Pastor Kosegarten eine Uferkapelle bauen lassen und benötige für den Altar ein Gemälde. Kosegarten habe geäußert, er wünsche sich dort eines, das entweder von Friedrich aus Greifswald oder von unserem Runge aus Wolgast stamme. Dies hatte Jacob seinen Bruder wissen lassen.

Nun brannte Philipp Otto die Arbeit unter den Nägeln. Um sich vom Ort und der Umgebung der vorgesehenen Kapelle ein rechtes Bild machen zu können, unterbrach er alle seine begonnenen Arbeiten und reiste mit Professor Schildener zu Kosegarten nach Altenkirchen, damit sie sich über mögliche Themen, die ausnahmslos dem biblisch-maritimen Bereich angehören müssten, einigten. Philipp Otto entschied sich für den Text *Petrus auf dem Meer*. Nachdem er erfahren hatte, dass sie auch Friedrich mit dieser Aufgabe betreuen wollten, der aber wegen eigener Arbeitsüberlastung diesen Auftrag gar nicht erst entgegengenommen hatte, schrieb er seinem Freund v. Klinkowström nach Dresden, dass hier ein gut Stücklein Arbeit auch vielleicht auf ihn warte. Dieser antwortete ihm darauf am 7. August:

Kopieren aber und rasches Arbeiten waren nicht nach Philipp Ottos Sinn. Er begann zunächst mit der geistigen Durchdringung des Bildentwurfs und schuf Skizze um Skizze, die er auch Goethe gern einmal vorgelegt hätte. Sein intensives Arbeiten stahl ihm viel Zeit, die er aber, um eines reinen Gewissens willen einem Kunstwerk gegenüber, opferte.

Aufgrund einer Mitteilung Kosegartens wusste er um die Maße des von ihm geforderten Altarbildes, nämlich neun Ellen lang und breit. *Also*, schrieb er, *kann ich es in jeder Form machen, die mir gut däucht.* Und er begann mit großem Eifer, dieses Bild zu fertigen. Kurz vor Weihnachten 1806 war er so weit, *eine große Skizze in Öl und in ziemlicher Größe zu mahlen*, und er nannte sie ein Mondscheinstück. Mit Freuden berichtete er darüber dem Pastor Kosegarten in Altenkirchen, dessen Entgegenschreiben er jedoch unter tiefem Bedauern las. Das, was er geschrieben hatte, wollte ihm einfach nicht in den Kopf.

Unternehmer hat sich im Kontract verbindlich gemacht, es spätestens zum September so weit zu vollenden, daß es könne eingeweiht und benutzt werden. Es wird ein Achteck, das 72 Ellen im Umfang und 8 Ellen in der Höhe der Mauern messen wird. Die Mauern werden aus gesprengten Feldsteinen aufgeführt, das Dach wird aus Schindeln verfertigt. Das Ganze wird zwar ein bescheidenes und heiteres Ansehen gewinnen. Darf ich nun noch auf ein Gemälde von ihnen, mein Teuerster, zählen, so würde dieses ihr köstliches Geschenk mir, doppelt willkommen sein, wenn es zugleich mit dem Gebäude, das demselben zum Rahmen dienen soll, fertig und am feierlichen Tage der Einweihung dem Blicke des Beschauers dargeboten Werden könnte. Ich bescheide mich jedoch gerne, daß sich dieses durchaus nach ihrer Konvenienz und nach ihren Entschlüssen, die Sie für ihre Zukunft ergreifen möchten, bequemen müsse. Sie wünschen, das Gemälde auf der Stelle selber vollenden zu können. Wie verstehen Sie das, mein Lieber? Wollen Sie es in dem bereits fertigen Bethause und auf der Wand selber, die es bekleiden soll, malen, oder nur in der Nähe, z.B. hier in Altenkirchen? Jenes möchte gar großen Unbequemlichkeiten ausgesetzt sein, und auch würde die Vollendung des ganzen Entwurfes dadurch wohl zu sehr verzögert und verspätet werden. Zu letzterem ließe sich Rat schaffen. Durch den Tod meines Gehilfen ist nämlich gerade jetzt dessen freundliche und niedliche Wohnung ledig geworden. Wollen Sie also 40 Thaler Miete geben, so sollen Sie es haben und kein anderer. Die Wohnung ist bequem und angenehm. Aber man muß auch haben zu leben in dieser Zeit, und wenn Sie, mein Theuerster, um zu leben, arbeiten müssen, so ist dies kein Land und Ort für Sie, denn hier gibt's für Künstler nichts zu verdienen. Ich leider werde für ihren Aufwand an Zeit, Kraft und Mühe (geschweige denn Geist und Genie), Sie nicht im geringsten belohnen können. Die unerhörte Drangsal der Zeit hat den guten Willen des Publici auch für dieses Unternehmen gelähmt. Bedeutende Summen, die mir von dem Kopenhagener und Petersburger Hofe versprochen wurden, sind gäntzlich ausgeblieben, und es kann leicht so kommen, daß ich bei dem Bau noch bis tausend Thaler zubüßen muß. Von ihnen aber zu begehren, dass Sie bei allem ihren guten Willen und unbelohnten Fleiß auch noch für ihr bares Geld die Zeit *hier leben sollten, wäre bare Unverschämtheit. Überlegen Sie sich daher alles zuvor recht gründlich und lassen Sie mich demnächst ihren Entschluß wissen.*

Dieser Brief schlug Philipp Otto stark nieder. All die Arbeit war also vergebens gewesen. Skizzen und Entwürfe, fast fertige Arbeiten legte er zusammengerollt und verschnürt in eine Ecke, die schon andere seiner unvollendeten Arbeiten aufbewahrte, um auf einen Sankt-Nimmerleins-Tag zu lauern. Pauline war außerdem darüber traurig, dass nun auch das zweite Altarbild als Resultat seines Bienenfleißes nicht den gebührenden Platz in einem Gotteshaus hatte finden dürfen.

Anderes aber legte sich ungemein schwerer über die Runges, wie über Stadt und Land. Die Franzosen waren doch gekommen, entgegen den lautstarken Versicherungen der Schweden. Sie hatten auf die Insel Usedom übergesetzt und weiter südlich Stettin überfallen. Hunger herrschte nun wie Entsetzen überall. Und wen diese Bande der Rotbetuchten zu greifen bekam, hatte ihnen zu dienen, wie immer es galt. Jacob und Philipp Otto hatten Tag und Nacht diese Eindringlinge über die Peene zu setzen, als Flößer, als Fährknechte, und bekamen als Entgelt oft einen Fußtritt. Schließlich gelang es Philipp Otto, sich vor diesem Sklavendienst zu verdrücken. Schnell nahm er die Gelegenheit wahr, seinem Bruder Daniel einen Lagebericht zu schicken, und so schrieb er am 4. November:

*Lieber Daniel, ich muß dir wohl nun etwas schreiben, denn Jacob und Vater werden nicht viel dazu kommen. Sonnabend ging es so hin und her und gegen den andern Tag wollte kein Mensch mehr hinüberfahren, die Officiere hatten mit den Franzosen capitulirt und sich ihnen ergeben. Gegen Abend kamen die Franzosen in die Stadt, ließen den Rath zusammenrufen, wollten Fourage und sagten, es wären 2000 Mann vor den Thoren. Es ging so in einem fort bis gestern früh, wo sie in einer halben Stunde Pferde, Fourage und gekochtes Fleisch und Lebensmittel für die Leute verlangten. In der Vorstadt waren die Nacht über die*

gräulichsten Sachen passirt; Einzelne hatten es in der Stadt auch so gemacht. Sie verlangten 1000 Louisd'or in einer halben Stunde, dafür soll
denn die Stadt die ganze Bagage, was noch da war, behalten, sonst würden die Husaren in die Stadt hineinsprengen. Es wurde mit Mühe alles
geschafft, nun war aber weiter keine Quittung von dem Commandie-
renden zu erhalten, als daß er bekommen, was er verlangt hätte, und die
nachfolgenden Franzosen möchten die Stadt mit brandschatzen ver-
schonen. Dann fraßen sie alles auf und zogen mit der ganzen Bagage
nach Anklam, und die Stadt sammelte von ihrem Felde alle Sättel, Zäu-
me, Säbel, Gewehre, Wagen, Luderpferde u.s.w. was wohl acht Fuhren
seyn mochten nebst funfzig Pferden. Einzelne Franzosen waren in der
Stadt geblieben, in die Läden eingedrungen, hatten Geldkasten erbrochen und einzelne Leute angefallen. Bey einem waren sie hinten einge-
brochen; einer hat gesagt, daß ihm 27 Louisd'or aus seinem Mantelsack
gestohlen wären, der Rath solle ihm sogleich ersetzen oder er würde die
Stadt in Brand stecken. Die gantze Wieck hindurch haben die Einwohner alle viel Pulver im Hause. Nun erhält vom Schwedischen Gouver-
neur der Rath Verweise, warum sie die Preußen ein- und durchgelassen
hätten! Die Schiffe sollen fort oder angesteckt und versenkt werden, und
es ist nicht möglich zu machen. Die Stadt soll 700 Thaler Steuern im
Augenblick bezahlen. Die Preußen werden auch unnütz und so sind
wir von Drey Parteien zugleich geschoren und auch dadurch, daß dieser
und jener aus der Stadt Flucht genommen hat, das macht alles confuse
und scheußlich. Wir haben keine Nachricht aus Mecklenburg von den
Unsrigen, und kriegen keine und können auch keine geben; wenn du
vielleicht welche hättest? Gott helfe euch durch. Wir sind noch bey Besinnung und bleiben es auch wohl. Unser Vater ist sehr angegriffen; wir
sind um seinetwegen nur sehr besorgt, daß er nicht genug Ruhe findet;
fett werden wir in eß wohl alle nicht dabey.


Kaum, dass das Allerschlimmste an Not und Bedrängnis sich von
ihnen gewandt hatte, Russen, Preußen und Franzosen nur noch als
irrlichternde Schatten herumgeisterten, versenkte sich Philipp
Otto wieder in seine Arbeit. Freude und Lust zu arbeiten wirkten
wie ein angestauter Druck in ihm, der zur Explosion drängte. An-

geregt hatte ihn zu neuem Schaffenselan ein Gruß Goethes aus
Weimar, den er via Hamburg empfing. In diesem Brief dankte
Goethe *für die reiche Sendung des werthesten Herrn Runge, die er in
sehr bewegten Augenblicken in der ersten Hälfte des October erhielt und
ihm eine sehr reine Freude verschaffte. Denn schon für einen Strauß (ihrer köstlichen Scherenschnitte) würde ich dankbar gewesen seyn. So umgeben Sie mich aber mit einem ganzen Garten, mit dem ich soeben nebst
ihren vier Kupfertafeln der Zeiten und ihrem Bilde ein Zimmer aus-
zieren sollte, als der unglückliche Vierzehnte bey- und einbrach. (Napoleon hat zusammen mit seinem Marschall Davout einen Sieg über die
Preußen erfochten. Jena und Auerstädt weinen blutige Tränen!) Nun
kehrt die Lust, seine Umgebung erfreulicher zu machen, erst langsam
zurück. Ihre Blumen sind alle wohlbehalten. Sie erlauben, dass wir auch
von dieser Arbeit in unserem Neujahrsprogramm Erwähnung thun.
Zugleich wünschte ich Nachricht, in wiefern ihre vier Kupferblätter im
Handel sind, wo und um welchen Preis man sie haben könnte. Es ist bey
mir schon deshalb einigemale Nachfrage gewesen. – Mich ihrem Andenken bestens empfehlend, Goethe.*

Die Not im Land war wirklich ungeheuerlich. Nicolaus Runge
verlor Tag um Tag mehr Aufträge für Frachtfahrten und musste
seine Leute entlassen; der Getreidehändler Sonnenschild in Wolgast ging konkurs mit einer Schuld an die Firma Hülsenbeck,
Runge & Co. bei 100 000 Thaler. Die Kontinentalsperre war der
Garaus für die norddeutsche Wirtschaft. Doch eines blieb am Leben, wo alles sonst ersterben wollte: die Kunst, und Philipp Otto
diente ihr, auch wenn nun die Unterstützung, die ihm die Familie
einst und mit Herzblut zugesichert hatte, ausblieb. Erneut trat die
brennende Frage auf ihn zu, ob er mit seiner Kunst, wie sie aus seinen Fingern kam, Handel treiben durfte. Die Antwort war ein klares Nein. Sogar jenem ihn völlig überraschenden Antrag des
Reichsgrafen v. Hahn, ihm für eine hohe Summe die *Lehrstunde
der Nachtigall* zu überlassen, widersetzte er sich, indem er eine
noch höhere, ja astronomisch hoch angesetzte Summe forderte,
die kaum jemand auf der Welt hätte zahlen können. Herr v. Hahn

sah sich darauf veranlasst, den Kaufwunsch zurückzuziehen. Das war es, was Philipp Otto wollte. Er wusste genau, dass er sich von diesem Bilde zeitlebens nicht trennen würde. Er konnte es nicht, denn es stellte seine Liebesgeschichte dar, in der nur er selber zu lesen verstand. So blieb dieses Bild weiter in Daniels Stube in Hamburg hängen, als ein Geschenk an alle, die es zu sehen wünschten.

Als sich die Gewaltsamkeiten und Unruhen im Pommerland etwas verzogen hatten, reiste Ilsabe Helwig mit ihren beiden Kindern an, um wenigstens diese in besserer Obhut bei den Großeltern zu wissen. Philipp Otto war zutiefst gerührt, als er die Schwester wiedersah. Er umschlang sie heftig mit seinen dürren Armen und weinte vor Freude. Ilsabe war eine üppige Person geworden, die Schönheit ihrer Augen aber war die gleiche geblieben. Und diese Schönheit fand sich in denen der Tochter Wilhelmine, der in voller Blüte strahlenden Sechzehnjährigen, wieder. Er bat darum, sie malen zu dürfen, wie er ihr einst versprochen hatte.

War sie sich nun ihrer jugendlichen Schönheit bewusst oder erwärmte sich Philipp Ottos Herz an ihr in besonderem Maße? Auf dunklem, symbolträchtigem, der bösen Zeit entsprechendem Hintergrund stellte er ihre Gestalt ins Licht; vor sie setzte er eine rote Rose, noch als Knospe und doch schon erblüht, und ihre Hand ließ er zart an dem seidigen Schleier spielen. Ihre wunderschönen Augen hielt er weit und mit kraftvollem Blick geöffnet, als sollten sie allen Arg und alles Böse der Gegenwart bezwingen. In jenen Tagen gab er der Nichte noch viele Anregungen zum Besticken von Tischdeckchen und Polstermöbeln. Weil es ihm so ums Herz war, redete er mit ihr über das Leben, wobei er sich lebhaft jener Zeit erinnerte, in der er um Pauline warb, als sie im gleichen Alter war.

Kam es nun durch die Nähe von Ilsabes Töchtern oder seines eigenen Jungen, dass sich die Lust zum Fabulieren in ihm regte, er erzählte Geschichten um Geschichten und erfand und dichtete die kuriosesten Dinge; wie es ihm auch in diesem Genre entsprach, nicht ohne hintergründige Aussagen, nicht ohne Bebilderung im Bezug zu der ihn umgebenden Welt. Eines Abends setzte er sich unter den Schein des Kandelabers und schrieb ein Märchen auf, oder wie er es nannte, ein in Wort gefasstes Gemälde. Dieses sollte aber nicht statisch sein, dachte er dabei, sondern, indem man darin liest, möge man es szenisch miterleben.

Bei Anbruch des neuen Tageslichts setzte er den letzten Punkt, schmunzelte wie ein glücklicher Vater beim Betrachten seines Kindes, las das Geschriebene noch einmal durch, strich und verbesserte ein wenig. Zuletzt gab er dem in Wolgaster Plattdeutsch gehaltenen Märchen die Überschrift *Von dem Fischer un syner Fru*. Er las dann, um sich selbst zu hören, die ersten Worte leise vor sich hin: »Dar wöör maal eens een Fischer un syne Fru, de waanden tosamen in'n Pissputt, dich an de See, un de Fischer güng alle Daage hen un angeld' …«

Dann ging er zu Pauline und reichte ihr die Blätter mit der Bemerkung, dass dieses Märchen seinen tiefen Sinn habe. Das Weib stehe im Grund für den Nimmersatt, für jeden Menschen, der nie genug kriegen könne; und im Stillen denke er an den Unhold Napoleon. Sicher sei auch diesem Mann einst ein unrühmliches Ende gewiss. Früher oder später träfe es sie alle.

Bei Runges ging es seitdem wie ein Singsang um:

> *Manntje! Manntje! Timpe Te!*
> *Buttje! Buttje in de See!*
> *Myne Fru, de Ilsebill,*
> *will nich so as ik wol will.*

Und er empfahl, dieses Märchen nicht vorzulesen, sondern zu erzählen, das käme dem Leben dann näher.

Bald darauf erdachte er für die Kinder seiner Familie und die der Geschwister das schreckliche, doch zuletzt in Glückseligkeit endende Märchen *Vom Machandelboom* und schrieb es in eben derselben Innigkeit, wie sie der plattdeutschen Sprache eigen war, nieder. Jeder, der es las, erschauerte, gab aber dem Schicksal Recht, das der bösen Stiefmutter, die ihres Mannes Söhnlein geschlachtet und dem Vater zu essen vorgelegt hatte, am Ende ein Mühlstein den Kopf zerschlug. Krieg, Lug und Mordlust unter den Menschen, wo eine Nation ihre eigenen Kinder fraß. Am Ende wurde das sichtbar Böse überwältigt, der Tod der Stiefmutter erlöste das Kind, es wurde dem Vater und der weinenden Schwester wieder zugeführt, es wurde Friede.

Als Pastor Kosegarten auf Rügen von diesen pommerschen Märchen erfuhr, wollte er sie lesen. Er bedachte den eigentümlichen Wandel in der geistigen Welt des jungen Runge. War das wirklich der lütte Otto aus der Wolgaster Stadtschule mit den armseligen Lernergebnissen, um den sich die Eltern so sehr hatten sorgen müssen und der sich bereits als Maler ein Ansehen erworben hatte, das seinesgleichen suchte? Und nun diese Märchen, die er, nachdem er sie gelesen hatte, nicht hoch genug wertschätzen konnte.

Mit der Niederschrift der Märchen hatte er einen gewaltigen Stau des Unmuts, der in seiner Seele schwelte, ausgeschrien. Er gelangte nun wieder in eine Phase schöpferischer Ruhe. Die Gesänge *Ossians* hörte er im Innern erklingen, und es trieb ihn, diese herrlichen Gestalten, wie sie die Ode besang, endlich fertig zu malen. Mit freudigem Geist ging er zu Werke, griff auf die Kopenhagener Versuche zurück, skizzierte von Neuem und spürte an sich selber, wie weit es ihn in den Jahren des Lernens vorangetragen hatte. Nun brauchte er keinen Abildgaard mehr, endgültig hatte er dem Klassizismus den Abschiedstritt verpasst, nun hatte er selber Vollmacht und Freiheit, ins Bild zu bringen, was sein Auge sah. Mit der Feder, in Sepia und in Kreide arbeitete er daran, die Dichtung anschaubar umzusetzen. Wie schändlich er sich dabei oft seiner Pauline und seinem Söhnchen Otto Sigismund entzog, begriff er nicht. Dicht über dem Buchtext hingen seine Augen, und kaum für anderes, ausgenommen ein wenig Speise zu sich zu nehmen, hatte er einen Gedanken übrig. In einem Brief schrieb er Daniel, er habe für die Ausgabe des Werkes bei Perthes Zeichnungen gemacht, drei an der Zahl, die nachher in dem Ganzen inbegriffen sein werden. Er habe sämtliche Dichtungen nun öfter gelesen, und die Verhältnisse von den Himmelszeichen zu den Helden sprängen ihm zu deutlich in die Augen, als dass sich nicht gewisse Gestaltungen festhalten ließen.

So gefangen war er von dieser Arbeit, mit dem Ergebnis, dass er wiedermal über die Grenzen seiner Kräfte, die die Vernunft ihm hätte setzen sollen, hinauswirtschaftete. Legte er doch einmal Pinsel oder Stift aus den Händen, dann griff er zur Schreibfeder und führte seine weitschweifende Korrespondenz in aller Gründlichkeit weiter. Sie war ihm fast so wichtig wie die Malerei. Mit Goethe führte er die Briefe ins Zahllose, denn die erweiterten Gedanken über die Farbenlehre anhand seiner Farbkugel brauchten ein geistvolles Gegenüber; zumal ihm neulich jemand mitgeteilt hatte, dass seine Ideen über die Farben nichts Neues seien. Newton habe dasselbe schon deutlicher gesagt. Darum fragte er bei Goethe an:

*Wenn sich das so verhielte, wäre mir das sehr willkommen, weyl ich von diesem grade die Bestätigung erfahren möchte und hoffen könnte, das, was ich suchte, zu erhalten. Ich bitte Sie daher, wenn es ihnen bekannt ist, wie oder wo ich das wohl ausgezogen oder im Gantzen finden könnte. Mir steht dabey wohl sehr im Wege, daß ich keine Sprachen verstehe, indes möchte es doch möglich seyn, daß diese Schwierigkeit mich nicht so sehr hinderte.*
*Sie erhalten hierbey auch noch einmal einige ausgeschnittene Blumen. Da sich diese so lose umhertreibend nicht lange halten, so hatte ich schon mal im ähnlichen Fall solche aufgeklebt und dann zu einem Ofenschirm bestimmt. Ich würde ihnen solchen fertig übersandt haben, wenn ich hierzu Glasfirnis hätte bekommen können; da dies aber eben keine Hexerey ist, so werden Sie sich solches von jedem ehrlichen Buchbinder können machen lassen. Auf eine Leinwand klebte ich die Blumen mit Hausenblasen* und hierüber den Glasfirnis, welches aber auch Mastfirnis tun könnte. Das Aufkleben der Blumen aber muß vorsichtig geschehen; man bestreicht nämlich erst einen kleinen Theyl derselben auf der Rückseite …* und gab Goethe noch weitere Praktiken an, die gesandten Scherenschnittblumen zu verwenden. Philipp Ottos Gründlichkeit überstieg auch in dieser Weise alles Denkbare, denn er fühlte in sich die volle Verantwortung für jedes Stück, das durch

* Hausen, störartiger Fisch

seine Finger gelaufen war, und er sparte keine Mühen, auch wenn sie seine Kräfte verzehrten.

Pauline wartete oft vergebens mit dem Essen auf ihn, Vater Runge blickte missmutig, wenn er nicht zu Tisch kam, und die Mutter versuchte zu verstehen. Pauline, die damit auch ihren Liebsten entbehrte, blieb nichts anderes, als ihm immer wieder nachzusinnen. Als er aber den Gedanken aussprach, sie, den Jungen auf dem Arm, malen zu wollen, wurde ihr Herz von neuer Lebensfreude erfasst. Waren das glückliche Stunden für sie! Sie konnte ihn betrachten, wenn er arbeitete. Das Kind hatte sie fest auf dem Arm, und es durchfuhr sie wonniglich, wenn er sie oder den Jungen prüfend anschaute, wieder und wieder, um ihre Gesichter auf die Leinwand zu übertragen.

Es war das letzte Bild, das Philipp Otto in Wolgast fertigstellte, denn es war nachgerade dringend geworden, sich wieder in Hamburg niederzulassen. Nur einen Augenblick dachte er daran, sich Greifswald als künftigen Wohnort zu wählen, um dort als freier Künstler zu wirken und vielleicht sogar als Professor an die Universität zu gehen. Dass aber Daniels Firma in Hamburg vor ungeahnten Existenzschwierigkeiten stand, war ein Umstand, der auch Philipp Otto in die Mitverantwortung trieb. Er sann darüber nach, wie er dem Bruder und den Freunden mit seinen schwachen Kräften und unausgebildeten Möglichkeiten Hilfestellung geben könnte. Er empfand es einfach als Pflicht, jetzt sein eigenes Wollen und Wünschen zurückzustellen, als Dank für das, was sie für ihn getan hatten.

Also – auf nach Hamburg. Er hatte sich entschlossen, wieder in die Firma einzusteigen, und schrieb daher seinem Bruder:

*Die Umstände drängen aber, lieber Daniel, und ich ergreife mit williger Hand jede Arbeit, die mich erhalten kann, wenn ich dazu fähig bin. Und ich werde mich wie ein Kind zu einer solchen Arbeit freuen. Wenn du nun ein Geschäft hast, das ich, um dir Zeit zu sparen, treiben kann, und wenn du ein Zusammenleben mit mir auf diese Art meinst, so ist dies mein herzlicher Wunsch.*

Am 15. April 1807 brachen sie nach Hamburg auf. Höchste Zeit
war es nicht nur der Zeitumstände wegen. Pauline kam einer
schweren Stunde spürbar näher. Am Tag vor der Abreise gab Philipp Otto der Schnellpost noch einen kurzen Brief an Daniel mit, in
dem er seine nicht geringe Sorge darüber aussprach, dass ihnen bei
der Durchreise durch Mecklenburg vielleicht noch Franzosen begegnen könnten, und schloss mit den Worten: *Wenn wir nur erst die
Reise überstanden haben, so finden wir bey euch wohl ein Plätzchen …*
Sie nahmen von den Eltern, von Maria und Christinchen und von
Jacobs Familie Abschied, reisten ohne irgendwo lange zu verweilen den weiten Weg und erreichten am 27. April ihr Ziel. Bei Daniel richteten sie sich vorläufig ein, nachdem sie die Wohnung in
der Schiffercompagnie hatten aufgeben müssen. Ein neuer Le-
bensabschnitt, voll von Hoffnungen und Zuversicht, hatte begonnen.

# VI.

## Hamburg
## (1807–1810)

Umstände, wie sie nicht vorauszusehen gewesen waren, hatten die seriöse Firma Hülsebeck, Runge & Co. zusammenbrechen lassen. Eine miserable Geschichte. Glücklicherweise war dabei die Freundschaft unter den Teilhabern nicht in die Brüche gegangen. Daniel war nun, um seiner Existenz wenigstens ein bisschen Boden unter die Füße zu geben, gezwungen, sich selbstständig zu machen. Er gründete eine eigene Firma, er handelte und gewann, wenn auch in bescheidenem Maß. Die Wirtschaft schien sich peu à peu normalisieren zu wollen. Hamburg stand ja nicht wie zum Beispiel Pommern mit Wolgast unter solch beschämender Unfähigkeit, Land und Menschen zu erhalten. Hamburg war nicht Wolgast, hier ging eben etwas vor sich.

Daniel nahm Philipp Otto als stillen Teilhaber in die Firma auf, vornehmlich unter dem Gedanken, einen Kunsthandel zu betreiben und den Bruder als Kunstkenner, als Mann vom Fach, hierfür zu gewinnen. Das hieß für Philipp Otto, sich zu zwei-, nein, zu dreiteilen. Der Wohnraum, den er vorübergehend bei Daniel gefunden hatte, war für seinen kleinen Dreipersonenhaushalt doch recht beengt. Pauline, die mit einem zweiten Kind unter dem Herzen ging, hatte ihre liebe Not, sich durchzuwursteln, zudem Daniel, weniger als Wohnungsinhaber, vielmehr als der liebe Schwager, selbstverständlich mitversorgt wurde.

Philipp Otto tat, was er nur konnte, ihr zur Hand zu sein. Denn die spärlichen Finanzen reichten nicht her und nicht hin, sich auch nur für Stunden eine Hilfe leisten zu können, es sei denn, solche Hilfe arbeitete gratis. Wer aber tat das schon? Zum Zweiten stand Philipp Otto unter einem heimlichen Druck. Er vermochte das künstlerische Schaffen, wie es sein Leben bisher bestimmt hatte, in keinem Moment aus seinem Denken zu streichen. Immer von Neuem

gärte es in ihm auf, und er zürnte mit sich selber, dass er es nicht fertig brachte, sich wenigstens für die Zeit der Bürostunden auf die andersartige Arbeit zu konzentrieren. Wie geheimnisvolle Schatten, fest mit ihm und seinem Weg verbunden, folgten ihm die Freunde der Künstlerwelt, waren ihm nah, und wären sie noch so fern, die in Dresden, in Kopenhagen oder wo auch immer. Sie blickten auf ihn, sie erwarteten Großes von ihm, sie ließen ihn nicht in Ruhe. Zum Dritten hingen ihm die Forderungen seines Bruders wie ein Klotz am Bein. Und wenn er sich auch die größte Mühe gab, sich in der von früher her bekannten Materie zurechtzufinden – es funktionierte nicht. Er hatte seinem Bruder versprochen, ihm dienlich zu sein, auch mit dem, was ihm innerlich widerstand. Es war eine schreckliche Zeit. Sie überforderte ihn an Leib, Seele und Geist. Nie hatte er über seinen eigenen Schatten springen können. Und in dieser Zeit gebar seine liebe Pauline und schenkte ihm ein Töchterchen, ein kugelrundes, braunäugiges Geschöpflein, das künftig auf den Namen Maria Dorothea hören sollte. Namen aus der Familie, denn Maria, die der Pauline bei der Geburt zur Seite gestanden hatte, hieß ja nicht nur sie, die Schwester aus Wolgast, sondern auch Mutter Bassenge, und außerdem der Name Maria – man musste nicht katholisch sein, ihn zu lieben. Und der Name Dorothea fand sich als zweiter neben Magdalena Runges, und er hieß übersetzt Gottesgabe.
Gottesgabe, in welch bedrückender Zeit. Das Neugeborene brachte gestörte Nächte, der Knabe Otto Sigismund forderte auf seine Weise, wollte Gesellschaft und Spiel. Und er, der Vater, wollte malen, nichts als malen. Als dann, vier Wochen nach des Töchterchens Geburt, in dieses ohnehin schon vollbelastete Haus noch vier Mann spanische Einquartierung einwohnen mussten, war das Maß voll. Nur zu einem kurzen Schrieb an die Eltern nach Dresden konnte Pauline sich aufraffen, indem sie von der Einquartierung berichtete, *die können gut fressen, aber sind doch sonst gute Leute. Nach diesen aber sollen andere kommen, und dann kriegen wir vielleicht noch mehr und das ist schlimm – Sigismund unterhält sich viel mit ihnen und sie mögen ihn gut leiden wie überhaupt alle Kinder.*

Da blieb es dann nicht aus, dass Philipp Otto zugeben musste, am Ende seiner Kräfte zu sein. Während Pauline wie eine Säule stand, hatte er sich auf ärztliche Anordnung hin niederzulegen und Ruhe zu halten, unbedingte Ruhe. Diese seine Schwäche hielt lange an, genau wie der trockene Husten, der ihn Tag und Nacht quälte und nicht weichen wollte. Die Freunde waren sehr besorgt, rieten einen Badeort aufzusuchen, zumindest aber heilsame Luftveränderung anzustreben, erklärten sich auch bereit, einen Teil der entstehenden Kosten zu übernehmen. Doch Philipp Otto tat sich schwer. Er hatte Aufgaben, die zu erfüllen waren, und er wollte seine begonnenen Arbeiten weiterführen. So gönnte er sich nur einen kurzzeitigen Aufenthalt in Lübeck, hielt es aber dort nicht ohne seine Familie aus. Für Pauline aber und die Kinder reichte das Geld nicht. Darum reiste er kurzentschlossen zurück in der Hoffnung, diese Staupe möge wieder ebenso verschwinden, wie sie auch gekommen war.

Zu Hause aber hatte es ihn gleich wieder voll gepackt. Angefangene Korrespondenz harrte der unbedingten Erledigung. Neue Leute hatten sich gefunden, die sich seiner Kunst bedienen wollten, Dichter, romantische Poeten, wie Clemens Brentano oder Friedrich v. Schlegel mit seinen geistvollen Aphorismen, und auch Geheimrat v. Goethe, sie rechneten mit ihm. Sie hatten von der zweiten Auflage der *Zeiten,* die als Kupferstiche im Angebot waren, erfahren und auch, dass er sie in Öl arbeiten wollte, damit sie schöner und vollkommener seien. All das Unerledigte, Begonnene, Halbfertige bedrückte ihn sehr und ließ ihn kaum mehr erquicklich schlafen.

Friedrich August v. Klinkowström, dieser unruhige Geist, wusste nichts von dem, was im Runge'schen Haus vor sich ging, denn wegen der räumlichen Entfernung nach Dresden hin war der Schriftwechsel unter den beiden Freunden leise zur Ruhe gekommen. Er hatte, weil er es nie lange an einem Orte aushielt, Dresden verlassen und war nach Greifswald gezogen. Von hier aus suchte er die alte innige Verbindung mit Philipp Otto wieder aufblühen zu lassen, traf aber die Runges in veränderten Umständen an. Sie hatten sich eine bessere, geräumigere Wohnung suchen müssen, die, auch wenn sie mehr Zimmer als die alte aufwies, dennoch bezahlbar blieb. Sie hatten sie am Rödingsmarkt gefunden, zwischen Schaartor und Mönkedamm. Die Wohnung lag zentral und bot, was der Pauline wichtig war, einerseits dem lieben Mann einen separaten Raum zum Arbeiten, andererseits dem heranwachsenden Otto Sigismund Platz zum Krachmachen und Toben. Erst nach diesem Umzug, der die beiden Eltern bis an die Grenzen ihrer Kräfte forderte, trat ein wenig Ordnung und mit dieser Ordnung auch die ersehnte Ruhe ein, die ihn, den Hinundhergeworfenen, endlich kontinuierlicher arbeiten ließ.

Für die *Zeiten,* die als das Hauptwerk seines Lebens von ihm gedacht waren, bedurfte es einer Unzahl von Vorarbeiten, mit denen er nun beginnen konnte. Der *Große Morgen,* vorerst aber der *Kleine Morgen,* wie er diese Kompositionen nennen wollte, schwirrten in seinem Kopf herum und füllten sein Denken und Reden so, als gäbe es nichts anderes mehr auf dieser Welt. Sein in dieser Weise reich und voller Kraft vibrierendes Innenleben stand in einem so schmerzlichen Gegensatz zu dem, was draußen vor den Türen der Wohnung pulsierte und was immer wieder wie eine düstere Wolke über seinem Sonnenaufgangsbilde schwebte, in das er so voll und ganz hineinlebte. Die Welt draußen beklagte ihre Verarmung, der Krieg hatte blutige Striemen auf den Leib Deutschlands gepeitscht und Wunden zurückgelassen, die nicht heilen wollten. Jedermann, ob Handelsleute, Handwerker, ob Künstler oder Straßenkehrer, hatte seine Not und musste zusehen, wie er diese Zeit bestand. Auch mit Daniels Geschäft stand es arg, und von Wolgast war so gut wie nichts Erfreuliches zu erwarten, nur sorgenvolle Briefe flogen von dort aus herein.

Einen kleinen Sonnenstrahl brachte ein Brief von Achim v. Arnim, einem jungen, Philipp Otto recht unbekannten Dichter. Er, der Herausgeber der *Zeitschrift für Einsiedler* war, bat ihn für diese, den Abdruck seines Märchens vom *Machandelboom* zu gestatten. Mit Freuden sagte Philipp Otto ihm dieses zu, fügte aber noch einiges bei, was seine und aller Künstler augenblickliche Lebenslage betraf, dass er zu gerne Schüler haben wollte, um seine Grundsätze zur Kunstauffassung einer kommenden Generation weiterzureichen, aber auch um eines Verdienstes willen, denn der Mensch lebe nun einmal nicht ohne Brot. Er klagte drüber, wie isoliert er sei und wie sehr er sich wünschte, *jemand* in der Nähe zu haben, mit dem er seine Ideen um Kunst und Wissenschaft teilen könnte. Aber alle *hiesigen Künstler müssen um's Brod arbeiten und noch dazu ist für's Bildermachen Hamburg ein schlechter Orth.*

Philipp Otto arbeitete. Der *Kleine Morgen* nahm Gestalt an und fand das große Lob des Hamburger Malers Rumohr, der den Entwurf mit nach München nahm, wo er dieses, obwohl unvollendete, alle Erwartungen übertreffende Werk dem bekannten Friedrich Schelling vorführen wollte. Das war ein mehr als nur freundschaftlicher Akt Rumohrs. Vielmehr war es ein Schritt vorwärts in die Richtung, die Philipp Otto anstrebte, seine Kunstauffassung erblühen zu lassen. Auf diese Weise könnte er in weitem Umkreis unter Leuten, die in der Welt der Dichtung und der Malerei einen Namen tragen, löblich bekannt werden.

Die Freude über Rumohrs Unternehmen wurde aber bald von einem erneuten Schwächeanfall überschattet. Die Hände zitterten ihm beim Arbeiten, seine sonst doch so ruhigen Hände, dazu schüttelte ihn wieder der Husten, und nur widerstrebend folgte er dem Rat Paulines, sich hinzulegen und zu ruhen. Lag er aber auf seinem Bett, blieb sein Geist hellwach, und er griff zu Papier und Feder, um die Endfassung seiner Farbenlehre voranzutreiben. Wenigstens eine Arbeit musste er leisten, zumal Kollege Carl Friedrich Rumohr sich ebenfalls mit der Farbentheorie befasste, wenn auch in anderer Weise. Ihre gemeinsamen Interessen trieben ihn an, und er schaffte es, an die hundertzwanzig Bilder von Rubens auf die Farben hin zu untersuchen. Er nannte das Ende seiner Gedanken *Intelligenz der Farben,* eine Formulierung, die aufhorchen ließ. Das Resultat dieser seiner Bemühungen wollte er dann in den *Kleinen Morgen* einbringen.

Von Rumohr, der ihn in dieser Zeit vielfach besuchte, behauptete Pauline, er bereite ihrem Philipp Otto nur Rumor, denn dieser

Mann trüge soviel Bedenkliches an ihn heran, dass er bald vollkommen verunsichert wäre. Er säte, sagte sie, in Ottoken den Gedanken, als Maler sei er ein Künstler und als Künstler sei er Architekt, und das nicht nur auf dem Blatt mit Öl und Kreide, sondern in der Anwendung im Baugewerke. Er wies ihn auf die Sakralbauten hin, wie etwa auf den Dom in Köln, an dem noch immer gebaut würde, oder auf die herrliche Backsteinbaukunst gotischer Art in Deutschlands Norden, verbreitete sich lang und ausgiebig und nicht ohne bissige Kritik über den Unterschied zwischen der Pracht der öffentlichen und der Bescheidenheit der privaten Gebäude. Er sprach so zwingend, dass sich Philipp Otto fest in diese Gedankengänge eingefangen fühlte und darüber nachsann, wie er sich doch auch dem Felde der Architektur widmen könnte. Als es ihn dann doch unwiderruflich gepackt hatte, überhörte er die Mahnungen seiner Lieben, mit seinen Kräften hauszuhalten, und wandte sich an den Greifswalder Quistorp, der sich ja stark mit Gebäudearchitektur befasste, und bat ihn um Entwürfe, um sie zu studieren.

Die Blätter kamen, dazu ein freundliches Begleitschreiben, bei dessen Beantwortung Philipp Otto seinen Besuch und die persönliche Rückgabe der Zeichnungen erwähnte. Philipp Otto hatte sehr bald das für Quistorp Bezeichnende herausgefunden. Dieser also liebte klare Umrisse und systematische Grundsätzlichkeiten, wie sie ihm als Dozenten für Mathematik entgegenkamen. Philipp Otto schien das ein Zurückgreifen auf den antiken Klassizismus zu sein, und das deckte sich in keiner Weise mit dem, was er als architektonisches Kunstwerk erachtete. Sein Besuch in Greifswald brachte für beide Teile Unerquicklichkeiten, die, um der Ehre des andern willen, jeder für sich behielt. Der damalige Lehrer brachte seinem einstigen Schüler mehr als gewöhnliche Achtung entgegen, mied von nun an aber, sich mit dem jungen Runge über Wert und Unwert seiner Kunst auseinanderzusetzen. Johann Gottfried Quistorp war Architekt, Philipp Otto Runge war Maler. Nur per Distanz verkehrten die beiden künftig. Quistorp erinnerte sich daran, dass er, schon als man auf das zu erstellende Altarbild in der Marienkirche zu sprechen gekommen war, davor gewarnt hatte, der Runge könne allzu Mystisches in seine Arbeit einfließen lassen, und das könnte zum Unverständnis der betenden Gemeinde führen.

Pauline hatte diese Reise nicht billigen wollen, und nun hatte sie noch nicht einmal etwas eingebracht, was ihrem Otto hätte dienlich sein können. Er war ihr Kind der Sorge. Wie oft sie ihre Ängste um ihn vor Gottes Füße legte und in kummervollen Gebeten ihr »Lass ihn, lass ihn mir, Herr!« ausschrie, blieb zwischen ihr und Gott ein Geheimnis, aber sie bettelte um sein Gesundwerden wie ein Kind um ein letztes Geschenk.

Philipp Otto mochte wohl ahnen, was in seiner lieben Pauline für Gedanken kreisten, er sprach aber nicht darüber. Er arbeitete. Der *Kleine Morgen* wurde geboren und bildete den Anfang des bereits in seinem Herzen bereiteten Quartetts ewig gültiger Kunstwerke, in Farben, wie kein Auge sie je auf einer Leinwand erblickt hatte. Ein Aufgehen des Tages an der Quelle des Lichtes, Genien im Tanz mit ihren Blumen, Aufbruch vollendeter Harmonie unter einem Gesang zahlloser Chöre himmlischer Wesen, so sollte es werden. War dies das Aussprechen seiner Sehnsucht nach dem Unendlichen, der Ruf in die unfassbare Schönheit der Schöpfertat Gottes, des ewigen Schöpfers? In diesem Bild wurde alles ausgesagt, was seine Seele sah, sein Geist begriff, sein Glaube glaubte. Bis zum Umfallen müde war er, und doch hielt es ihn immer wieder an der Staffelei. Er achtete nicht auf die Kühle, die den Raum durchzog, denn der November spaßte nicht, er blies die Stürme so unfreundlich über die Elbestadt, dass kaum ein Hund auf der Straße zu sehen war, viel weniger noch ein Mensch sein Haus verließ.

In diesen Tagen kam v. Klinkowström mit der fast unverschämten Bitte, ihn zu malen. Er beabsichtige bald, sich von Greifswald einem entfernteren Ort zuzuwenden, wohin aber wüsste er noch nicht fest anzugeben, und er möchte doch eine sichtbare Erinnerung an seinen besten Freund bei sich haben. Philipp Otto ließ ihn zwar erkennen, dass ihm diese Bitte im Moment sehr ungelegen käme, dennoch, der Freundschaft zuliebe hielt er ihn fest. Er tat es in jener Art, in der er ihm die Jahre hindurch im Innersten bekannt geworden war, ein wenig mit Hypochondrie, Launenhaftigkeit, empfindlich wie ein kleines Mädchen und dickköpfig dazu. Klinkowström, als er sich so wiedergegeben sah, sagte nichts dagegen. Er bekannte sich ja selbst zu seinen charakterlichen Schwächen und litt nicht wenig unter ihnen. Mit dem fertigen Bild dann machte er sich zunächst auf den Weg nach Amsterdam, wohin es ihn wegen der holländischen Meister zog, um von dort aus weiter in die Welt hinaus zu wandern.

Auch dieser böse Winter ging vorüber wie alles, was die Zeit vor sich hertreibt. Die Runges in Hamburg hatten ihn durchlitten, schmerzvoller und belasteter als manch andere Familie, denn Pauline hatte ein Kindlein ausgetragen, das sie am 10. April gebar, ein Söhnlein namens Gustav Ludwig Bernhard. Über dem Haus am Rödingsmarkt ging noch einmal voll die liebe Sonne auf, sie warf ihr gutes Licht in die Kammern und Stuben der besorgten Leute. Philipp Otto begab sich in die Kirche und dankte seinem himmlischen Herrn für alles Glück auf Erden, das ihm durch Paulines Liebe zum unverdienten Geschenk geworden war. Maria hatte ihrer Schwägerin Pauline in der schweren Stunde beigestanden. In einem Brief an die Schwiegereltern nach Dresden hatte er mitteilen können, dass alle wohlauf und gesund seien, nur Mariken etwas piept, denn sie hätte es auf der Lunge.

Seit längerer Zeit schon hatte Daniel seinen Bruder von allen die Firma angehenden Verpflichtungen befreit. Es wäre ja ohnehin niemals zu einem mit Ertrag zu berechnenden Arbeiten gediehen, und Daniel war einsichtig genug, den kränkelnden Bruder nicht mehr zu belasten. Es hätte zu nichts als womöglich zu einer scharfen Auseinandersetzung geführt.

Der nun folgende Sommer ließ Philipp Otto wieder leidlich zu Kräften kommen. Er konnte, wie er so innig wünschte, seine Arbeiten vorantreiben, sogar neue Pläne umflatterten seine Sinne wie bunte Falter eine Blume. Wenn Pauline ihn in seiner fast überschwänglichen Begeisterung anhörte, beschlich sie eine unterschwellige Angst; denn sie dachte, er möge doch erst das Angefangene, von dem eine Menge in der Schublade lag, zu Ende führen und nicht stets wie mit gierigen Tentakeln nach vorn ins Unerreichbare tasten. Ihre Gedanken aber landeten nicht bei ihrem Geliebten. Ihr schien, als ließe er sie allein. Zwei Kinder hatte sie an der Hand und eines an der Brust. Und er, er sprach nur noch von seiner Arbeit.

Tatsächlich war Philipp Otto voller neuer Pläne und wollte sich keiner beschaulichen Ruhe hingeben, die ihm ein Müßigsein dünkte. Da war etwas, was er unbedingt ins Bild fassen musste. Das Grauen nämlich und die Unsinnigkeit des durchaus noch nicht überwundenen Krieges wühlten in seinem Kopf und ließen Bilder entstehen, die die Menschen anklagten, ihre eigenen Mörder zu sein. Schon keimten Motive auf, schon griffen die Hände nach Feder und Papier, schon flog die erste Skizze, sichtbar gewordener Gedanke, auf das Blatt, in Schwarz und Weiß gefasst. Die Zeichnung nannte er *Fall des Vaterlandes*. Sie war eine tiefe Klage über das, was draußen in der Welt geschah und immer wieder geschehen würde, wenn der Unvernunft nicht endlich Vernunft und Liebe engegentraten, damit Deutschland nicht noch tiefer hinein in Not und Elend gerissen würde. Was er mit diesem Bilde aussagte, war im Tiefsten seine eigene Trauer über die augenblicklichen Geschehnisse. Er legte einen Erschlagenen – den Sohn, den Ehemann, den Vater – nackend hingestreckt auf die Erde, unter dem Rücken ein Stein, preisgegeben dem Tod und der Gewalt menschlichen Irrsinns. Über ihm aber blüht der Rasen auf, der Leben tragende Teppich der Hoffnung, der durchfurcht und beackert wird von der Witwe, die den von Amor gezogenen Pflug führt und die Erde bereitet, Frucht zu tragen; hoffnungsvoll und lebensbejahend war es, und sein eigenes Bekenntnis, das den Gedanken an einen Morgen in sich trug, sprach aus dem Bild.

Philipp Otto bat Perthes, dieses Bild, das er halt eben so zwischendurch zu Stande gebracht hatte, als Holzschnitt herauszugeben. Der aber hob die Arme und wehrte ab, denn er befürchtete, die Anklage gegen die Politik sei zu schneidend deutlich. Er riet darum, Philipp Otto täte besser, einen gemäßigteren Entwurf anzufertigen, wogegen sich nun Philipp Otto wieder sträubte. Seine Worte waren die des Pontius Pilatus, kurz und entschieden: »Was ich geschrieben habe, das habe ich geschrieben!« Und er verzichtete auf die Veröffentlichung dieser Arbeit.

Gegen Ende dieses Jahres rollte die Sorge erneut wie eine Lawine auf die Familie zu. Ein Anfall großer Schwäche suchte ihn heim und schürte wieder die Verzweiflung, denn Untätigkeit war die Folge. Nur mit stärkstem inneren Protest gegen die aufgetretenen Übel zwang er sich, Begonnenes weiterzuführen. So wuchs unter diesem unsagbaren Druck der *Große Morgen* aus dem Vollen seiner inneren Schau heraus. Die herrliche Lichtlilie, sie war geboren, aufbrechendes Licht im Blau, unbegreifbar schön wie der lichte Himmel selbst, von Genien der Reinheit umweht, das Credo eines Mannes, der nur noch getragen wurde von Hoffnung und Erwartung des ganz Anderen, des ewig Wahren und Vollkommenen.

Immer tiefer drang er hinein in die Wiedergabe seines tiefgläubigen Empfindens, in welchem der Schöpfer selbst am Werke war und er nur sein Handlanger, beauftragt vom Großen Meister, den ewigen Morgen über Nacht und Tod siegen zu lassen und das letzte Halleluja auszurufen.

War es Überspanntheit, war es Selbsterheben bis zur Lästerung, sich in dieser Weise eines von Gott gegebenen Auftrages zu rühmen? Philipp Otto schwebte zwischen Entrücktsein und Erdgebundenheit. Seine Ehrfurcht vor dem Schöpfer und das Annehmen seiner Liebe hielten ihn mit den Füßen durchaus auf der grantigen Erde. Nur von dem Gedanken erfüllt, das allein allermöglichst Beste zu schaffen, trieb ihn zu dieser immensen Arbeit, die ihn seinen eigenen Zustand vergessen machte. Und dafür, dass er sich nicht in himmlischen Sphären verlieren sollte, sorgten schon die Menschen um ihn herum, die ihm Aufträge zuschoben, noch und noch, und es ihm beinahe verübelten, wenn er sich ihnen entziehen wollte.

Gerade damit beschäftigt, eine Komposition auszuschneiden, die er den *Tempel der Zufriedenheit* nannte und die trotz aller seelischen und körperlichen Bedrängnis seine innere Harmonie aussang, führte Pauline ihm den Hamburger Kupferstecher Forsmann ins Zimmer, eine Störung, die er nur mit leisem Unwillen überwand. Er suchte wahrlich keine neuen Bekanntschaften und wehrte sich gegen jede unangemessene Beschlagnahme seiner Zeit und seiner Kraft. Wiederum brauchte er hier und da einen Verdienst, wie Pauline ihn wissen ließ. Und weil er für den *Fall des Vaterlandes* keinen Pfennig erhalten hatte, von wem auch, forderte sie dies umso mehr.

Forsmann hatte eine Spielkartenfabrik aufgebaut und suchte nun einen Künstler, der ihm geeignete Modelle fertigte, mit denen er weiterarbeiten und sie in Druck geben könnte. Dass Forsmann sich an Philipp Otto wandte, war verständlich, weil sich dessen gestalterische Vielseitigkeit bereits überall bewies. Also – warum sollte dieser Runge nicht für die Erstellung eines Spielkartensortiments zu gewinnen sein. Und Philipp Otto sagte zu.

Nun sann er sich Motive aus, begann und vollendete die erste Serie. Forsmann hielt sie für einen kolorierten ersten Satz aber gar nicht geeignet, da sie sich, wie allein schon an den Königen zu erkennen war, an den historischen Fantasietypen französischer Spielkarten orientierten, wogegen Forsmann etwas Deutsches auf den Tisch bringen wollte. Darum überfiel er Philipp Otto ein zweites Mal. Mit einer fröhlichen Aufnahme rechnete Forsmann nicht, auch gedachte er nicht, diese Arbeit, die er ja nicht annahm, zu honorieren. Darum war er höchst überrascht, als Philipp Otto sich sofort bereitfand, neue Motive zu schaffen. Mit Schmunzeln arbeitete er dann auch daran und setzte seiner lieben Pauline Antlitz in die Gesichter der Damen, und die Gesichter der Buben trugen unverfälschte Ähnlichkeit mit Murat und Schill als Männer seiner Zeit. Mit diesem Ergebnis war Forsmann sehr zufrieden und spendete die geforderten Schillinge zu Paulines Freude.

Nachdem die Karten gedruckt waren und in Umlauf gelangten, bekam ihr Schöpfer manch gutes Wort darüber zu hören, und mit Freuden las er die Worte Clemens Brentanos, als der ihm schrieb:

Wenn Philipp Otto sich nur nicht so schändlich schwach fühlen
würde! Es war nichts zu machen, mal jagte es ihn hoch, und er
hätte Berge versetzen, Bäume ausreißen und Sterne vom Himmel
holen können, aber im nächsten Augenblick, wenn der Husten
kam, fand er sich schlapp und musste sich legen. Da war ein zu-
sammenhängendes Arbeiten kaum mehr möglich. Unter diesem
Zustand begann er entsetzlich zu leiden. Dennoch schaffte er es,
sich wieder selbst abzubilden. Er hatte sich für dieses Selbstbildnis mit seinem dickwandigen braunen Rock bekleidet. Beim
Blick in den Spiegel, aufmerksamer als bisher, erschrak er selber
über sein altgewordenes Gesicht, über die Flecken, die sich neuerdings darin ansiedelten und die ihm ein leises Zeichen für eine
Krankheit waren, deren Verlauf, so wusste er, kein gutes Ende verhieß. Sollten sich diese dunklen Gedanken mit einem schrecklichen Auftrag verbinden müssen? Dieser Frage mochte er sich
nicht ergeben. War es ein Auftrag? Nein, es erging an ihn die
herzandringliche Bitte der befreundeten Familie Sieveking, die
liebreizende Tochter Sophia, die schwer krank daniederlag, auf
ihrem Sterbelager zu malen; damit sie sie nach dem Ableben des
Kindes immer vor Augen haben könnte, war der Wunsch der be-
trübten Mutter. Philipp Otto war erschüttert, als er dieses in seiner Blüte von neunzehn Lebensjahren dahinsiechende Fräulein
erblickte. Zwei Skizzen fertigte er; hinter vorgehaltener Hand
rannen ihm die Tränen über die Wangen und tropften aufs Blatt.
In schwarzer und weißer und leicht getönter brauner Kreide hatte er sie für immer auf einem Bild von ergreifender Wahrheit festgehalten. Die Mutter Sophia Sieveking schrieb, nachdem bald
darauf, am 13. Februar 1810, der Tod das liebe Kind aus dem Leben genommen hatte, an Daniel, sie habe lange befürchtet, dass
die schöne Zeichnung und das Bild ihres Kindes Ottos letzte Ar-

beit sein würde, und deshalb seien ihr die beiden Bilder mit doppelter Trauer wert.

Daniel zeigte seinem Bruder diese Zeilen nicht. Er wollte in ihm nicht den Eindruck noch verstärken, er selber sei vom gleichen Todesschatten bereits deutlich gezeichnet.

Matthias Claudius, der mit dem Sieveking'schen Hause sehr innig verbunden war, trug schwer an dem Tod des lieben Mädchens. Trauer erfüllte ihn wohl, doch hatte er seine eigene Haltung dem Tod gegenüber eingenommen. In einem Gespräch des Mädchens mit dem Tode ließ er es angsterfüllt betteln:

> *Vorüber, ach vorüber*
> *geh, wilder Knochenmann!*
> *Ich bin noch jung, geh lieber,*
> *und rühre mich nicht an.*
> *Worauf der Tod mit milder Stimme raunte:*
> *Gib deine Hand, du schön und zart Gebild,*
> *Bin Freund und komme nicht zu strafen.*
> *Sei guten Muts, ich bin nicht wild.*
> *Sollst sanft in meinen Armen schlafen.*

Sah Philipp Otto den Tod als dunklen Gesellen auf sich zukommen? Er hatte ihn schon einmal in seinen Kinderjahren an der Türe wartend gewusst. Der hatte damals nicht angeklopft, die Zeit wollte ihn noch haben, sein Wirken wurde verlangt, das Leben forderte ihn. Nun aber schien es ihm, als hörte er des Knochenmannes schlürfende Schritte vor seiner Türe auf und ab gehen. Wie viele Tage, Wochen, Monde, wie viel Zeit würde er ihm noch gönnen? Würde er ihn den *Großen Morgen* noch malen lassen, das Werk, mit dem er vor Gottes Thron treten wollte, die Gestaltung seines gläubigen Hoffens auf das Ewige hin, das dieser wahrhaft Große Morgen einläutete? Freude und Wonne werde ich ergreifen dürfen, klang es wie ein heilige Melodie in ihm auf, und er nahm den Pinsel und führte sein Bild der Vollendung entgegen.

Doch der ungebetene Gast draußen vor der Tür klopfte noch nicht
an. Er nicht, dagegen viele andere, die da wünschten, den Meister
der Farbe und der großartigen Eingebungen sehen zu dürfen, zu
sprechen und um diesen oder jenen Gefallen von ihm zu erwarten.
Menschen von Rang und Namen kamen und zwangen ihn immer
wieder ins Leben zurück. Zu diesen zählte auch die durch ihre
Liedkompositionen in vieler Munde stehende Musikerin Luise
Reichardt, eine von zarter Natur gestaltete Künstlerin, die einen
regen Umgang mit den Berühmtheiten ihrer Zeit pflegte. Durch
Clemens Brentano gewann sie die Bekanntschaft Philipp Ottos
und dessen Familie und seine Zuneigung. Bewunderungswürdige
Kenntnisse zeichneten diese Frau aus, und die Gespräche über den
Leipziger Bach und den alten Palestrina öffneten ihm beim Anhören ihrer Darlegungen eine tief gehende Sicht darüber, in welch
vielfältiger Weise sich Musik und Malerei ineinander verweben
können. Dabei stieg die Erinnerung an Ludwig Berger wieder lebendig in ihm auf. Viel zu spät, bedauerte er, sei diese hervorragende Harfenistin, die sich beim Singen selber auf der Laute begleitete, in sein Leben getreten. Brentano versuchte wohl eifrig,
diese beiden Persönlichkeiten fester einander zuzuführen, doch
kannte er den erbärmlichen Gesundheitszustand Philipp Ottos
nicht, und er war sogar sehr verwundert darüber, wie dieser Mann,
dessen Bilder und Ansichten er so sehr wertschätzte, sich manchmal so spröde äußern konnte.
Tatsächlich erfuhren nur wenige von seiner zunehmenden Schwäche und den sie begleitenden Umständen. Brentano nahm daher in
einem überlangen Brief Stellung zu den ihm bekannten Werken
Philipp Ottos und belastete ihn in einer Weise, die zwar freundlicher Art, dennoch für den Empfänger selber unerträglich war. In
einem sich trotz aller Schreibmüdigkeit Philipp Ottos erweitern-
den Briefwechsel trug Brentano ihm nun an, seine Romanzen, die
unter dem Titel *Erfindung des Rosenkranzes* veröffentlicht werden
sollten, ähnlich denen von Tiecks *Minneliedern* mit seinen kunst-
vollen Zeichnungen zu versehen. *Befürchten Sie nicht*, schrieb er,
*ein modernes, christlich geschminktes Geklimper. Das Ganze ist leben-*

*dige Begebenheit, doch ohne Grundlage einer Legende, von mir erdacht, damit es nicht ein Roman, sondern ein kleines Epos sey.*

Brentano hatte genau erfasst, worin sich die Künstlernatur Philipp Ottos auszeichnete und zu der großen Gestalt prägte, die sie im Eigentlichen war. Und er beschrieb dies auch mit tiefer Einfühlung:

*Der Weg, den Sie betreten haben, ist um so rühmlicher, als er wahrscheinlich ein einsamer bleiben muß; ja, was ist einsamer als die Philosophie, da sie sich selbst verlassen muß, um sich zu belauschen? Ihr Bestreben ist mir daher so achtungswerth und rührend erschienen, da Sie gewissermaßen die Augen schließen, um in sich hinabzusteigen und zu sehen, wie Sie zum Leben gekommen; denn an solchem Bestreben sehe ich, daß das Leben der Kunst wahrlich verloren ist, indem der Künstler sich umsehen muß in sich selbst, um das verlorene Paradies aus seiner Nothwendigkeit zu construiren.*

Auf diesen sich über viele, viele Seiten hinziehenden Brief antwortete Philipp Otto ihm nach längerer Zeit:

*Ihren werthen, langen Zwillingsbrief habe ich schon vor einiger Zeith erhalten, und ich hätte ihn schon beantwortet, wenn er nicht zu lang gewesen wäre. Jetzt habe ich den Entschluß gefaßt, ihn eigentlich nicht zu beantworten, und das mögen Sie sich selber zuschreiben, weyl Sie alles mit einemmal sagen wollen, habe ich keinen rechten Eindruck gehabt.*

Manch anderer Brief noch flog in den ersten Monaten des Jahres 1810 zwischen ihnen hin und her und begriff in sich das Werk der Malerei in Gegenwart und Vergangenheit, wobei Philipp Otto zur eigenen Verwunderung sich dieser oder jener bissigen Bemerkung nicht enthalten konnte, die jedoch nicht Brentano, sondern den sehr geschätzten Freund Tieck traf, der neuerdings *die niederländische Malerey en canaille tractirte, dass ihn der Teufel holen möge.* Einen

dieser Briefe an Brentano musste er bei aller seiner körperlichen
Schwäche noch einmal schreiben, da ihm in der Rage der Gedanken die zu stürmisch eingetunkte Feder das Tintenglas umriss und
sich die Soße über das Blatt ergoss. Einen letzten, unter dem 5.
August 1810 datierten und unter großen Mühen geschriebenen
Brief schickte er noch auf den Weg:

*Lieber und werther Freund, Sie vergeben mir gewiß mein langes, sündliches Schweigen gegen Sie und das Vorenthalten ihres Gedichtes, ich
habe jeden Tag daran gewollt zu schreiben, jetzt bin ich seit etwa 14 Tagen hier in Harvestehude mit Frau und Kindern, daß der Herbst mir
helfen soll, da Frühling und Sommer sich nicht um mich bekümmert haben, hätte ich ihnen noch aus der Stadt geschrieben, so würde es mit der
gewissen Hoffnung und dem Glauben geschehen seyn, daß ich den
Frühling nicht wieder erlebt hätte. Jetzt glaube ich aber gewiß, daß ich
gantz genese und frisch noch einmal sehe, ob ich ein Mahler werden
kann.*

Er beteuerte ihm dann gegenüber, wie schmerzlich er darunter litt,
Brentanos Bitte nicht entsprechen zu können. Der Grund war, so
schrieb er: … *daß es mir in meinem Leben höchstens nur ein, zwey,
drey Jahre erlaubt gewesen ist, ohne Unterbrechung Mahlerbestreben
rein durchzuführen.* Vieles, sagte er, habe er angefangen, wenig vollendet. Durch immer währende Krankheiten sei er vom eigentlichen Arbeiten immer wieder abgekommen. Und er schloss den
Brief mit den Worten:

*Da Sie uns wirklich, wie Luise Reichardt sagt, besuchen wollen, so werden Sie sich meine Lage deutlich machen können und wie wenig ich
Künstler bin und wieviel weniger ein Mahler, und doch will ich's auch
zufrieden seyn, so ein Amfibium (nur mit warmem Blut bitte ich mir
aus) zu bleiben. Wir ziehen in unserm Haus selbst noch um, dieses gibt
mir auch eine andere Stube, und ich bin auf den Frühling so auf die Zeit
gespannt wo ich meine Gliedmaßen werde gebrauchen können. Sobald
ich mich besser rühren kann, schreibe ich Ihnen mehr.*

Nach dem Aufenthalt in Harvestehude, von dem sich alle für ihn ein wenig Besserung seines allgemeinen Zustandes versprochen hatten, erfolgte der Umzug innerhalb des Wohnhauses. Pauline hatte sich ein paar starke Männer gemietet, die das Tragen schwerer Gegenstände besorgten. Weil sie selber wieder gesegneten Leibes war, außerdem sich ihrer drei Kinder bewahrend annehmen musste, die, wie sie sagte, in diesem Tumult hätten unter die Räder kommen können, gab sie nur mit dirigierenden Zeigefingern ihre Hinweise. Philipp Otto blieb in einem unberührten Zimmer, saß oder ruhte und hörte dem nach, was draußen geschah, blickte auch voller Weh auf die Arbeiten, die unvollendet herumlagen, die ihn riefen, die ihn anklagten, die ihm befahlen, sie zur Vollendung zu führen. Doch seine Kräfte waren dahin, und von Tag zu Tag kam ihm deutlicher ins Bewusstsein, dass seine Lebensuhr abzulaufen vorhatte. Die Situation, die sich daraus für seine Familie ergeben würde, war schrecklich und nicht auszudenken. Um aber doch eine gewisse, von Voraussicht getragene Schilderung zu geben, schrieb er an die Schwiegereltern nach Dresden:

*Ich bin leider noch immerfort der Kranke und trinke jetzt Isländisch Moos des Morgens, alle Morgen eine halbe Bouteille, auch gebrauche ich noch Pillen, und sonst ist meine Krankheit nicht sehr unbequem, da ich fast alles essen darf. Innerlich ist sie mir aber sehr. Ich habe vom vorigen Montag bis Freytag tag und nacht gehustet aufs heftigste, so daß ich, da ich schon ziemlich gestärkt war, ich doch zuletzt sehr matt und empfindlich wurde, daß ich nicht einen Stuhl aufheben mochte, weyl die Muskeln der Brust dadurch angestrengt wurden und doch ist die Brust durch alle diese Anstrengungen nur reitzbar. Ich halte mich so still, wie ich kann …*

In den Tagen darauf, die sich mit früher winterlicher Kälte in das niedergehende Jahr einmischten, hatte er doch noch, seinen kläglichen Zustand verzweifelt mutvoll ignorierend, die Entwürfe zum *Nachtigallengebüsch* zur Hand genommen und das Bild fertig gemalt, ein Zimmerfries, mit Tusche und Aquarell in betäubendem

Blau. Danach hat er seine Pauline gebeten, sich ein letztes Mal von ihm malen zu lassen, wie um sie seinen Kindern und Kindeskindern für ewig zu schenken. Und sie sagte Ja.

Schön hatte sie sich gemacht, das neue, mit zierlichen Fransen umsäumte Tuch um die Schultern gelegt, und mit ernstem Gesicht, in welchem sich all das in Erwartung Stehende bereits ankündigte, schaute sie an ihm vorbei, und ihre Gedanken sprachen: Otto, mein geliebter Mann, mit diesem in trügerische Ruhe gebetteten Blick wirst du mich nicht mehr lange finden. Ich bin's jetzt nur noch für dich.

Beim Arbeiten musste er immer wieder seine kraftlose, ihm selbst entgleitende Hand zwingen, ihm Gehorsam zu leisten. Pauline bemerkte das wohl, und es schmerzte sie entsetzlich, das mit ansehen zu müssen, doch hielt sie dem mit unglaublicher Tapferkeit stand. Tausendmal lieber wäre sie ihm um den Hals gefallen, hätte ihn gestreichelt, geliebt, festgehalten, um ihn nicht mehr zu lassen. Ihr Stillhalten war sein Sieg, denn nur so wurde das Bild. Strich um Strich erwuchs es mit leuchtend rötlichem Schein auf dunklem Hintergrund, Schönheit und Sinnbild der Treue in einem.

Da traf die Nachricht vom plötzlichen Tod der lieben Ilsabe die Familie wie ein Peitschenhieb. Ilsabe? Die treue, gute Schwester war tot? Wie hatte sie doch mit ihrer Liebe, mit ihrem Verständnis sein Leben so reich gemacht! Schwindsucht habe sie gehabt, schrieb man ihnen, Auszehrung, jene tückische Lungenerkrankung, der kein Arzt Herr werden konnte. Und wir haben es nicht gewusst, klagten sie sich an. Hat unser eigenes Leid uns so furchtbar herzlos von ihr entfernt? Oh Ilsabe! Und Wilhelmine und Christine, was wird aus euch?

Hatte sich mit dieser Kunde Freund Hein nun auch bei ihm mit einem ersten Klopfzeichen angemeldet? Philipp Otto horchte in sich hinein, in seinen von bellendem Husten zerberstenden Leib. Wie sehr er sich auch gegen die Wahrheit zu stemmen suchte, ja manchmal vollauf der Meinung war, dies alles wäre nur ein vorübergehender Zustand, und es würde gewiss wieder besser mit ihm werden, trug doch das tönerne Gebäude einer nicht mehr aufrecht zu hal-

tenden Hoffnung nur noch mit schwindender Kraft. Er lag auf dem
Bett und starrte auf sein liebstes Werk, auf die *Lehrstunde der Nachtigall,* das Daniel, in dessen Wohnzimmer es so vielen ansichtig geworden war, abgenommen und dem Bruder zur Freude überlassen
hatte. Durch die Erinnerung, die er wie goldene Kettenglieder
durch die Gedanken zog, tanzten alle seine Bilder ihm einen Reigen auf, schmerzlich schön, die Studien, die großen und die kleinen
Arbeiten, und sie dankten es ihm, dass er sie aus seinem Geist geboren hatte, einstmals, als es ihn auf den Flügeln heiligen Eifers davongetragen hatte. Flügel, die nun erlahmt auf durchfeuchteten
Kissen lagen. Alle diese Werke waren jene winzigen Türen, die in
den großen erträumten Raum hineinlassen sollten, in einen Raum
neuer Kunst, auf ein Ackerfeld, das er selber, Philipp Otto Runge,
und nur er, eigenhändig bestellen wollte, weil es brachlag und nach
Leben verlangte. Einen Weg wollte er bahnen und ihn, auch wenn
er ihn einsam gehen müsste, bis zum Ende durchmessen. Die innere brennende Sehnsucht war der Quell für alles, was er hervorbrachte. Diese Sehnsucht war die Begier nach der Möglichkeit
neuer Bilder. Und diese Begier hatte er niemals stillen können.
»Ach«, weinte er still in sich hinein, »ich habe sie doch alle in meinem Kopf, bereit, sie mit meinen Händen auszusprechen, die
Nacht, den Tag, den Mittag, den Abend, meine *Zeiten.* Unvollendet sind sie nun, abgebrochen ist ihr Werden, genau wie die meine,
meine Zeit. Alles nur Anfang, nur Anfang und niemals ein Ende.«
Plötzlich zerriss er die Stille um sich her. Seine Augen sahen auf
den *Großen Morgen,* der, auf einen Holzrahmen gespannt, an die
Wand gelehnt mit seinen wunderbaren Farben und mit unheimlicher Sprache auf ihn einredete. »Daniel!«, schrie er durchs Haus,
»Daniel! Zerschneide dieses Bild, den Morgen. Es ist doch wieder
nicht geworden!«
Daniel tat es nicht. Er nahm das Bild still beiseite und verwahrte es
für sich.
Die Freunde, die ihn besuchten und weinen sahen, vermochten
ihn nicht zu trösten, so lieb sie auch auf ihn einredeten. Daniel
überließ seine Geschäfte einem Freund und wachte an der Seite

des Kranken, um Pauline zu entlasten, deren fülliger Leib besonderer Rücksicht bedurfte. Gustav war gekommen und brachte sehr besorgte Grüße von den Eltern aus Wolgast. Carl Hermann, Philipp Ottos liebster Gespiel aus der Kinderzeit, hatte sich eingestellt und seine Hilfe angeboten, Maria war um des zu erwartenden Kindes da und hielt in rührender Weise den Haushalt in Gang. Sie wischte mit erfrischenden Leinentüchern die nasse Stirn des Bruders, tröstete und verstummte doch selber dabei vor Herzeleid. Pauline hatte ihre Nichte aus Dresden kommen lassen, weil ihre eigenen Kräfte aufgezehrt waren. Mutter Bassenge war angereist, hatte die weite Strecke von Dresden herauf bezwungen, um der Tochter bei der Geburt Handreichungen zu leisten. Und alle, die im Hause waren, wussten, dass des Kranken Tage gezählt waren. Gegen Ende des November wachte einmal die Freundin Caroline Perthes an seinem Lager. Man hatte ihr gesagt, dass ihn das Fieber manchmal zu wilden Fantasien hinreiße und er von jenem bissigen Hund fasele, der ihn einst bei Stolpe, beim Überqueren des Peeneflusses angesprungen hatte; die Angst lebte anscheinend noch immer in ihm und ließ ihn schreien und weinen. Caroline Perthes fürchtete sich davor, solchem Moment beiwohnen zu müssen. Doch in ihrem Beisein schlief Philipp Otto einen tiefen Schlaf, und er träumte, dass eine gute Hand sich auf seinen Kopf gelegt hatte, wusste aber nicht, dass es die tröstende Hand der Freundin gewesen war, die gesucht hatte, ihn zu streicheln. Er erwachte und sah Caroline an seiner Seite. Da flog ein leises Lächeln über sein Gesicht, als er ihr von der Hand und dem Traum sagte und wie er sie auf seinem Haupt gespürt hatte:
»Ick wüß, Caroline, dat dat den leewen Gott sin Hand war, denn mi war so wohl daby to Mood. Dun sag ick: Lat liggen, Vadder! Un he let se ok liggen, Caroline.«
Sein Todeskampf dauerte vom 29. November bis zum 2. Dezember nachmittags dreieinhalb Uhr ununterbrochen. Er rief alle seine Lieben ans Bett und nahm Abschied von ihnen. Freund Besser war noch gekommen und wachte in der letzten Nacht bei ihm. Als die Zeichen untrüglich waren, dass die letzten Minuten seiner

Lebenszeit heranrückten, knieten sie, die in der Stube waren, an seinem Bett nieder und vereinten sich, so gut ihre von Leid gebrochenen Stimmen es vermochten, zu dem Lied:

*Herzlich lieb hab ich dich, o Herr, ich bitt, wollst sein von mir nicht fern mit deiner Güt und Gnaden.*

Was dann sein Mund noch hergab, waren herzzerreißende Schreie in tiefster Atemnot, unterbrochen vom Rufen der Namen seiner Lieben, einen nach dem anderen, als zählte er sie, die an seinem inneren Auge vorüberzogen, noch einmal durch, v. Klinkowström, Gustav, Pauline, Pauline … Carl!

Pauline hatte all dem standgehalten aus einem unbegreiflich tiefen Kraftquell, den Gott selber ihr verliehen haben musste. Am Tage nach Philipp Ottos Scheiden aus dieser Zeit in die Ewigkeit schenkte sie einem Söhnlein das Leben, einem Knaben, der forthin den Namen des Vaters trug: Philipp Otto Runge. Dieses war seines Vaters letztes Vermächtnis.

Am fünften Dezember dann betteten sie den Leib zu seiner ewigen Ruhe. Die lieben Perthes hatten ihre eigene Grabstelle dem Freunde geschenkt, die unter schattigen Bäumen auf dem Gottesacker der St.-Petrigemeinde lag; ihm zur Seite waren die Gräber der von ihm so geliebten Pertheskinder. Treue Freunde begleiteten den Trauerzug, und viele waren es, die ihm die letzte Ehre erweisen wollten. Er war es ihnen wert.

Pauline indessen lag in den Wochen und konnte zu Hause nur still vor sich hin weinen. Und Daniel? Die Anspannung der letzten Monate und all die unverarbeitete Angst hatten seine Kräfte überbeansprucht und ihn ausgelaugt. Nun war auch bei ihm der Zusammenbruch gekommen, der ihn völlig an das Zimmer fesselte, denn er war nicht imstande, am Beisetzungstag einen Fuß vor den anderen zu setzen, so als sei er gelähmt. Die aber, die den geliebten Toten bestatteten, gingen in dunkle Mäntel gehüllt auf durchgeweichten Wegen des Friedhofs, und in ihren Ohren klang die ewig wahre Weise des Liedes:

*Ach wie flüchtig, ach wie nichtig ist der Menschen Leben.*

Philipp Otto war aus dieser Welt getreten mit dem Blick auf den *Großen Morgen,* den ewig angekündigten, den zu erwartenden, den noch unvollkommenen, die Vollkommenheit aber verheißend in seinem herrlichen Licht. Sein Todestag war ein Sonntag, der die Verkündigung der Auferstehung in sich trägt.

Papa Claudius, der den jungen Freund sehr geliebt hatte, fand für ihn die guten Worte:

> *Aus einer Welt von Angst und Noth*
> *aus einer Welt voll Blut und Todt*
> *flüchtete die fromme, reine Seele*
> *sich in's bessre Land zu Gott,*
> *und der Leib in diese dunkle Höhle,*
> *auszuruhen bis zum Wiederseh'n.*
> *O, der Christ ist immer groß und schön,*
> *doch im Todt in seiner größten Schöne.*
> *Wand'rer, bleib am Grabe steh 'n,*
> *lerne hier, was eitel ist, verschmäh'n,*
> *weine eine stille Träne,*
> *und dann kannst du weitergeh 'n.*

Und er ließ diese Worte auf den Grabstein setzen.

# Nachtrag

Pauline hat ohne eine einzige Ausnahme alle ihre und ihres Mannes Freunde und Verwandte, ja sogar ihre eigenen vier Kinder überlebt. Von Daniel zunächst in Unfrieden geschieden, zog sie mit den drei kleineren Kindern zu den Eltern nach Dresden, während Otto Sigismund bei Daniel in Hamburg blieb und durch dessen Hilfe in späteren Jahren Bildhauer wurde. Pauline schlug sich schlecht und recht durch, indem sie französischen Sprachunterricht erteilte. Sie starb am 26. April 1881 im 96. Lebensjahr und im 71. Jahr ihres Witwenstandes in Hamburg, klar im Geist bis zuletzt.